CHARLES BAUDELAIRE
Um Lírico no
Auge do Capitalismo

Walter Benjamin, nascido em Berlim a 15 de julho de 1892, foi um dos mais notáveis intelectuais alemães do século XX. Graduado em Filosofia pela universidade de Freiburg-im-Breisgan, doutorou-se em 1919 com a tese *O Conceito de Crítica de Arte no Romantismo Alemão*. No início dos anos 1920, em meio à efervescência cultural e às turbulências políticas da República de Weimar, aproximou-se de Adorno, Horkeimer e Marcuse, então jovens professores empenhados na crítica da cultura e da razão capitalistas. Essa aproximação e o diálogo intenso que travou ao longo de toda a vida com esse grupo de intelectuais, em especial com Adorno, não impediram que elaborasse uma reflexão original e particularíssima – nem sempre bem-aceita pelo meio universitário germânico. Prova disso foi a recusa formal de sua tese de livre-docência sobre as origens do barroco alemão, com o que viu frustrado seu intento de ingressar na carreira acadêmica.

Em virtude da ascensão do nazismo em seu país, Benjamin vai para a Dinamarca, onde escreve *A Obra de Arte na Época de sua Reprodutividade Técnica*, e em seguida para Paris. Na capital francesa, às vésperas da invasão pelo exército alemão, termina *Teses sobre o Conceito da História*. Quando a invasão se consuma, Benjamin tenta fugir para a Espanha. Dificuldades para ingressar no país e o avanço das tropas nazistas levam-no ao desespero: suicida-se a 27 de setembro de 1940 na cidade fronteiriça de Port Bou.

WALTER BENJAMIN

OBRAS ESCOLHIDAS
VOLUME III

CHARLES BAUDELAIRE
Um Lírico no
Auge no Capitalismo

Tradução
José Carlos Martins Barbosa
Hemerson Alves Baptista

Copyright © by Shrkamp Verlag.
Título original em alemão: *Auswahl in Drei Baenden Copyright*
© da tradução brasileira: Editora Brasiliense

Nenhuma parte desta publicação pode ser gravada, armazenada em sistemas eletrônicos, fotocopiada, reproduzida por meios mecânicos ou outros quaisquer sem autorização prévia do editor.

ISBN 978-85-11-12049-3
Primeira edição, 1989
3ª edição, 1994
7ª reimpressão, 2022

"A Paris do Segundo Império", "Parque Central e "O Flâneur" foram traduzidos por *José Carlos Martins Barbosa* com revisão técnica de *Marcos Moreira* "Sobre alguns temas em Baudelaire" e "Jogo e prostituição", por *Hemerson Alves Baptista,* com revisão técnica de *José Carlos Martins Barbosa*

Diretora Editorial: Maria Teresa B. de Lima
Editor: Max Welcman
Revisão de Texto: Heliomar Andrade Ferreira
Projeto Gráfico e Capa: Paula Paron e Maurício Albuquerque
Diagramação: André Mucheroni
Foto de Capa: Walter Benjamin Archiv, Hamburger Stiftung zur Förderung von Wissenschaft und Kultur

---

Dados Internacionais de Catalogação na Publicação (CIP) (Câmara Brasileira do Livro, SP, Brasil)

Benjamin, Walter, 1892-1940
Charles Baudelaireum lírico no auge do capitalismo / Walter Benjamin: tradução José Martins Barbosa, Hemerson Alves Baptista: 1 ed. – São Paulo: Brasilense, 1994. – (Obras escolhidas: v. III)

ISBN 978-85-11-12049-3
1. Baudelaire, Charles, 1821-1867 – Crítica e interpretação 2. Literatura e sociedade I. Título II. Série.

94-4604   CDD-841.09

Índices para catálogo sistemático:
1. Poesia: Literatura francesa: História e crítica   841.09

EDITORA BRASILIENSE
Rua Antonio de Barros, 1586 – Tatuapé
03401-001 – São Paulo – SP
www.editorabrasiliense.com.br

I
CHARLES BAUDELAIRE:
UM LÍRICO NO AUGE DO CAPITALISMO

* As notas dos artigos "Paris do Segundo Império" e "Sobre Alguns Temas" são de autoria de Walter Benjamin, salvo indicação contrária. Os artigos "Parque Central", "O Flâneur" e "Jogo e Prostituição" têm notas somente do tradutor ou do revisor técnico.

SUMÁRIO

I CHARLES BAUDELAIRE: UM LÍRICO NO AUGE DO
   CAPITALISMO 7

   PARIS DO SEGUNDO IMPÉRIO 9
   A Boêmia 9
   O Flâneur 31
   A Modernidade 61

   SOBRE ALGUNS TEMAS EM BAUDELAIRE 93

   PARQUE CENTRAL 135

II O FLÂNEUR JOGO E PROSTITUIÇÃO 163

   O FLÂNEUR 165
   JOGO E PROSTITUIÇÃO 211

PARIS DO SEGUNDO IMPÉRIO

> "Uma capital não é absolutamente necessária ao homem."
>
> Senancour

A Boêmia

A boêmia surge em Marx num contexto revelador. Ele aí inclui os conspiradores profissionais, de que se ocupa na detalhada resenha das *Memórias do Agente Policial de la Hodde*, publicadas em 1850 na *Nova Gazeta Renana*. Rememorar a fisiognomonia de Baudelaire significa falar da semelhança que ele exibe com esse tipo político. Marx assim o delineia: "Com o desenvolvimento das conspirações proletárias surgiu a necessidade da divisão do trabalho; os membros se dividiram em conspiradores casuais ou de ocasião, isto é, operários que só exerciam a conspiração a par de suas outras ocupações e que, só com a ordem do chefe, frequentavam os encontros e ficavam de prontidão para comparecer ao ponto de reunião, e em conspiradores profissionais, que dedicavam todo o seu serviço à conspiração, vivendo dela... As condições de vida desta classe condicionam de antemão todo o seu caráter... Sua existência oscilante e, nos pormenores, mais dependente do acaso que da própria atividade, sua vida desregrada, cujas únicas estações fixas são as tavernas dos negociantes de vinho – os locais de encontro dos conspiradores –, suas relações inevitáveis com toda a sorte de gente equívoca, colocam-nos naquela esfera de vida que, em Paris, é chamada a *boêmia*".[1] *

---

* Proudhon, que se quer distanciar dos conspiradores profissionais, denomina-se vez por outra "um homem novo – um homem cujo negócio não é a barricada, mas a discussão; um homem que, todas as noites, poderia sentar-se à mesa com o chefe de polícia e ganhar a confiança de todos os De La Hodde do mundo" (cit. Gustave Geffroy, *L'enfermé*, Paris 1897, pp. 180-181).

De passagem, deve-se observar que o próprio Napoleão III iniciara sua ascensão num meio que tinha muito em comum com o descrito. Um dos instrumentos do seu período governamental foi a *Sociedade de 10 de Dezembro*, cujos quadros, segundo Marx, haviam empregado "toda a massa indefinida, diluída e disseminada por toda a parte, a qual os franceses denominam a boêmia".[2] Durante seu império, Napoleão aperfeiçoou hábitos conspirativos. Proclamações surpreendentes, tráfico de segredos, invectivas bruscas e ironias impenetráveis constituem a razão de Estado do Segundo Império. Tornamos a achar essas mesmas características nos escritos teóricos de Baudelaire. O mais das vezes, ele expõe opiniões apoditicamente. Discutir não é a sua seara. Ele o evita mesmo quando as evidentes contradições em teses que adota sucessivamente exigiriam um debate. *O Salão de 1846* ele o dedicou "aos burgueses"; aparece como seu porta-voz, e seu gesto não é o do *advocatus diaboli*. Mais tarde, por exemplo, em sua invectiva contra a escola do *bon sens*, encontra para a "'honnête' burguesia" e para o notário – a figura do respeito no meio burguês – os traços do boêmio mais raivoso.[3] Por volta de 1850, proclama que a arte não deve ser separada da utilidade; alguns anos depois, defende "l'art pour l'art". Em tudo isso se esforça tão pouco em se reconciliar com seu público quanto Napoleão III ao passar da tarifa protecionista para o livre-cambismo, quase da noite para o dia e às escondidas do parlamento francês. Todavia esses traços tornam compreensível que a crítica oficial – com Jules Lemaitre à frente – tenha rastreado tão mal as energias teóricas contidas na prosa de Baudelaire.

Em sua descrição dos conspiradores profissionais prossegue Marx: "Para eles, o único requisito da revolução é organizar suficientemente sua conspiração... Lançam-se a invenções que devem levar a cabo maravilhas revolucionárias: bombas incendiárias, máquinas destrutivas de efeito mágico, motins que deverão resultar tanto mais miraculosos quanto menos bases racionais tiverem. Ocupados com esse frenesi de projetos não têm outra meta senão a mais próxima – ou seja, a derrubada do governo existente – e desdenham profundamente o esclarecimento mais teórico dos trabalhadores sobre seus interesses de classe. Daí sua raiva, não proletária mas plebeia, contra os *habits noirs* (casacas-pretas), as pessoas mais ou menos cultas que representam esse lado do movimento, das quais, no entanto, como de representantes oficiais do partido, nunca se conseguem fazer de todo independentes".[4] Em princípio, os vislumbres políticos de

Baudelaire não excedem os desses conspiradores profissionais. Se dirige suas simpatias ao reacionarismo clerical ou se as oferece à insurreição de 1848, sua expressão desconhece mediações, e seu fundamento permanece frágil. A imagem que apresentou nos dias de fevereiro – numa esquina de Paris, agitando uma espingarda e proferindo as palavras "Abaixo o general Aupick"* – é convincente. Na pior hipótese, poderia ter feito suas as palavras de Flaubert: "De toda a política só entendo uma coisa: a revolta". Essa frase então deveria ser entendida à luz do trecho final de uma nota que nos foi entregue com seus esboços sobre a Bélgica: "Digo 'viva a revolução!' como diria 'viva a destruição! viva a expiação! viva o castigo! viva a morte!'. Seria feliz não só como vítima; tampouco me desagradaria representar o carrasco, a fim de sentir a revolução pelos dois lados! Todos temos no sangue o espírito republicano assim como a sífilis nos ossos; estamos infectados de democracia e de sífilis".[5]

O que Baudelaire assim registra poder-se-ia denominar a metafísica do provocador. Na Bélgica, onde fez aquele apontamento, teve por algum tempo fama de espião da polícia francesa. Expedientes desse gênero causavam tão pouca estranheza que, em 20 de dezembro de 1854, Baudelaire pôde escrever à mãe, com referência aos literatos de aluguel da polícia: "Jamais meu nome aparecerá em seus registros infames".[6] Dificilmente a causa dessa fama terá sido apenas a inimizade que Baudelaire manifestou contra o então proscrito Victor Hugo, muito celebrado na Bélgica. Por certo, sua devastadora ironia participou na formação desse boato; facilmente ele mesmo poderia se comprazer em difundi-lo. O *culte de la blague,* que reencontramos em Georges Sorel e que se tornou componente inalienável da propaganda fascista, dá em Baudelaire seus primeiros frutos. O título sob o qual o espírito com que Céline escreveu *Bagatelles pour un massacre* remete diretamente a um registro do diário de Baudelaire: "Podia-se organizar uma bela conspiração com o intuito de exterminar a raça judaica".[7] O blanquista Rigault, que encerrou a carreira de conspirador como chefe de polícia da Comuna de Paris, parece ter tido o mesmo humor macabro, de que muito se fala em testemunhos sobre Baudelaire. Diz Charles Prolès em *Os Homens da Revolução de 1871:* "Ao lado de muito sangue-frio, Rigault tinha em tudo alguma coisa de um gozador depravado. Tal qualidade lhe era inseparável, até mesmo

---

* O general Aupick era padrasto de Baudelaire.

em seu fanatismo".[8] O próprio ideal terrorista que Marx encontra nos conspiradores tem seu equivalente em Baudelaire, que, numa carta à mãe, em 23 de dezembro de 1865, escreve: "Se alguma vez recuperar o vigor e a energia que já possuí, então desabafarei minha cólera através de livros horripilantes. Quero incitar toda a raça humana contra mim. Seria para mim uma volúpia que me compensaria por tudo".[9] Essa fúria encarniçada – *la rogne* – foi a disposição de espírito que alimentou os conspiradores profissionais de Paris durante meio século de lutas em barricadas.

"São eles – diz Marx a respeito desses conspiradores – os que erguem e comandam as primeiras barricadas".[10] Com efeito, a barricada é o ponto central do movimento conspirativo. Vale-se da tradição revolucionária. Na Revolução de Julho, mais de quatro mil barricadas se espalharam pela cidade.[11] Quando Fourier espreita à sua volta em busca de um exemplo do "trabalho não assalariado mas apaixonado", não encontra nenhum mais próximo que a construção de barricadas. Hugo fixou, de modo impressionante, a rede dessas barricadas, deixando na sombra, no entanto, sua guarnição: "Por toda a parte, a invisível polícia dos revoltosos vigiava. Mantinha a ordem, ou seja, a noite... Olhos que, de cima, tivessem olhado essas sombras amontoadas talvez percebessem, em locais dispersos, uma aparência indistinta que indicava contornos fragmentados e de traçado arbitrário, perfis de construções singulares. Nessas ruínas se movia algo semelhante a luminárias. Nesses locais estavam as barricadas".[12] Na alocução a Paris, que permaneceu fragmentária e que deveria fechar *As Flores do Mal*, Baudelaire não se despede da cidade sem evocar suas barricadas; lembra-se de seus "paralelepípedos mágicos que se elevam para o alto como fortalezas".[13] Naturalmente essas pedras são "mágicas", uma vez que o poema de Baudelaire não conhece as mãos que as colocaram em movimento. Mas precisamente esse *pathos* poderia ser imputado ao blanquismo, pois, de modo semelhante, clama o blanquista Tridon: "Ó força, rainha das barricadas... tu, que brilhas no clarão e no motim... é para ti que os prisioneiros estendem as mãos acorrentadas".[14] Ao fim da Comuna, como animal mortalmente atingido, o proletariado retornou tateante para trás das barricadas. Responsável pela derrota foi o fato de os operários, adestrados em lutas de barricadas, não serem favoráveis ao combate aberto que teria bloqueado caminho a Thiers. Esses operários preferiram – como escreve um dos historiadores modernos da Comuna

– "a luta no próprio quarteirão ao combate aberto e, se preciso, a morte atrás do calçamento empilhado como barricada, numa rua de Paris".[15]

Blanqui, o mais importante dos chefes de barricadas parisiense, estava na época confinado em sua última prisão, o *Fort du Taureau*. Em sua retrospectiva sobre a Revolução de Julho, Marx viu nele, e em seus companheiros, "os verdadeiros líderes do partido proletário".[16] Dificilmente se pode exagerar o prestígio revolucionário que Blanqui então possuía e que manteve até a morte. Antes de Lênin, não houve quem tivesse aos olhos do proletariado traços mais distintos. Traços que se gravaram também em Baudelaire. Há uma folha de sua autoria em que, ao lado de outros desenhos improvisados, se mostra a cabeça de Blanqui.

Os conceitos a que Marx recorre em sua descrição dos ambientes conspirativos em Paris permitem, com maior razão, reconhecer a posição ambígua que Blanqui ali ocupava. Se, por um lado, Blanqui entrou na tradição como "putschista", há boas razões para isso. Para a tradição, ele representa o tipo de político que, como diz Marx, vê sua missão no "antecipar-se ao processo de evolução revolucionário, impeli-lo por meio de artifícios para a crise, improvisar uma revolução sem que haja condições para ela".[17] Se, por outro lado, compararmos descrições que possuímos de Blanqui, então ele parecerá, antes, um dos *habits noirs,* em quem os conspiradores viam os seus malquistos concorrentes. Uma testemunha ocular descreve assim o clube blanquista de Les Halles: "Se quisermos ter uma ideia exata da impressão que, desde o primeiro momento, se tinha do clube revolucionário de Blanqui em comparação com os outros dois clubes que o partido possuía na época..., então o melhor será imaginarmos o público da *Comédie-Française* num dia em que são encenados Racine e Corneille ao lado da massa humana que lota um circo onde acrobatas exibem habilidades de risco. Era como estar numa capela consagrada ao rito ortodoxo da conspiração. As portas ficavam abertas a todo o mundo, mas só voltava quem era adepto. Após o aborrecido desfile dos oprimidos... erguia-se o sacerdote daquele lugar. Seu pretexto era resumir as queixas de seus clientes, do povo representado pela meia dúzia de imbecis arrogantes e irritados, que justamente tinham acabado de ser ouvidos. Na verdade, ele explicava a situação. Seu aspecto era distinto e a roupa impecável; a cabeça de forma delicada, a expressão tranquila; apenas de vez em quando um lampejo sinistro e selvagem lhe atravessava os olhos, que eram pequenos, apertados e penetrantes; em geral, pareciam mais benévolos que implacáveis. Seu modo de falar era comedido, paternal e inequívoco; o modo de falar menos declamatório que, junto com o de Thiers, jamais ouviu".[18] Nesta descrição, Blanqui aparece como doutrinador. Os sinais de identificação com os *habits noirs* se confirmam até nas pequenas coisas. Era sabido que o "velho" costumava ensinar de luvas pretas.* Porém a seriedade comedida e a impenetrabilidade próprias de Blanqui aparecem de modo distinto sob a luz em que as coloca uma observação de Marx. "Eles são – escreve Marx a respeito desses conspiradores profissionais – os alquimistas da revolução e partilham inteiramente a desordem mental e a estreiteza das ideias fixas dos antigos alquimistas."[19] Com isso, a imagem de Baudelaire se apresenta como que por si própria: a babel de enigmas da alegoria em um, a mania de segredamento do conspirador em outro.

De modo depreciativo, como não poderia deixar de ser, Marx fala das tavernas onde o conspirador subalterno se sentia em casa. Os vapores que aí se precipitavam eram também familiares a Baudelaire. Em meio a eles se desenvolveu o grande poema intitulado *O Vinho dos Trapeiros*. Sua origem pode ser datada em meados do século. Naquela época, temas que ressoam nesses versos eram debatidos publicamente. Certa vez, tratou-se do imposto sobre o vinho. A Assembleia Constituinte da República tinha prometido sua abolição, como já prometera em 1830. Em *As Lutas de Classe na França*, Marx mostrou que, na remoção desse imposto, comungavam uma exigência do proletariado e uma dos camponeses. O imposto, que onerava o vinho de mesa no mesmo nível que o mais fino, reduzia o consumo, "uma vez que estabelecera às portas de todas as cidades de mais de 4.000 habitantes alfândegas municipais e transformara cada cidade num país estrangeiro com tarifas protecionistas contra o vinho francês".[20] "No imposto do vinho – diz Marx – o camponês prova o *bouquet* do governo." O imposto, porém, prejudicava igualmente o habitante da cidade, forçando-o a se dirigir às tavernas da periferia a fim de encontrar vinho mais barato. Lá era servido o vinho isento de imposto, o *vinho da barreira*. Se se pode crer no chefe de seção na central de polícia, H. A. Frégier, os trabalhadores, cheios de soberba e insolência, exibiam então todo o seu prazer, como se fora o único a lhes

---

* Baudelaire sabia apreciar esses detalhes. "Por que – escreve ele – os pobres não usam luvas para mendigar? Fariam fortuna". (11, p. 424) Atribui o dito a um desconhecido; ele tem, contudo, o selo de Baudelaire.

ser concedido. "Há mulheres que não hesitam em acompanhar o marido até a *barreira*, com os filhos já em idade de trabalhar... Em seguida, põem-se todos a caminho de casa meio embriagados e se fingem de mais bêbados do que estão na verdade, de modo que a todo o mundo fique claro que beberam e que não foi pouco. Muitas vezes, os filhos imitam o exemplo dos pais."[21] Um observador contemporâneo escreve: "Uma coisa é certa: o *vinho da barreira* poupou ao governo muitos choques."[22] O vinho transmite aos deserdados sonhos de desforra e de glórias futuras. Assim, em *O Vinho dos Trapeiros*:

> "Vê-se um trapeiro cambaleante, a fronte inquieta,
> Rente às paredes a esgueirar-se como um poeta,
> E, alheio aos guardas e alcaguetes mais abjetos,
> Abrir seu coração em gloriosos projetos.
>
> Juramentos profere e dita leis sublimes,
> Derruba os maus, perdoa as vítimas dos crimes,
> E sob o azul do céu, como um dossel suspenso,
> Embriaga-se na luz de seu talento imenso."[23]

Maior número de trapeiros surgiu nas cidades desde que, graças aos novos métodos industriais, os rejeitas ganharam certo valor. Trabalhavam para intermediários e representavam uma espécie de indústria caseira situada na rua. O trapeiro fascinava a sua época. Encantados, os olhares dos primeiros investigadores do pauperismo nele se fixaram com a pergunta muda: "Onde seria alcançado o limite da miséria humana?" Frégier lhe dedica seis páginas do seu *As Classes Perigosas da População*. Le Play fornece para o período de 1849 a 1850, presumivelmente aquele em que nasceu o poema de Baudelaire, o orçamento de um trapeiro parisiense e dependentes.*

---

* Esse orçamento é um documento social, não tanto pelos levantamentos realizados numa família definida quanto pela tentativa de fazer a mais profunda miséria, por ser cuidadosamente recenseada, parecer menos escandalosa. Com a ambição de não deixar nenhuma de suas desumanidades sem o parágrafo que deve ser observado a respeito, os Estados totalitários fizeram brotar um gérmen que, como se pode presumir aqui, já dormitava num estádio remoto do capitalismo. A quarta seção desse orçamento de um trapeiro – necessidades culturais, recreações e higiene – aparece da seguinte maneira: "Instrução das crianças: a mensalidade escolar é paga pelo empregador da família: 48 F; compra de livros: 1,45 F. Assistência social e esmola (os trabalhadores desta camada geralmente não

Naturalmente, o trapeiro não pode ser incluído na boêmia. Mas, desde o literato até o conspirador profissional, cada um que pertencesse à boêmia podia reencontrar no trapeiro um pedaço de si mesmo. Cada um deles se encontrava, num protesto mais ou menos surdo contra a sociedade, diante de um amanhã mais ou menos precário. Em boa hora, podia simpatizar com aqueles que abalavam os alicerces dessa sociedade. O trapeiro não está sozinho no seu sonho. Acompanham-no camaradas; também à sua volta há o cheiro de barris, e ele também encaneceu em batalhas. O bigode lhe pende como uma bandeira velha. Em sua ronda, vêm-lhe ao encontro os *mouchards,* os agentes secretos sobre quem os sonhos lhe dão supremacia.* Temas sociais do cotidiano parisiense se

---

dão esmolas); festas e solenidades: refeições tomadas por toda a família numa das *barreiras* de Paris (8 excursões anuais): vinho, pão, batata frita: 8 F; refeições consistindo de macarrão preparado com manteiga e queijo, e mais vinho, no Natal, na terça-feira de Carnaval, na Páscoa e em Pentecostes: essas despesas estão registradas na primeira seção; fumo de mascar do marido (tocos de cigarro juntados pelo próprio trabalhador)... representando de 5 a 34 F; rapé para a mulher (comprado)... 18,66 F; brinquedos e outros presentes para as crianças: 1 F... Correspondência com parentes: cartas para o irmão do trabalhador, residente na Itália: na média, uma por ano... Adicional: em caso de reveses, o recurso mais importante para a família consiste na caridade privada... Economia anual (o trabalhador não possui nenhum tipo de previsão; o que lhe importa, acima de tudo, é proporcionar à mulher e à filha pequena todo o bem-estar compatível com sua situação; não faz economia, mas gasta dia a dia tudo o que ganha)." (Frédéric Le Play, *Les ouvriers européens,* Paris, 1855, pp. 274-5.) O espírito de semelhante levantamento é ilustrado por uma observação sarcástica de Buret: "Como o sentimento humanitário, ou mesmo o decoro, proíbe que se deixem morrer os homens como animais, então não se lhes pode negar a esmola de um ataúde". Eugêne Buret, *De la misère des classes laborieuses en Angleterre et en France,* Paris, 1840, vol. I, p. 166.)

* É fascinante acompanhar como a rebelião vagarosamente abre caminho nas diferentes versões dos versos conclusivos do poema. Na primeira versão diziam:

"É assim que o vinho reina por seus benefícios,
E canta suas façanhas pela goela do homem.
Grandeza da bondade daquele que tudo batiza,
Que já nos dera o doce sono,
E quis ajuntar o vinho, filho do Sol,
Para esquentar o coração e acalmar o sofrimento
De todos esses infelizes que morrem em silêncio."

Em 1852, diziam:

Para amansar o coração e acalmar o sofrimento
De todos esses inocentes que morrem em silêncio,
Deus já lhes dera o doce sono;
Ajuntou o vinho, filho sagrado do Sol."

Por fim, soam em 1857 com uma mudança radical no sentido:

"E para o ódio afogar e o ócio ir entretendo
Desses malditos que em silêncio vão morrendo,

encontram já em Sainte-Beuve. Nele representavam uma conquista da poesia lírica, mas ainda não do discernimento. A miséria e o álcool contraem no espírito do ilustrado capitalista uma relação essencialmente distinta daquela em Baudelaire.

> "Neste cabriolé de aluguel examino
> O homem que me conduz, verdadeira máquina,
> Hediondo, barba espessa, longos cabelos emplastrados:
> Vício e vinho e sono carregam seus olhos bêbados.
> Como o homem pode cair assim?, pensava
> Enquanto me recolhia ao outro canto do assento."[24]

Assim é o começo do poema; o que se segue é uma interpretação edificante. Sainte-Beuve pergunta a si mesmo se sua alma não estaria igualmente abandonada como a do cocheiro de aluguel.

A litania intitulada *Abel e Caim* mostra sobre que substrato repousa a noção mais livre e mais compreensiva que Baudelaire tinha dos deserdados. Faz do conflito dos irmãos bíblicos o de duas raças eternamente irreconciliáveis.

> "Raça de Abel, frui, come e dorme.
> Deus te sorri bondosamente.
>
> Raça de Caim, no lado informe
> Roja-te e morre amargamente."[25]

O poema consiste de 16 dísticos, cujo início é alternadamente igual ao dos anteriores. Caim, o ancestral dos deserdados, nele aparece como fundador de uma raça que não pode ser senão a proletária. Em 1838, Granier de Cassagnac publicou sua *História das Classes Operárias e das Classes Burguesas*. Essa obra soube proclamar a origem dos proletários: formavam uma raça de homens inferiores, resultante do cruzamento de ladrões e prostitutas. Terá Baudelaire tomado conhecimento dessas especulações? É bem possível. O certo é que foram encontradas por Marx, que saudou em Granier de Cassagnac o "pensador" da reação

---

Em seu remorso Deus o sono havia criado;
O Homem o Vinho fez, do Sol filho sagrado!" (p. 381)

Percebe-se nitidamente como a estrofe só encontra sua forma mais segura com o conteúdo blasfemo.

bonapartista. *O Capital*, ao fixar o conceito de "uma raça de peculiares proprietários de bens", respondeu à sua teoria racial. Em Marx, é desse modo que se entende o proletariado.[26] Exatamente nessa acepção aparece em Baudelaire a raça originária de Caim. Obviamente, ele não teria podido defini-la. É a raça dos que não possuem outro bem que não a sua força de trabalho.

O poema de Baudelaire se encontra no ciclo intitulado *Revolta*.* As três partes que o compõem mantêm um tom blasfematório. O satanismo de Baudelaire não deve ser tomado demasiadamente a sério. Se tem algum significado, é como a única atitude na qual Baudelaire era capaz de manter por muito tempo uma posição não conformista. A última parte do ciclo, *As Litanias de Satã*, é, por seu conteúdo teológico, o miserere de uma liturgia ofídica.[27] Satã aparece em sua coroa de raios luciferinos como depositário do saber profundo, como instrutor das habilidades prometéicas, como patrono dos impenitentes e inquebrantáveis. Entre as linhas lampeja a cabeça sombria de Blanqui.

> "Tu que dás ao proscrito esse alto e calmo olhar
> Que leva o povo ao pé da forca a desvairar."[28]

Esse Satã, que a série de invocações do poema conhece também como "confessor... do conspirador", é diferente do intrigante infernal, a quem outros poemas chamam pelo nome de "Satã Trismegisto", de "Demônio", e as peças em prosa pelo de "Vossa Alteza", que tem sua moradia subterrânea nas proximidades do bulevar. Lemaitre chamou a atenção para a dualidade que faz do diabo "ora o autor de todo o mal, ora o grande vencido, a grande vítima".[29] Só fazemos formular o problema

---

* Ao título se segue uma nota prévia, em edições posteriores suprimida. Declara os poemas desse ciclo uma cópia altamente literária "dos sofismas da ignorância e da raiva". Na verdade, não se pode falar de cópia. A Procuradoria de Estado do Segundo Império assim o entendeu, e também as sucessoras assim o entendem. O barão Seillière o revela com muito desleixo em sua interpretação do poema introdutório, *A Negação de São Pedro*, que contém os seguintes versos:

"Pensavas tu nos dias...
Em que, a alma pródiga de audácia e de esperança,
Aos vendilhões do templo açoitavas o dorso,
Em que tu foste o mestre enfim? Dize: o remorso
Teu flanco não rasgou mais fundo do que a lança?" (pp. 417 e 419)

Nesse remorso, o irônico intérprete percebe as autocensuras "por ter perdido uma oportunidade tão boa de implantar a ditadura do proletariado". (Ernest Seillière, *Baudelaire*, Paris, 1931, p.193).

diferentemente se lançamos a questão: "O que terá forçado Baudelaire a dar uma forma teológica radical à sua rejeição aos dominadores?"

Após a derrota do proletariado na Campanha de Junho, a revolta contra os conceitos de ordem e honestidade estava mais bem preservada junto aos dominadores do que junto aos oprimidos. Os que se declaravam partidários da liberdade e do direito não viam em Napoleão III o imperador-soldado que pretendia ser a emulação de seu tio, mas sim o impostor favorecido pela sorte. Foi essa a imagem que *Os Castigos,* de Victor Hugo, dele fixou. Por seu turno, a *boêmia dourada* via seus sonhos de uma vida "livre" se tornarem realidade nos estonteantes festejos da corte dos quais ele se rodeava. As memórias em que o conde Viel-Castel descreve a companhia do imperador permitem que uma Mimi e um Schaunard[30] pareçam até honestos e tacanhos. Na classe alta, o cinismo era de bom-tom; na baixa, a argumentação rebelde. Em *Eloa,* seguindo os rastros de Byron, Vigny homenageara, em sentido gnóstico, Lúcifer, o anjo caído. Barthélemy, por outro lado, em sua *Nêmesis* associara o satanismo aos dirigentes; faz com que se diga uma missa do ágio e que se cante um salmo da renda.[31] Essa dupla face de Satã é, de ponta a ponta, familiar a Baudelaire. Para ele, Satã não fala apenas pelos inferiores, mas também pelos superiores. Dificilmente, Marx teria podido encontrar um leitor melhor para as seguintes linhas: "Quando os puritanos – diz em *O Dezoito Brumário* – protestaram contra a vida depravada dos papas..., o cardeal Pierre d'Aill trovejou contra eles: – Só o Diabo em pessoa ainda pode salvar a Igreja católica, e vós exigis anjos! – Assim bradava a burguesia francesa após o golpe de Estado – Só o líder da *Sociedade de 10 de Dezembro* ainda pode salvar a sociedade burguesa! Só o roubo à propriedade, o perjúrio à religião, a bastardia à família, a desordem à ordem!"[32] Mesmo em suas horas rebeldes não quis Baudelaire, admirador dos jesuítas, romper de todo e para sempre com esse salvador. Seus versos se resguardaram do que sua prosa não se proibira. É por isso que Satã aparece neles. É a ele que devem a força sutil de, mesmo no protesto desesperado, não abjurarem totalmente de sua obediência àquele que causou indignação ao discernimento e à humanidade. Quase sempre a confissão religiosa brota de Baudelaire como um grito de guerra. Não quer que lhe tirem o seu Satã. Este é o verdadeiro móvel do conflito que Baudelaire teve de sustentar com sua descrença. Não se trata de sacramento e oração, mas da ressalva luciferina de difamar o Satã, de quem se está à mercê.

Com sua amizade por Pierre Dupont, Baudelaire quis fazer-se conhecido como poeta social. Os textos críticos de d'Aureevilly dão um esboço desse autor: "Nesse talento e nessa cabeça, Caim tem a supremacia sobre o manso Abel – o rude, o faminto, o invejoso, o selvagem Caim, que se foi para as cidades a fim de sorver o fermento do rancor que aí se acumula e de participar das falsas ideias que aí vivem o seu triunfo".[33] Essa característica exprime com exatidão o que fez Baudelaire solidário a Dupont. Tal como Caim, Dupont "se foi para as cidades e abandonou o idílio".

"A canção como era entendida pelos nossos pais..., mesmo a singela romança, está muito afastada dele."[34] Dupont sentiu chegar a crise da poesia lírica com a progressiva desintegração entre cidade e campo. Um de seus versos admite isso desairosamente; diz que o poeta "empresta ouvidos alternadamente às matas e às massas". As massas recompensaram-no por sua atenção; em 1854, Dupont estava em todas as bocas. Quando se perderam, uma a uma, as conquistas da Revolução, Dupont compôs o seu *Canto do Voto*. Na poesia política da época, pouca coisa há que possa rivalizar com seu refrão. É a folha de louro que Karl Marx reclamara então para a "sombria e ameaçadora fronte"[35] dos combatentes de Junho.

> "Faz ver, frustrando o ardil,
> O República! A esses perversos,
> Tua grande face de Medusa
> Em meio a rubros clarões!"[36]

A introdução com que, em 1851, Baudelaire contribuiu para um fascículo de poemas dupontianos foi um ato de estratégia literária. Aí se encontram os seguintes juízos curiosos: "A ridícula teoria da 'arte pela arte' excluiu a moral e, muitas vezes, a própria paixão; desse modo, tornou-se necessariamente estéril". E, mais adiante, numa clara referência a Auguste Barbier: "Quando um poeta que, apesar de algumas faltas ocasionais, quase sempre se revelou grande, surgiu e proclamou a santidade da Revolução de Julho e, em seguida, com versos igualmente flamejantes, escreveu poemas sobre a miséria na Inglaterra e na Irlanda,... a questão estava de uma vez por todas liquidada, e doravante a arte ficou inseparável da moral, assim como da utilidade".[37] Isso nada tem da profunda duplicidade que dá asas à poesia do próprio Baudelaire, que se interessava pelos oprimidos, mas tanto por suas ilusões quanto por sua causa. Tinha um ouvido para os cantos da revolução e outro para a "voz superior" que fala através do rufar dos tambores das execuções. Quando Bonaparte chega ao poder através do golpe de Estado, por um momento Baudelaire fica indignado. "Depois, contempla os acontecimentos 'do ponto de vista providencial' e se sujeita como um monge."[38] "Teocracia e comunismo"[39] não eram para ele convicções, mas insinuações que disputavam entre si o seu ouvido: uma nem tão seráfica, outra nem tão luciferina quanto ele imaginava. Não demorou muito, e Baudelaire abandonara seu manifesto revolucionário e, depois de uma série de anos, escreve: "É à graça e à delicadeza feminis de sua natureza que Dupont deve as suas primeiras canções. Por sorte, a atividade revolucionária que, na época, arrastava todo o mundo consigo não o desviou totalmente de seu caminho natural".[40] Para Baudelaire, essa brusca ruptura com a "l'art pour l'art" tinha valor apenas como postura. Permitia-lhe proclamar o espaço que, como literato, tinha para se mover. Era a sua vantagem sobre os escritores do seu tempo, sem excluir os maiores. Com isso se torna evidente que ele se situava acima do meio literário que o circundava.

Durante um século e meio, a atividade literária cotidiana se movera em torno dos periódicos. Por volta de 1830, as belas-letras lograram um mercado nos diários. As alterações trazidas para a imprensa pela Revolução de Julho se resumem na introdução do folhetim. Durante a Restauração, números avulsos de jornais não podiam ser vendidos; só quem fosse assinante podia receber um exemplar. Quem não pudesse pagar a elevada quantia de 80 francos pela assinatura anual ficava na dependência dos cafés, onde, muitas vezes, grupos de várias pessoas rodeavam um exemplar. Em 1824 havia em Paris 47 mil assinantes de jornal; em 1836 eram 70 mil, e em 1846, 200 mil. *La Presse,* o jornal de Girardin, tivera papel decisivo nesse aumento. Trouxera três importantes inovações: a redução do preço da assinatura para 40 francos, o anúncio e o romance-folhetim. Ao mesmo tempo, a informação curta e brusca começou a fazer concorrência ao relato comedido. Recomendava-se pela sua utilidade mercantil. O assim chamado *"réclame"* abria passagem; por esse termo se entendia uma nota, autônoma na aparência, mas, na verdade, paga pelo editor e com a qual, na seção redacional, se chamava a atenção para um livro que, na véspera ou naquele mesmo número, fora objeto de anúncio. Já em 1839, Sainte-Beuve lamentava seus efeitos desmoralizantes: "Como se pode condenar na parte crítica um produto... do qual, duas polegadas abaixo, se lê que é a maravilha da época? Impunha-se a força atrativa das letras crescentes do anúncio; representa uma montanha magnética que desvia a bússola".[41] O *"ré-clame"* se encontra nos primórdios de uma evolução cujo final é a notícia da bolsa publicada nos jornais e paga pelos interessados. Dificilmente a história da informação pode ser escrita separando-a da história da corrupção da imprensa.

A informação precisava de pouco espaço; era ela, e não o editorial político nem o romance-folhetim, que proporcionava ao jornal o aspecto a cada dia novo e inteligentemente variado da paginação, no qual residia uma parte de seu encanto. Precisava ser constantemente renovada: mexericos urbanos, intrigas do meio teatral e mesmo "curiosidades" constituíam suas fontes prediletas. Desde o início é notável sua peculiar elegância barata e que se torna tão característica do folhetim. A Sra. Girardin, em suas *Cartas Parisienses,* saúda desse modo a fotografia: "Hoje em dia, as pessoas se ocupam muito com a invenção do Sr. Daguerre, e nada é mais engraçado que as sérias explicações que os nossos eruditos de salão sabem dar a respeito. O Sr. Daguerre pode ficar descansado: o seu segredo não lhe vai ser roubado... De fato, sua descoberta é maravilhosa, mas as pessoas nada entendem dela; ela foi por demais explicada".[42] A satisfação com o estilo folhetinesco não foi tão rápida nem tão universal. Em 1860 e em 1868 aparecem em Marselha e em Paris os dois volumes das *Revistas Parisienses,* do barão Gaston de La Flotte. Tomaram para si a incumbência de lutar contra a leviandade das informações históricas, sobretudo as do folhetim da imprensa parisiense. Era nos cafés, durante o aperitivo, que se recheava a informação. "O hábito do aperitivo... apareceu com o advento da imprensa do bulevar. Antes, quando só havia os grandes e sérios jornais, não se conhecia a hora do aperitivo, que é consequência lógica da 'crônica parisiense' e dos mexericos urbanos".[43] A atividade dos cafés treinou os redatores no ritmo do serviço informativo antes mesmo que sua maquinaria estivesse desenvolvida. Quando, por volta do fim do Segundo Império, o telégrafo elétrico entrou em uso, o bulevar perdera o seu monopólio. Doravante, os acidentes e os crimes podiam ser recebidos de todo o mundo.

Assim, a assimilação do literato à sociedade em que se encontrava se consumou no bulevar. Era no bulevar que ele tinha à disposição o primeiro incidente, chiste ou boato. No bulevar, desdobrava os ornamentos de suas relações com colegas e *boas-vidas;* e estava tão dependente de seus efeitos quanto as coquetes de sua arte de se transvestir.* No bulevar, passava suas horas ociosas, exibindo-as às pessoas como parcela de seu horário de trabalho. Portava-se como se tivesse aprendido de Marx que o valor de cada bem é definido pelo tempo de trabalho socialmente necessário para sua produção. Dessa forma, o valor da própria força de trabalho adquire algo próximo ao fantástico em face do dilatado ócio que, aos olhos do público, é necessário para seu aperfeiçoamento. O público não estava sozinho em tal avaliação. A alta remuneração do folhetim de então mostra que essa opinião se alicerçava nas relações sociais. De fato, existia uma conexão entre a redução da taxa de assinatura, o incremento dos anúncios e a crescente importância do folhetim.

"Devido ao novo arranjo – a redução da taxa de assinatura – o jornal tem de viver dos anúncios...; para obter muitos anúncios, a página quatro, que se voltara para a publicidade, precisava ser vista pelo maior número possível de assinantes. Foi necessária uma isca que se dirigisse a todos sem considerar opiniões pessoais e que tivesse o seu valor no fato de pôr a curiosidade no lugar da política... Uma vez dado o ponto de partida, isto é, o preço da assinatura a 40 francos, chegou-se quase forçosamente ao romance-folhetim por via do anúncio."[44] É exatamente isso que explica a alta cotação desses artigos. Em 1845, Dumas fechou contrato com *Le Constitutionnel* e com *La Presse*, pelo qual lhe foram prometidos durante cinco anos honorários mínimos de 63 mil francos por uma produção mínima anual de 18 volumes.[45] Eugene Sue recebeu por *Os Mistérios de Paris* um sinal de 100 mil francos. Calculou-se em 5 milhões de francos os honorários de Lamartine para o período entre 1838 e 1851. Por *História dos Girondinos*, que apareceu primeiramente como folhetim, recebera 600 mil francos. Os exuberantes honorários da mercadoria literária nos diários levavam necessariamente a inconvenientes. Acontecia de o editor, na compra do manuscrito, reservar para si o direito de tê-lo assinado por um autor de sua escolha. Isso pressupunha que alguns romancistas bem-sucedidos não tivessem melindres com a própria assinatura. Amplas informações sobre o assunto são dadas por um panfleto, *Fábrica de Romances, Casa Alexandre Dumas e Cia.*[46] A

---

*   "Com um pouco de perspicácia, é fácil reconhecer que uma moça que, às oito, se apresenta ricamente vestida num elegante costume é a mesma que, às nove, surge como costureirinha e, às dez, como camponesa" (F.-F.-A. Béraud, *Les filles publiques de Paris, et la police qui les régit*, Paris, 1839, vol. I, p. 51).

Revista dos Dois Mundos escreveu na época: "Quem conhece os títulos de todos os livros assinados pelo Sr. Dumas? Será que ele próprio os conhece? Se não mantiver um diário com 'débito' e 'crédito', certamente esquecerá de mais de um dos filhos de que é pai legítimo, natural ou adotivo".[47] Corria o boato de que Dumas empregava em seus porões toda uma companhia de literatos pobres. Dez anos após as constatações da grande revista, em 1855, encontra-se num pequeno órgão da boêmia a seguinte representação pitoresca da vida de um romancista de sucesso, que o autor chama de Sr. de Santis: "Chegando à casa, fecha a porta à chave cuidadosamente... e abre uma pequena porta atrás de sua biblioteca. Com isso se acha num pequeno gabinete mal iluminado e bastante sujo. Ali, com uma longa pena de ganso na mão, está sentado um homem sombrio, de olhar submisso e cabelos emaranhados. Nele se reconhece a uma milha de distância o verdadeiro romancista de estirpe, mesmo que se trate apenas de um ex-funcionário de ministério que aprendeu a arte de Balzac através da leitura de *Le Constitutionnel*. O verdadeiro autor da 'Câmara dos Crânios' é ele; é ele o romancista".[48] * Durante a Segunda República, o parlamento procurou combater a predominância do folhetim. Taxava-se a continuação do romance, capítulo por capítulo, com um imposto de um *centime*. Com a reacionária Lei da Imprensa que, através de restrições à liberdade de opinião intensificou o valor do folhetim, aquela prescrição deixou de vigorar pouco depois.

A alta cotação do folhetim aliada à sua grande saída ajudou os escritores que o forneciam a fazer nome junto ao público. Não estava fora do alcance do indivíduo a possibilidade de estabelecer sua fama em combinação com seus recursos financeiros: a carreira política abria-se-lhe quase por si mesma. Com isso se verificaram novas formas de corrupção, mais graves que o abuso de nome de autores conhecidos. Tendo sido despertada a ambição política do literato, era natural que o regime lhe indicasse o caminho certo. Em 1846, Salvandy, Ministro das Colônias, ofereceu a Alexandre Dumas, às custas do governo a empreitada custava 10 mil francos, uma viagem a Túnis para fazer propaganda na colônia. A expedição fracassou, devorou muito dinheiro e acabou numa pequena interpelação na Câmara. Mais sorte teve Sue que, devido ao sucesso

---

*　O uso do "negro" não se limita ao folhetim. Scribe empregava para os diálogos de suas peças uma série de colaboradores anônimos.

de *Os Mistérios de Paris,* não só elevou o número de assinantes de *Le Constitutionnel* de 3.600 para 20.000, como também foi eleito deputado com 130 mil votos do operariado de Paris. Os eleitores proletários não ganhavam muito com isso. Marx chama a eleição de um "comentário sentimental que enfraquece"[49] os ganhos do mandato anterior. Se a literatura podia assim abrir uma carreira política aos privilegiados, essa carreira é, por seu turno, valiosa na consideração crítica de seus escritos. Lamartine oferece um exemplo disso.

Êxitos decisivos de Lamartine, *As Meditações* e *As Harmonias* remontam a uma época em que a classe dos agricultores franceses detinha o usufruto dos campos de cultura conquistados. Em versos ingênuos a Alphonse Karr, o poeta equipara sua obra à de um viticultor:

"Todo homem com orgulho pode vender seu suor!
Vendo meu cacho de fruta como vendes tua flor,
Feliz quando seu néctar, sob meu pé que a pisa,
Nos meus tonéis numerosos como riacho de âmbar corre,
Produzindo para seu dono, embriagado por sua carestia,
Muito ouro para pagar muita liberdade!"[50]

Essas linhas, onde Lamartine louva a própria prosperidade como se fosse rural e se gaba dos honorários que seu produto lhe proporciona na feira, são esclarecedoras se as consideramos menos pelo seu lado moral* do que como expressão do sentimento de classe de Lamartine, do minifundiário. Nisso se encontra uma parcela da história da poesia de Lamartine. A situação do minifundiário se tornou crítica na década de 1840; ele estava endividado. O minifúndio "já não se encontrava na assim chamada pátria, mas sim no certificado de hipoteca".[51] Com isso, o otimismo rural – fundamento da transfigurante contemplação da natureza, própria da poesia de Lamartine – começou a desmoronar. "Se o recém-formado minifúndio era naturalmente religioso em sua concordância com a sociedade, em sua dependência das forças naturais e em sua submissão à autoridade que, do alto, o protegia, o minifúndio arruinado pelas dívidas, indisposto contra a sociedade e contra as autoridades, lançado para além

---

* Numa carta aberta a Lamartine, escreve o ultramontano Louis Veuillot: "O senhor realmente não sabe que 'ser livre' significa, antes, desprezar o ouro. E, para obter essa espécie de liberdade que se compra com ouro, o senhor produz seus livros do mesmo modo comercial que seus legumes ou que seu vinho!" (Louis Veuillot, *Pages Choisies,* Paris, 1906, p. 31).

de sua própria limitação, torna-se naturalmente irreligioso. O céu era um adendo muito formoso para a minguada região recém-conquistada, tanto mais porque determina o bom e o mau tempo, mas vira insulto tão logo seja imposto ao minifúndio como compensação."[52] Exatamente nesse céu os poemas de Lamartine haviam sido formações de nuvens, como já em 1830 escrevera Sainte-Beuve: "A poesia de André Chénier... é, até certo ponto, a paisagem sobre a qual Lamartine estendeu o céu".[53] Esse céu desmoronou para sempre quando os camponeses franceses votaram em 1848 pela presidência de Bonaparte. Lamartine colaborara na preparação de seus votos.* "Provavelmente, ele não pensara – escreve Sainte-Beuve sobre seu papel na revolução – que estivesse destinado a se tornar o Orfeu que, com seu áureo arco, deveria conduzir e moderar aquela invasão dos bárbaros".[54] Baudelaire o chama secamente de "um pouco devasso, um pouco prostituído".[55]

Dificilmente alguém possuía olhar mais penetrante que Baudelaire para os aspectos problemáticos desse fenômeno brilhante, talvez por ter ele sempre sentido pouco brilho sobre si mesmo. Porch é de opinião que Baudelaire, parece, não teve escolha na negociação de seus manuscritos.[56] "Baudelaire – escreve Ernest Raynaud – tinha de contar com a prática de vigaristas; tinha de lidar com editores que especulavam com a vaidade das pessoas mundanas, dos amadores e dos principiantes, e cujos manuscritos só aceitavam se eles conseguissem assinaturas".[57] O próprio comportamento de Baudelaire corresponde a esse estado de coisa. Põe o mesmo manuscrito à disposição de várias redações, autoriza reimpressões sem caracterizá-las como tais. Desde cedo, contemplou sem ilusões o mercado literário. Escreve em 1846: "Por mais bela que seja uma casa, ela tem antes de tudo – e antes que nos detenhamos em sua beleza – tantos metros de altura e tantos de comprimento. Assim também é a literatura, que reproduz a substância mais difícil de avaliar, antes de tudo um enchimento de linhas, e o arquiteto literário cujo simples nome não promete lucros tem de vender a qualquer preço".[58]

---

* Segundo relatórios de Kisseliov, o então embaixador russo em Paris, o Sr. Pokrowski provou que os eventos se desenrolaram como Marx já previra em *As Lutas de Classes na França*. Em 6 de abril de 1849, Lamartine garantira ao embaixador que as tropas se concentrariam na capital – uma medida que, mais tarde, a burguesia procurou justificar com as demonstrações operárias de 16 de abril. A observação de Lamartine de que precisaria aproximadamente de dez dias para a concentração das tropas lança efetivamente uma luz ambígua sobre aquelas demonstrações (cf. Pokrowski, *Historische Aufsätze*, Viena, 1928, pp. 108-9).

Até o fim da vida, Baudelaire permaneceu mal colocado no mercado literário. Calcula-se que, pelo conjunto de sua obra, não tenha ganho mais do que 15 mil francos.

"Balzac se arruína com café, Musset se embota com o absinto, Murger morre... numa casa de saúde, como ainda há pouco Baudelaire. E nenhum desses escritores foi socialista!"[59] Prescreve Jules Troubat, o secretário particular de Sainte-Beuve. Sem dúvida, Baudelaire merece a apreciação que a última frase lhe quer imputar. Nem por isso, porém, lhe faltou entendimento da verdadeira situação do literato. Confrontá-lo – e, em primeiro lugar, a si mesmo – com a puta lhe era habitual. Disso fala o soneto *A Musa Venal*. O grande poema introdutório de *As Flores do Mal, Ao Leitor,* apresenta o poeta na posição desvantajosa de quem aceita moedas sonantes por suas confissões. Um dos primeiros poemas de Baudelaire, e não incluído em *As Flores do Mal,* é dirigido a uma mulher de rua. Diz a segunda estrofe:

> "Para ter sapatos, ela vendeu sua alma;
> Mas o bom Deus riria se, perto dessa infame,
> Eu bancasse o Tartufo e fingisse altivez,
> Eu, que vendo meu pensamento e quero ser autor."[60]

A última estrofe – "Essa boêmia – ela é tudo para mim" – inclui despreocupadamente essa criatura na irmandade da boêmia. Baudelaire sabia como se situava, em verdade, o literato: como flâneur ele se dirige à feira; pensa que é para olhar, mas, na verdade, já é para procurar um comprador.

Notas

1. Karl Marx e Friedrich Engels. *Bespr. von Adolphe Chenu, "Les conspirateurs ",* Paris, 1850, e Lucien de La Hodde. *La naissance de la République en février 1848,* Paris, 1850; cit. segundo *Die Neue Zeit,* 4 (886), p. 555.
2. Karl Marx, *Der achtzehnte Brumaire des Louis Bonaparte,* Viena e Berlim, 1927, p. 73.
3. Charles Baudelaire, *Oeuvres,* 2 volumes, Paris, *Bibliothèque de la Pléiade,* 1931/1932, II, p. 415. (Doravante só serão indicados o volume e a página desta edição.)
4. Karl Marx e Friedrich Engels, loc. cit., p. 556.
5. II, p. 728.
6. Charles Baudelaire, *Lettres à sa mère,* Paris, 1932, p. 83.
7. II, p. 666.

8. Charles Prolès, *Raoul Rigault. La préfecture de police sous la Commune. Les otages. (Les hommes de la révolution de 1871)*, Paris, 1898, p. 9.

9. Charles Baudelaire, *Lettres à sa mère*, Paris, 1932, p. 278.

10. Karl Marx e Friedrich Engels, loc. cit., p. 556.

11. Cf. Ajasson de Grandsagne e Maurice Plaut, *Révolution de 1830. Plan des combats de Paris au 27, 28 et 29 juillet*, Paris, s/d.

12. Victor Hugo, *Oeuvres complètes*. Roman, 8º vol., *Les Misérables*. Paris, 1881, pp. 522-3.

13. I, p. 229.

14. Cit. Charles Benoist, *La crise de l'Etat moderne. Le "mythe" de la "classe ouvrière"*, in: *Revue des deux mondes*, 1º de março de 1914, p. 105.

15. Georges Laronze, *Ristoire de la Commune. La justice*, Paris, 1928, p. 532.

16. Karl Marx, *Der achtzehnte Brumaire des Louis Bonaparte*, loc. cit., p. 28.

17. Karl Marx e Friedrich Engels, *Bespr. von Adolphe Chenu*, loc. cit., p. 556.

18. Informe de J.-J. Weiss, cit. Gustave Geffroy, *L'enfermé*, loc. cit., pp. 346-8.

19. Karl Marx e Friedrich Engels, *Bespr. von Adolphe Chenu*, loc. cit., p. 556.

20. Karl Marx, *Die Klassenkampfe in Frankreich 1848 bis 1850*, Berlin, 1895, p. 87.

21. H.-A. Frégier, *Des classes dangeureuses de Iapopulation dans les grandes villes, et des moyens de les rendre meilleures*, Paris, 1840, vol. 1, p. 86.

22. Edouard Foucaud, *Paris inventeur. Physiologie de l'industrie française*, Paris, 1844, p. 10.

23. Charles Baudelaire, *As Flores do Mal*, trad. Ivan Junqueira, Rio de Janeiro, Nova Fronteira, 1985, 2ª edição, p. 379. (Os poemas de *As Flores do Mal* foram extraídos desta edição; doravante só serão indicadas as páginas. Os demais poemas citados nesta obra foram gentilmente traduzidos por Ângela C. M. Guerra.) (N. do T.)

24. Charles Augustin Sainte-Beuve, *Les consolations. Pensées d'août.*

25. P. 419.

26. Karl Marx, *Das Kapital*, Berlin, 1932, vol. I, p. 173.

27. Trata-se de uma seita gnóstica do século II que, dedicada ao culto da serpente, a fazia um símbolo do Messias. (N. do T.)

28. P. 423.

29. Jules Lemaitre, *Les contemporaines. Etudes et portraits littéraires*, Paris, 1897, 14ª edição, p. 30.

30. Personagens de *Scènes de la vie de bohème*, de Murger (1848).

31. Cf. Auguste-Marseille Barthélémy, *Némésis, Satire hebdomadaire*, Paris, 1834, vol. I, p. 225.

32. Karl Marx, *Der achtzehnte Brumaire des Louis Bonaparte*, loc. cit., p. 124.

33. Jules-Amédée Barbey D'Aurevilly, *Les oeuvres et les hommes. Les poètes*, Paris, 1862, p. 242.

34. Pierre Larousse, *Grand dictionnaire universel du XIX Siècle*, Paris, 1870, vol. VI, p. 1.413.

35. Karl Marx, *Dem Andenken der Juni-Kämpfer*, Viena, 1928, p. 40.

36. Pierre Dupont, *Le chant du vote*, Paris, 1850.

37. II, pp. 403-5.

38. Paul Desjardins, *Poètes contemporaines. Charles Baudelaire*, in: *Revue bleue*, Paris, 1887, tomo 14, 24º ano, 2º semestre, nº 1, p. 19.

39. II, p. 659.

40. II, p. 555.

41. Charles Augustin Sainte-Beuve, *De la littérature industrielle*, in: *Revue des deux mondes*, 1839, pp. 682-3.

42. Emile de Girardin, *Oeuvres complètes*. Lettres parisiennes 1836-1840, Paris, 1860, pp. 289-90.

43. Gabriel Guillemot, *Le bohème. Physionomies parisiennes*, Paris, 1868, p. 72.

44. Alfred Nettement, *Histoire de la littérature française sous le Gouvernement de Juillet*, Paris, 1859, vol. I, pp. 301-2.

45. Cf. Ernest Lavisse, *Histoire de France contemporaine: La monarchie de juillet* (1830-1848), Paris, 1921, p. 352.

46. Cf. Eugène Mirecourt, *Fabrique de romans. Maison Alexandre Dumas et Compagnie*, Paris, 1845.

47. Paulin Limayrac, *Du roman actuel et de nos romanciers*, in: *Revue des deux mondes*, tomo II, 1845, pp. 953-4.

48. Paul Saulnier, *Du roman en général et du romancier moderne en particulier*, in: *Le bohème*, abril 1855, nº 5, p. 2.

49. Karl Marx, *Der achtzehnte Brumaire des Louis Bonaparte*, loc. cit., p.68.

50. Alphonse de Lamartine, *Oeuvres poétiques complètes*, Paris, 1963, p. 1.506. (*"Lettre à Alphonse Karr"*).

51. Karl Marx, *Der achtzehnte Brumaire des Louis Bonaparte*, loc. cit., pp. 122-3.

52. Id., ibid., p. 122.

53. Charles Augustin Sainte-Beuve, *Vie, poésies et pensées de Joseph Delorme*, Paris, 1863, pp. 159-60.

54. Charles Augustin Sainte-Beuve, *Les Consolations*, loc. cit., p. 118.

55. Cit. François Porché, *La vie douloureuse de Charles Baudelaire*, Paris, 1926, p. 248.

56. Cf. François Porché, loc. cit., p. 156.

57. Ernest Raynaud, *Charles Baudelaire. Etude biographique*, Paris, 1922, p. 319.

58. II, p. 385.

59. Cito Eugène Crépet. *Charles Baudelaire. Etude biographique*, Paris, 1906, pp. 196-7.

60. I, p, 209.

O FLÂNEUR

Uma vez na feira, o escritor olhava à sua volta como em um panorama.[1] Um gênero literário específico faz suas primeiras tentativas de se orientar. É uma literatura panorâmica. *O Livro dos Cento e Um, Os Franceses Pintados por si Mesmos, O Diabo em Paris, A Grande Cidade* gozavam, simultaneamente com os panoramas, e não por acaso, as graças da capital. Esses livros consistem em esboços que, por assim dizer, imitam, com seu estilo anedótico, o primeiro plano plástico e, com seu fundo informativo, o segundo plano largo e extenso dos panoramas. Numerosos autores forneceram contribuições para esses volumes. Desse modo, essas coletâneas são sedimentos do mesmo trabalho beletrístico coletivo para o qual Girardin inaugurara um espaço no folhetim. Os trajes de gala de uma escritura por natureza destinada a se vender nas ruas. Nesse gênero ocupavam lugar privilegiado os fascículos de aparência insignificante, e em formato de bolso, chamados de "fisiologias". Ocupavam-se da descrição dos tipos encontrados por quem visita a feira. Desde o vendedor ambulante do bulevar até o elegante no *foyer* da ópera, não havia nenhuma figura da vida parisiense que o "fisiólogo" não tivesse retratado. O momento áureo do gênero acontece no início dos anos 1840. É a escola superior do folhetim, pela qual passou a geração de Baudelaire. Que tinha pouco a lhe dizer, mostra-o o ter ele, cedo ainda, seguido seu próprio caminho.

Em 1841 contavam-se 76 novas fisiologias.[2] A partir desse ano, o gênero decaiu; com a monarquia burguesa, também ele desapareceu. Era um gênero radicalmente pequeno-burguês. Monnier, o mestre do gênero, era um filisteu dotado de capacidade incomum de auto-observação. Em ponto algum as fisiologias romperam esse horizonte tão limitado. Depois de se terem dedicado aos tipos humanos, chega a vez de se consagrarem à cidade. Apareceram *Paris à Noite, Paris à Mesa, Paris na Água Paris a Cavalo, Paris Pitoresca, Paris Casada.* Quando também esse filão se esgotou, os fisiologistas se arriscaram a uma fisiologia dos povos. Tampouco foi esquecida a fisiologia dos animais, desde sempre recomendada como assunto inofensivo. O que importava era a inofensividade. Em seu estudo sobre a história da caricatura, Eduard Fuchs salienta que no início das fisiologias se encontram as assim chamadas Leis de Setembro, as mais exacerbadas medidas de censura de 1836. Por meio delas, um grupo de artistas aptos e adestrados na sátira foi, de um só golpe, desviado da política. Se dera bom resultado com as artes gráficas, a manobra do governo, com mais razão devia ser bem-sucedida com a literatura, pois nesta não havia nenhuma energia política comparável à de um Daumier. A reação é, portanto, a condição que "explica a colossal passagem em revista da vida burguesa que se estabeleceu na França... Tudo passava em desfile... dias de festa e dias de luto, trabalho e lazer, costumes matrimoniais e hábitos celibatários, família, casa, filhos, escola, sociedade, teatro, tipos, profissões".[3]

A calma dessas descrições combina com o jeito do *flâneur,* a fazer botânica no asfalto. Mas, já naquela época, não se podia andar a passeio por todos os pontos da cidade. Calçadas largas eram raridade antes de Haussmann;[4] as estreitas ofereciam pouca proteção contra os veículos. A *flânerie* dificilmente poderia ter-se desenvolvido em toda a plenitude sem as galerias. "As galerias, uma nova descoberta do luxo industrial – diz um guia ilustrado de Paris de 1852 – são caminhos cobertos de vidro e revestidos de mármore, através de blocos de casas, cujos proprietários se uniram para tais especulações. De ambos os lados dessas vias se estendem os mais elegantes estabelecimentos comerciais, de modo que uma de tais passagens é como uma cidade, um mundo em miniatura."[5] Nesse mundo o *flâneur* está em casa; é graças a ele "essa paragem predileta dos passeadores e dos fumantes, esse picadeiro de todas as pequenas ocupações imagináveis encontra seu cronista e seu filósofo."[6] E para si mesmo obtém o remédio infalível contra o tédio que facilmente prospera sob o olhar de basilisco[7] de um regime reacionário saturado. "Quem é capaz – diz uma frase de Guys, transmitida por Baudelaire – de se entediar em meio à multidão humana é um imbecil. Um imbecil, repito, e desprezível."[8] As galerias são um meio-termo entre a rua e o interior da casa. Se quisermos mencionar uma artimanha própria das fisiologias, falaremos de uma dos folhetins, já comprovada: a de transformar os bulevares em interiores. A rua se torna moradia para o *flâneur* que, entre as fachadas dos prédios, sente-se em casa tanto quanto o burguês entre suas quatro paredes. Para ele, os letreiros esmaltados e brilhantes das firmas são um adorno de parede tão bom ou melhor que a pintura a óleo no salão do burguês; muros são a escrivaninha onde apoia o bloco de apontamentos; bancas de jornais são suas bibliotecas, e os terraços dos cafés, as sacadas de onde, após o trabalho, observa o ambiente. Que a vida em toda a sua diversidade, em toda a sua inesgotável riqueza de variações, só se desenvolva entre os paralelepípedos cinzentos e ante o cinzento pano de fundo do despotismo: eis o pensamento político secreto da escritura de que faziam parte as fisiologias.

Mesmo socialmente, essa escritura era suspeita. A longa sequência de caracterizações extravagantes ou simples, cativantes ou austeras, apresentadas ao leitor pelas fisiologias, tem algo em comum: é inofensiva e de completa bonomia. Essa visão do próximo se distanciava tanto da experiência que devia ter causas incomumente sérias. Provinha de uma inquietação de origem peculiar.

As pessoas tinham de se acomodar a uma circunstância nova e bastante estranha, característica da cidade grande. Simmel fixou essa questão acertadamente: "Quem vê sem ouvir fica muito mais inquieto do que quem ouve sem ver. Eis algo característico da sociologia da cidade grande. As relações recíprocas dos seres humanos nas cidades se distinguem por uma notória preponderância da atividade visual sobre a auditiva. Suas causas principais são os meios públicos de transporte. Antes do desenvolvimento dos ônibus, dos trens, dos bondes no século XIX, as pessoas não conheciam a situação de terem de se olhar reciprocamente por minutos, ou mesmo por horas a fio, sem dirigir a palavra umas às outras".[9] A nova condição, conforme reconhece Simmel, não é nada acolhedora. Já Bulwer instrumentou sua descrição dos habitantes da cidade grande em *Eugene Aram*, referindo-se à observação goethiana de que todo ser humano, tanto o mais elevado quanto o mais inferior, leva consigo um segredo que se conhecido o tornaria odioso a todos os outros.[10] As fisiologias eram perfeitamente adequadas para afastar como frívolas essas noções inquietantes. Representavam, se é possível dizer assim, os antolhos do "animal urbano bitolado",[11] de que Marx trata uma vez. Com que solidez, se fosse o caso, limitavam-lhe a visão, é-nos mostrado numa descrição do proletariado em *Fisiologia da Indústria Francesa,* de Foucauld: "Para o trabalhador, o prazer de ficar quieto é esgotante. Mesmo que a casa em que habite sob um céu sem nuvens seja guarnecida de verdes, perfumada de flores e animada pelo gorjeio de pássaros, se ele está ocioso, permanece inacessível aos encantos da solidão. Mas se por acaso o som ou o apito agudo de uma fábrica distante atinge o seu ouvido; se simplesmente ouve o estalido monótono dos trituradores de uma manufatura, logo sua fronte se ilumina... Já não sente o perfume requintado das flores. A fumaça das altas chaminés da fábrica, os golpes retumbantes da bigorna o fazem vibrar de alegria. Lembra os dias felizes de trabalho guiado pelo gênio do inventor".[12] O empresário que lesse essa descrição talvez fosse descansar mais tranquilo do que habitualmente.

De fato, o mais indicado era dar às pessoas uma imagem amistosa das outras. Com isso, as fisiologias teciam, a seu modo, a fantasmagoria[13] da vida parisiense. Seus procedimentos, porém, não podiam levar muito longe. As pessoas se conheciam umas às outras como devedores e credores, como vendedores e fregueses, como patrões e empregados – sobretudo como concorrentes. Despertar-lhes a ideia de que seus parceiros eram tipos inofensivos não parecia a longo prazo auspicioso. Por isso formou-se cedo, nessa escritura, outra concepção do assunto que podia atuar de modo muito mais tônico. Remonta aos fisiognomonistas do século XVIII, mas, sem dúvida, tem pouco a ver com os empenhos mais sólidos de um Lavater ou de um Gall,[14] nos quais, ao lado da especulação e das extravagâncias, estava em jogo um empirismo autêntico. As fisiologias alimentavam-se desse crédito sem nada acrescentar de seu. Asseguravam que qualquer um, mesmo aquele não influenciado pelo conhecimento do assunto, seria capaz de adivinhar profissão, caráter, origem e modo de vida dos transeuntes. Nos fisiognomonistas esse dom aparece como uma faculdade que as fadas colocam junto ao berço de todo habitante da cidade grande. Mais do que todos os outros, Balzac se achava em seu elemento com tais certezas. Sua preferência por afirmações irrestritas combina com elas. "O gênio – escreve, por exemplo – é tão visível no homem que mesmo a pessoa mais inculta, ao passear por Paris, se cruzar com um grande artista logo saberá de quem se trata."[15] Delvau, amigo de Baudelaire e o mais interessante dos pequenos mestres do folhetim, pretendeu distinguir o público de Paris em suas diversas camadas com tanto desembaraço quanto o geólogo as camadas de rocha. Se tal coisa pudesse ser feita, então a vida na cidade grande não seria nem de longe tão inquietante como provavelmente parecia a cada um. Haveria apenas retórica quando Baudelaire perguntava: "O que são os perigos da floresta e da pradaria comparados com os choques e conflitos diários do mundo civilizado? Enlace sua vítima no bulevar ou traspasse sua presa em florestas desconhecidas, não continua sendo o homem, aqui e lá, o mais perfeito de todos os predadores?".[16]

Para designar essa vítima, Baudelaire usa a expressão "dupe"; a palavra significa o simplório, o que se deixa enganar, e é o oposto do conhecedor da natureza humana. Quanto menos segura se torna a cidade grande, tanto mais necessário para se viver nela – assim se pensava – é esse conhecimento. Na verdade, a concorrência exacerbada leva o indivíduo a declarar imperiosamente os seus interesses. Se quisermos avaliar o comportamento de um homem, o conhecimento preciso dos seus interesses com frequência será muito mais útil do que o de sua índole. O dom do qual o *flâneur* tanto se gaba é, portanto, um dos ídolos que Bacon[17] instala na feira. Baudelaire mal chegou a prestar homenagem a esse ídolo. A crença no pecado original o fazia imune à crença no conhecimento da natureza humana. Nisso concordava com De Maistre que, por seu turno, unira o estudo do dogma ao de Bacon.

As mezinhas calmantes que os fisiologistas punham à venda foram logo ultrapassadas. Por outro lado, à literatura que se atinha aos aspectos inquietantes e ameaçadores da vida urbana estava reservado um grande futuro. Essa literatura também tem a ver com as massas, mas procede de modo diferente das fisiologias. Pouco lhe importa a determinação de tipos; ocupa-se, antes, com as funções próprias da massa na cidade grande. Entre essas, uma que já por volta da transição para o século XIX é destacada num relatório policial: "É quase impossível – escreve um agente secreto parisiense em 1798 – manter boa conduta numa população densamente massificada, onde cada um é, por assim dizer, desconhecido de todos os demais, e não precisa enrubescer diante de ninguém".[18] Aqui, a massa desponta como o asilo que protege o antissocial contra os seus perseguidores. Entre todos os seus aspectos ameaçadores, este foi o que se anunciou mais prematuramente; está na origem dos romances policiais.

Em tempos de terror, quando cada qual tem em si algo do conspirador, o papel do detetive pode também ser desempenhado. Para tal a *flânerie* oferece as melhores perspectivas. "O observador – diz Baudelaire – é um príncipe que, por toda a parte, faz uso do seu incógnito."[19] Desse modo, se o *flâneur* se torna sem querer detetive, socialmente a transformação lhe assenta muito bem, pois justifica a sua ociosidade. Sua indolência é apenas aparente. Nela se esconde a vigilância de um observador que não perde de vista o malfeitor. Assim, o detetive vê abrirem-se à sua autoestima vastos domínios. Desenvolve formas de reagir convenientes ao ritmo da cidade grande. Capta as coisas em pleno voo, podendo assim imaginar-se próximo ao artista. Todos elogiam o lápis veloz do desenhista. Balzac quer associar, de modo geral, o gênio artístico à apreensão rápida.* – O esboço de *Os Moicanos de Paris* de Dumas é fornecido pela sagacidade criminal unida à amável indolência do *flâneur*. Seu herói decide partir em busca de aventura indo atrás de uma tira de papel que abandonara aos caprichos do vento. Qualquer pista seguida pelo *flâneur* vai conduzi-lo a um crime. Com isso se compreende como o romance policial, a despeito de seu sóbrio calculismo, também colabora na fantasmagoria da vida parisiense. Ainda não glorifica o criminoso, mas sim os seus adversários e sobretudo o terreno onde se desenrola a caçada. Messac mostrou que, com isso, se fazem esforços de atrair reminiscências de Cooper.[20] O mais interessante na influência de Cooper é que não a dissimulam, mas, ao contrário, a exibem. Em *Os Moicanos de Paris,* a exibição já aparece no próprio título; o autor oferece ao leitor a perspectiva de lhe abrir em Paris uma floresta virgem e uma pradaria. O frontispício, talhado em madeira, do terceiro volume exibe uma rua coberta de moita e, naquela época, pouco transitada. A legenda da vista diz: "A floresta virgem na rua d'Enfer". O prospecto editorial da obra pinta o contexto com uma retórica pomposa, na qual se pode presumir a mão de um autor cheio de si: "Paris – os Moicanos... esses dois nomes se embatem como o 'quem vem lá?' de dois desconhecidos gigantescos. Estão separados por um precipício atravessado por essa luz elétrica que

---

* Em *Séraphita*, Balzac fala de uma "visão rápida, cujas percepções colocam, em mudanças súbitas, as paisagens contrastantes da Terra à disposição da fantasia".

tem seu foco em Alexandre Dumas". Já anteriormente Féval transplantara um pele-vermelha para uma aventura na cidade. Chama-se Tovah e, num passeio de fiacre, consegue escalpar seus quatro acompanhantes brancos de tal modo que o cocheiro nada percebe. Os *Mistérios de Paris* logo no início se refere a Cooper para prometer que os seus heróis do submundo parisiense "não estão menos afastados da civilização que os selvagens tão admiravelmente apresentados por Cooper". Mas é sobretudo Balzac que não se cansa de apontar Cooper como seu modelo. "A poesia do terror, da qual estão cheias as florestas americanas, onde tribos inimigas se defrontam na trilha de guerra; essa poesia que serviu tanto a Cooper presta-se assim, nos mínimos detalhes, à vida parisiense. Os transeuntes, as lojas, os coches de aluguel, um homem que se apoia a uma janela – tudo isso interessava ao pessoal da escolta do velho Peyrade tão intensamente quanto um tronco, uma toca de castor, um rochedo, uma pele de búfalo, uma canoa imóvel, uma folha flutuante interessam ao leitor de um romance de Cooper." A intriga balzaquiana é rica em variações intermediárias entre histórias de índios e de detetives. Cedo se fizeram objeções aos seus "Moicanos de *Spencer*" e seus "Huronianos de sobrecasaca".[21] Em contrapartida, Hippolyte Babou, que era íntimo de Baudelaire, escreve retrospectivamente em 1857: "Quando Balzac rompe os muros para abrir caminho à observação..., ficamos à escuta atrás das portas... numa palavra, nos comportamos, segundo dizem os nossos vizinhos ingleses em sua dissimulação, como *police detective*".[22]

O romance policial, cujo interesse reside numa construção lógica, que, como tal, a novela criminal não precisa possuir, aparece na França pela primeira vez com a tradução dos contos de Poe: *O Mistério de Marie Roget, Os Crimes da Rua Morgue, A Carta Roubada*. Ao traduzir esses modelos, Baudelaire adotou o gênero. Sua própria obra foi totalmente perpassada pela de Poe; e Baudelaire sublinha esse fato ao se fazer solidário ao método no qual se combinam os diversos gêneros a que Poe se dedicou. Poe foi um dos maiores técnicos da literatura moderna. Pela primeira vez, como observa Valéry,[23] fez experiências com a narrativa científica, com a moderna cosmogonia, com a descrição de fenômenos patológicos. Tais gêneros valiam para ele como produções exatas de um método para o qual reivindicava validez universal. Nisso Baudelaire se põe por inteiro a seu lado e, tendo Poe em mente, escreve: "Não está longe o tempo em que se entenderá que uma literatura que se recusa a progredir de mãos dadas com a ciência e com a filosofia é uma literatura assassina e suicida".[24] O romance policial – a mais consequente entre as realizações de Poe – faz parte de uma literatura que atende ao postulado baudelairiano. A análise desse gênero literário já é a análise da própria obra de Baudelaire, apesar de ele não ter produzido nenhuma peça desse tipo. *As Flores do Mal* conhece, como fragmentos dispersos, três dos seus elementos decisivos: a vítima e o local do crime *(Mártir),* o assassino (O *Vinho do Assassino),* a massa (O *Crepúsculo Vespertino).* Falta o quarto elemento, aquele que permite ao entendimento penetrar essa atmosfera prenhe de emoção. Baudelaire não escreveu nenhum romance policial, porque, em função da impulsividade de seu caráter a identificação com o detetive lhe foi impossível. O cálculo, o elemento construtivo nele ficava do lado do antissocial e foi totalmente capturado pela crueldade. Baudelaire leu Sade bem demais para poder concorrer com Poe.*

O conteúdo social primitivo do romance policial é a supressão dos vestígios do indivíduo na multidão da cidade grande. Poe se dedica pormenorizadamente a esse tema em *O Mistério de Marie Roget,* a mais extensa de suas novelas criminais. Esse conto é, ao mesmo tempo, o protótipo do aproveitamento de informações jornalísticas no desvendamento de crimes. Aqui, o detetive de Poe, o cavalheiro Dupin, não trabalha com base nas aparências, nas observações pessoais, mas sim nas reportagens da imprensa diária. A análise crítica das reportagens fornece os alicerces da narrativa. Entre outras coisas precisa ser determinado o momento do crime. Um jornal, *Le Commerciel,* defende o parecer de que Marie Roget, a assassinada, tenha sido eliminada imediatamente após ter deixado a casa materna. "'É impossível – escreve ele – que uma jovem conhecida por vários milhares de pessoas possa ter avançado três esquinas sem encontrar ninguém a quem seu rosto fosse familiar...' Eis o modo de ver as coisas de um homem de vida pública, há muito domiciliado em Paris e que, de resto, se move quase sempre no setor dos prédios administrativos. Suas idas e vindas se efetuam a prazos regulares, numa área limitada onde se movimentam pessoas de afazeres semelhantes aos seus e que naturalmente se interessam por ele e reparam na sua pessoa. Ao contrário, podemos imaginar como irregulares os caminhos habitualmente descritos por Marie na cidade. Nesse caso,

---

* "É preciso sempre voltar a Sade... para explicar o mal." (II, p. 694.)

deve-se considerar verossímil que seu caminho se tenha desviado dos seguidos costumeiramente por ela. O paralelo de que partia o jornal só seria admissível se as duas pessoas em questão percorressem toda a cidade. Nesse caso, sob o pressuposto de que tivessem o mesmo número de conhecidos, seria igual para ambos a probabilidade de encontrar o mesmo número de pessoas conhecidas. De minha parte, sustento não só como possível, mas como imensamente provável, que Marie tenha tomado, a uma hora qualquer, um caminho qualquer desde sua casa até a de sua tia, sem encontrar um único passante que a conhecesse ou de quem fosse conhecida. Para chegar a um julgamento justo nessa questão e respondê-la com justiça, deve-se ter em mente a enorme desproporção entre o número de conhecidos do indivíduo mais popular de Paris e a população total da cidade."[25] Descartando o contexto que desencadeia em Poe essas reflexões, o detetive perde sua esfera de ação, sem que o problema, contudo, perca a validade. Modificado, serve de base a um dos mais célebres poemas de *As Flores do Mal,* o soneto *A uma Passante:*

> "A rua em torno era um frenético alarido.
> Toda de luto, alta e sutil, dor majestosa,
> Uma mulher passou, com sua mão suntuosa
> Erguendo e sacudindo a barra do vestido.
>
> Pernas de estátua, era-lhe a imagem nobre e fina.
> Qual bizarro basbaque, afoito eu lhe bebia
> No olhar, céu lívido onde aflora a ventania,
> A doçura que envolve e o prazer que assassina.
>
> Que luz... e a noite após! – Efêmera beldade
> Cujos olhos me fazem nascer outra vez,
> Não mais hei de te ver senão na eternidade?
> Longe daqui! Tarde demais! *Nunca* talvez!
> Pois de ti já me fui, de mim tu já fugiste,
> Tu que eu teria amado, ó tu que bem o viste!"[26]

O soneto não apresenta a multidão como o asilo do criminoso, mas sim como o refúgio do amor que foge ao poeta. Pode-se dizer que não trata da função da massa na existência do burguês, mas na do ser erótico. À primeira vista, essa função parece negativa, mas não o é. A aparição que fascina o poeta, longe de lhe ser subtraído pela multidão, só através desta lhe será entregue. O arrebatamento desse habitante da cidade não é tanto um amor à primeira vista quanto à última vista. O *nunca* da última estrofe é o ápice do encontro, momento em que a paixão, aparentemente frustrada, só então, na verdade, brota do poeta como uma chama. O poeta arde nessa chama; dela, contudo, não emerge nenhuma fênix. O "nascer outra vez" do primeiro terceto abre uma perspectiva sobre o evento que se mostra muito problemática à luz da estrofe precedente. O que faz do sujeito um "basbaque" não é a perplexidade diante de uma imagem que se apodera de todos os recônditos do seu ser; é algo mais próximo ao choque com que um desejo imperioso acomete subitamente o solitário.[27] O termo "bizarro" quase o expressa; a ênfase que o poeta coloca no "toda de luto" não é propícia para ocultar esse choque. Na verdade, existe uma profunda ruptura entre os quartetos que representam o encontro e os tercetos que o transfiguram. Quando Thibaudet diz que esses versos "só podiam surgir no seio de uma cidade grande", atém-se à sua superfície. Sua forma interna se manifesta em que mesmo o amor se reconhece estigmatizado pela cidade grande.*

Desde Luís Felipe, a burguesia se empenha em buscar uma compensação pelo desaparecimento de vestígios da vida privada na cidade grande. Busca-a entre suas quatro paredes. É como se fosse questão de honra não deixar se perder nos séculos, se não o rastro dos seus dias na Terra, ao menos o dos seus artigos de consumo e acessórios. Sem descanso, tira o molde de uma multidão de objetos; procura capas e estojos para chinelos e relógios de bolso, para termômetros e portas-ovo, para talheres e guarda-chuvas. Dá preferência a coberturas de veludo e de pelúcia, que guardam a impressão de todo contato. Para o estilo Makart[28] do final do Segundo Império, a moradia se torna uma espécie de cápsula. Concebe-a como um estojo do ser humano e nela o acomoda com todos os seus pertences, preservando, assim, os seus vestígios, como a natureza preserva no granito uma fauna extinta. Não se pode esquecer, porém, que

---

* O tema do amor à mulher que passa é tratado num dos primeiros poemas de George. O decisivo, porém, lhe escapou: a corrente humana que arrebata a mulher e a leva para longe do poeta. Chega-se assim a uma tímida elegia. Os olhares do poeta, como deve confessar à sua dama, "afastam-se úmidos de desejo antes de ousarem mergulhar nos teus" (Stefan George, *Hymnen Pilgerjahrten Algabal*, Berlim, 1922, p. 23). Baudelaire não deixa nenhuma dúvida de que tenha olhado fundo nos olhos da mulher que passa.

o processo tem dois lados. O valor real ou sentimental dos objetos assim guardados é sublinhado. São subtraídos à visão profana do não proprietário e, sobretudo, os seus contornos são apagados de modo significativo. Não é de estranhar que a resistência ao controle, que no elemento antissocial se torna segunda natureza, se repita na burguesia abastada. Pode-se ver nesses costumes a ilustração dialética de um texto que apareceu em muitos segmentos no *Journal Officiel*. Já em 1836, Balzac escrevera em *Modeste Mignon*: "Pobres mulheres da França! Bem queríeis permanecer desconhecidas para tecer o vosso pequeno romance de amor. Mas como haveis de consegui-lo numa civilização que manda registrar em praças públicas a partida e a chegada das carruagens, que conta as cartas e as sela uma vez no despacho e outra na entrega, que dá números às casas e que, em breve, terá todo o país, até as menores parcelas, registrado em seus cadastros?".[29] Desde a Revolução Francesa, uma extensa rede de controles, com rigor crescente, fora estrangulando em suas malhas a vida civil. A numeração dos imóveis na cidade grande fornece um ponto de referência adequado para avaliar o progresso da normatização. Desde 1805, a administração napoleônica a tornara obrigatória para Paris. Em bairros proletários, contudo, essa simples medida policial encontrou resistências; ainda em 1864, fala-se do bairro Saint-Antoine, o bairro dos marceneiros: "Quando se perguntar a um morador desse bairro pelo seu endereço, ele sempre dará o nome que sua casa leva e não o frio número oficial".[30] Naturalmente, tais resistências nada puderam, por muito tempo, contra o empenho de compensar, através de uma múltipla estrutura de registros, a perda de vestígios que acompanha o desaparecimento do ser humano nas massas das cidades grandes. Esses esforços prejudicaram Baudelaire tanto quanto qualquer outro criminoso. Fugindo dos credores, metia-se em cafés ou em círculos de leitura. Aconteceu de habitar dois domicílios ao mesmo tempo, mas, no dia em que o aluguel estava por vencer, pernoitava num terceiro, em casa de amigos. Vagueava, assim, pela cidade, que há muito já não era a pátria do *flâneur*.

Cada cama em que se deitava, tornava-se para ele um "leito arriscado".[31] Entre 1842 e 1858, Crépet conta catorze endereços parisienses de Baudelaire.

Medidas técnicas tiveram de socorrer o processo administrativo de controle. Nos primórdios dos procedimentos de identificação, cujo padrão da época é dado pelo método de Bertillon,[32] encontramos a definição da pessoa através da assinatura. Na história desse processo, a descoberta da fotografia representa um corte. Para a criminalística não significa menos que a invenção da imprensa para a literatura. Pela primeira vez, a fotografia permite registrar vestígios duradouros e inequívocos de um ser humano. O romance policial se forma no momento em que estava garantida essa conquista – a mais decisiva de todas – sobre o incógnito do ser humano. Desde então, não se pode pretender um fim para as tentativas de fixá-lo na ação e na palavra.

A famosa novela de Poe, *O Homem da Multidão*, é algo como a radiografia de um romance policial. Nele, o invólucro que representa o crime foi suprimido; permanece a simples armadura: o perseguidor, a multidão, um desconhecido que estabelece seu trajeto através de Londres de modo a ficar sempre no seu centro. Esse desconhecido é o *flâneur*. Também Baudelaire o entende assim quando, em seu ensaio sobre Guys, denominou o *flâneur* "o homem das multidões". Porém a descrição que Poe faz dessa figura está livre da conivência que Baudelaire lhe empresta. Para Poe, o *flâneur* é acima de tudo alguém que não se sente seguro na própria sociedade. Por isso busca a multidão; e não é preciso ir muito longe para achar a razão por que se esconde nela. A diferença entre o antissocial e o *flâneur* é deliberadamente apagada em Poe. Um homem se torna tanto mais suspeito na massa quanto mais difícil é encontrá-la. Renunciando a uma perseguição mais longa, o narrador assim resume em silêncio sua compreensão: "Esse velho é a encarnação, o gênio do crime – disse a mim mesmo por fim. Ele não pode estar só; ele é o homem da multidão".[33]

O autor não solicita o interesse do leitor apenas para esse homem; o leitor vai se fixar à descrição da multidão no mínimo com a mesma intensidade, e isso tanto por motivos documentários quanto artísticos. Em ambos os aspectos é a multidão que sobressai. O que impressiona, em primeiro lugar, é o fascínio com que o narrador acompanha o espetáculo da multidão, a qual é também observada pelo primo à sua janela de esquina num célebre conto de E. T. A. Hoffmann. Mas quão acanhado o olhar deste que observa a multidão instalado em domicílio, e quão penetrante o daquele que a fita através das vidraças do café! Na diferença entre esses dois postos de observação se encontra a diferença entre Berlim e Londres. De um lado, o homem privado; senta-se na sacada como num balcão nobre; se quer correr os olhos pela feira, tem à disposição um binóculo de teatro. Do outro, o consumidor, o anônimo, que entra num café e que logo, atraído pelo magneto da massa que o unge incessantemente, tornará a sair. De um lado, toda a espécie de pequenas estampas do gênero, que, reunidas, formam um álbum de gravuras coloridas; do outro, um esboço que seria capaz de inspirar um grande gravador: uma multidão a perder de vista, onde ninguém é para o outro nem totalmente nítido nem totalmente opaco. Para o pequeno-burguês alemão de Hoffmann estão fixados limites estreitos. E, no entanto, por sua predisposição, Hoffmann era da família de um Poe e de um Baudelaire. Nas notas biográficas da edição original de suas últimas obras, consta o seguinte: "Hoffmann nunca foi amigo especial da natureza. O ser humano – comunicar-se com ele, observá-lo, simplesmente vê-lo – era para ele mais importante do que tudo. Se fosse passear no verão, o que, com bom tempo, acontecia diariamente ao entardecer..., então não era fácil encontrar uma taverna, uma confeitaria, onde não tivesse aparecido para ver se lá havia gente e de que espécie".[34] Mais tarde, ao viajar, Dickens se queixará da falta do barulho da rua, que era indispensável para a sua produção. "Não saberia dizer como as ruas me fazem falta – escreve em 1846 de Lausanne, envolvido na feitura de *Dombey e Filho* –. É como se as ruas me dessem ao cérebro algo de que não pode prescindir se quiser trabalhar. Uma semana, quatorze dias, posso escrever maravilhosamente num sítio afastado; mas um dia em Londres basta para me reerguer... E a fadiga e o trabalho de escrever, dia após dia, sem essa lanterna mágica são monstruosos... meus personagens parecem querer paralisar-se se não têm uma multidão ao redor."[35] Entre as várias coisas que Baudelaire censura à detestada Bruxelas, uma lhe traz rancor especial: "Nenhuma vitrine. A *flânerie*, que é amada pelos povos dotados de fantasia, não é possível em Bruxelas. Não há nada a ver, e as ruas são inutilizáveis".[36] Baudelaire amava a solidão, mas a queria na multidão.

No decurso de seu conto, Poe faz com que anoiteça. Ele se demora na cidade à luz de gás. O fenômeno da rua como interior, fenômeno em que se concentra a fantasmagoria do *flâneur*, é difícil de separar da iluminação a gás. As primeiras lâmpadas a gás arderam nas galerias. Na infância de Baudelaire fez-se a tentativa de utilizá-las a céu aberto; colocaram-se candelabros na *Place Vendôme*. Sob Napoleão III cresce mais rapidamente o número de lampiões a gás. Isso elevou o grau de segurança da cidade; fez a multidão em plena rua sentir-se, também à noite, como na própria casa; removeu do cenário grande o céu estrelado e o fez de modo mais radical que os seus prédios altos. "Corro as cortinas contra o Sol que agora foi dormir, como de hábito; doravante não vejo outra luz senão a da chama do gás."[37]* A Lua e as estrelas já não são dignas de menção.

No florescimento do Segundo Império, as lojas nas ruas principais não fechavam antes das dez horas da noite. Era a grande época do noctambulismo. "O ser humano – escreve Delvau no capítulo de *As Horas Parisienses* dedicado à segunda hora depois da meia-noite – pode de tempos em tempos repousar; pontos de parada e estações lhe estão franqueadas; não tem, contudo, o direito de dormir."[38] Às margens do lago, Dickens se lembra nostalgicamente de Gênova, onde tinha duas milhas de ruas iluminadas para vagar à noite sem rumo certo. Tempos depois, quando, devido ao declínio das galerias, a *flânerie* caiu de moda e mesmo a luz de gás já não se tinha como elegante, o derradeiro *flâneur* a vagar tristemente pela Passage Colbert teve a impressão de que o chamejar dos bicos de gás apenas exibia o medo de sua chama não ser paga ao final do mês.[39] Foi então que Stevenson escreveu sua elegia sobre o desaparecimento dos lampiões a gás. Seu lamento se deixa levar sobretudo pelo ritmo no qual os acendedores de lampião seguem pelas ruas, de um lampião a outro. No princípio, esse ritmo se distingue da uniformidade do anoitecer, mas agora contrasta com o choque brutal que fez cidades inteiras se acharem de repente sob o brilho da luz elétrica. "Essa luz só deveria incidir sobre os assassinos ou criminosos políticos ou iluminar os corredores nos manicômios – é um pavor feito para aumentar o pavor".[40] Muitas coisas provam que só tardiamente a iluminação a gás foi tratada de modo tão idílico quanto o fez Stevenson, que lhe escreve o necrológio. Isso é mostrado em especial pelo texto de Poe em questão. Mal se pode descrever o efeito dessa luz de modo mais inquietante: "Enquanto ainda lutavam com o anoitecer, os raios dos bicos de gás eram débeis. Agora tinham triunfado e lançavam à sua volta uma luz intensa e tremulante. Tudo parecia negro, mas cintilava como o ébano com o qual se comparou o estilo de Tertuliano".[41] "No interior da casa – diz Poe em outro trecho – o gás é totalmente inadmissível. Sua luz dura e vibrante fere a vista."[42]

---

* A mesma imagem é reencontrada em *O Crepúsculo Vespertino*: "Qual grande alcova o céu se fecha lentamente" (p. 349).

A própria multidão londrina aparece sombria e confusa como a luz na qual se move. Isso vale não só para a gentalha que de noite rasteja "para fora dos antros"[43]; também a classe dos altos funcionários é descrita por Poe da seguinte maneira: "Em geral, seu cabelo já estava bastante rarefeito; a orelha direita, geralmente um tanto afastada da cabeça devido ao seu emprego como portas-caneta. Todos, por força do hábito, mexiam em seus chapéus com ambas as mãos e todos usavam correntes de relógio curtas, douradas, de forma antiquada".[44] Em sua descrição, Poe não buscou a aparência imediata. Estão exageradas as semelhanças a que se sujeitam os burgueses devido à sua presença na massa; o seu cortejo não está muito longe de ser uniforme. Ainda mais surpreendente é a descrição da multidão segundo seu modo de movimentar-se: "A maioria dos que passavam parecia gente satisfeita consigo mesma, e com os dois pés no chão. Pareciam apenas pensar em abrir caminho através da multidão. Franziam o cenho e lançavam olhares para todos os lados. Se recebiam um encontrão de outros transeuntes, não se mostravam mais irritados; ajeitavam a roupa e seguiam apressados. Outros – e também esse grupo era numeroso – tinham movimentos desordenados, rostos rubicundos, falavam consigo mesmos e gesticulavam, como se se sentissem sozinhos exatamente por causa da incontável multidão ao seu redor. Se tivessem de parar no meio do caminho, repentinamente paravam de murmurar, mas sua gesticulação ficava mais veemente, e esperavam – um sorriso forçado – até que as pessoas em seu caminho se desviassem. Se eram empurradas, cumprimentavam as pessoas que as tinham empurrado e pareciam muito embaraçadas."[45]* Poder-se-ia pensar que se está falando de indivíduos empobrecidos e semiembriagados. Na verdade, trata-se

---

* Em *Um Dia de Chuva* se encontra um paralelo para essa passagem. Embora assinado por outra mão, deve-se atribuir o poema a Baudelaire (cf. Charles Baudelaire, *Vers retrouvés*, Paris, Ed. Mouquet, 1929). A analogia dos últimos versos com a referência de Poe a Tertuliano, é tanto mais notável quando se sabe que Baudelaire os escreveu o mais tardar em 1843, época em que nada sabia a respeito de Poe.

> "Cada um, nos acotovelando sobre a calçada escorregadia,
> Egoísta e brutal, passa e nos enlameia,
> Ou, para correr mais rápido, distanciando-se nos empurra.
> Em toda a parte, lama, dilúvio, escuridão do céu, quadro com que teria sonhado o negro Ezequiel." (I, p. 211)

de "gente de boa posição, negociantes, bacharéis de especuladores da Bolsa".[46] Algo diverso de uma psicologia de classes está aqui em jogo.*

Há uma litografia de Senefelder que representa uma casa de jogo. Nenhum dos retratados acompanha o jogo da maneira habitual. Cada um está possuído por seu afeto: um, por uma alegria irreprimida; outro, pela desconfiança em relação ao parceiro; um terceiro, por um surdo desespero; um quarto, por sua mania de discutir; outro, ainda, se prepara para deixar este mundo. Essa gravura recorda Poe pela sua extravagância. Sem dúvida, a censura de Poe é maior, e a ela correspondem os meios de que se utiliza. Seu traço magistral nessa descrição consiste em expressar o isolamento desesperado dos seres humanos em seus interesses privados, não como o fez Senefelder – através da variedade de sua conduta –, mas sim na absurda uniformidade de suas roupas ou de seu comportamento. O servilismo com que os que recebem os empurrões se desculpam permite identificar a origem dos meios que Poe mobiliza nesse ponto. Eles se originam no repertório do palhaço, e ele os emprega de modo semelhante ao que, mais tarde, os cômicos utilizaram. Na arte dos cômicos é notória uma relação com a economia. Em seus movimentos abruptos, imitam tanto a maquinaria ao assentar seus golpes na matéria, quanto a conjuntura ao assentá-los na mercadoria. As partículas da multidão descrita por Poe executam uma mimese semelhante do "movimento febril da produção material" ao lado das formas de comércio pertinentes. A descrição de Poe prefigura o que mais tarde o Lunapark – que transforma o homem do povo num cômico – realizou com seus brinquedos oscilantes e diversões análogas. Em Poe, as pessoas se comportam como se só pudessem se exprimir reflexamente. Essa movimentação tem um efeito ainda mais desumano porque, em Poe, se fala apenas de seres humanos. Quando a multidão se congestiona, não é porque o trânsito de veículos a detenha – em parte alguma se menciona o trânsito –, mas sim porque é bloqueada por outras multidões. Numa massa dessa natureza, a *flânerie* não podia florescer.

---

* A imagem da América que Marx trazia dentro de si parece ser feita do mesmo material que a descrição de Poe. Ele destaca "o movimento jovem e febril da produção material" nos Estados Unidos e o responsabiliza pelo fato de que "não tenha havido nem tempo nem oportunidade de suprimir o velho mundo espiritual" (Karl Marx, *O 18 Brumário de Luis Bonaparte*, loc. cit., p. 30). A própria fisiognomonia dos homens de negócio tem, em Poe, algo de demoníaco. Baudelaire descreve como, ao anoitecer, "...demônios insepultos no ócio/acordam do estupor, como homens de negócio..." (p. 351). Talvez esse trecho de *O Crepúsculo Vespertino* tenha sido influenciado pelo texto de Poe.

Na Paris de Baudelaire, ainda não se chegara a esse ponto. Ainda havia balsas cruzando o Sena onde, mais tarde, seriam instaladas pontes. No ano da morte de Baudelaire, um empresário ainda podia ter a ideia de fazer circular quinhentas liteiras para comodidade de habitantes abastados. Ainda se apreciavam as galerias, onde o *flâneur* se subtraía da vista dos veículos que não admitem o pedestre como concorrente. Havia o transeunte, que se enfia na multidão, mas havia também o *flâneur*, que precisa de espaço livre e não quer perder sua privacidade. Ocioso, caminha como uma personalidade, protestando assim contra a divisão do trabalho que transforma as pessoas em especialistas. Protesta igualmente contra a sua industriosidade. Por algum tempo, em torno de 1840, foi de bom-tom levar tartarugas a passear pelas galerias. De bom grado, o *flâneur* deixava que elas lhe prescrevessem o ritmo de caminhar. Se o tivessem seguido, o progresso deveria ter aprendido esse passo. Não foi ele, contudo, a dar a última palavra, mas sim Taylor, ao transformar em lema o "Abaixo a *flânerie*!"[47] A tempo, alguns procuraram imaginar o que estava por vir. "O *flâneur* – escreve Rattier em 1857, em sua utopia *Paris não Existe* – que encontrávamos nas calçadas e em frente das vitrines, esse tipo fútil, insignificante, extremamente curioso, sempre em busca de emoções baratas e que de nada entendia a não ser de pedras, fiacres e lampiões a gás... tornou-se agora agricultor, vinhateiro, fabricante de linho, refinador de açúcar, industrial do aço."[48]

Em suas errâncias, o homem da multidão, já tarde, chega a um grande bazar ainda bastante frequentado. Nele circula como se fosse freguês. Havia no tempo de Poe lojas de muitos andares? Seja como for, Poe faz esse inquieto gastar "cerca de hora e meia" nesse local. "Ia de um setor a outro sem nada comprar, sem nada dizer; com olhar distraído, fitava as mercadorias."[49] Se a galeria é a forma clássica do interior sob o qual a rua se apresenta ao *flâneur*, então sua forma decadente é a grande loja. Este é, por assim dizer, o derradeiro refúgio do *flâneur*. Se, no começo, as ruas se transformavam para ele em interiores, agora são esses interiores que se transformam em ruas, e, através do labirinto das mercadorias, ele vagueia como outrora através do labirinto urbano. Um traço magnífico do conto de Poe é que ele inscreve, na primeira descrição do *flâneur*, a imagem do seu fim.

Jules Laforgue disse que Baudelaire teria sido o primeiro a falar de Paris "como um condenado à existência cotidiana na capital".[50] Teria podido dizer também que foi o primeiro a falar do ópio que conforta este – e somente este – condenado. A multidão não é apenas o mais novo refúgio do proscrito; é também o mais novo entorpecente do abandonado. O *flâmeur* é um abandonado na multidão. Com isso, partilha a situação da mercadoria. Não está consciente dessa situação particular, mas nem por isso ela age menos sobre ele. Penetra-o como um narcótico que o indeniza por muitas humilhações. A ebriedade a que se entrega o *flâneur* é a da mercadoria em torno da qual brame a corrente dos fregueses.

Se a mercadoria tivesse uma alma – com a qual Marx, ocasionalmente, faz graças[51] –, esta seria a mais plena de empatia já encontrada no reino das almas, pois deveria procurar em cada um o comprador a cuja mão e a cuja morada se ajustar. Ora, essa empatia é a própria essência da ebriedade à qual o *flâneur* se abandona na multidão. "O poeta goza o inigualável privilégio de poder ser, conforme queira, ele mesmo ou qualquer outro. Como almas errantes que buscam um corpo, penetra, quando lhe apraz, a personagem de qualquer um. Para o poeta, tudo está aberto e disponível; se alguns espaços lhe parecem fechados, é porque aos seus olhos não valem a pena serem inspecionados."[52] O que fala aqui é a própria mercadoria, e essas últimas palavras dão realmente uma noção bastante precisa daquilo que ela murmura ao pobre diabo que passa diante de uma vitrine com objetos belos e caros. Estes não querem saber nada dele; não sentem nenhuma empatia por ele. Aquilo que fala nas frases desse importante texto em prosa, *As Multidões,* é o próprio fetiche. Com ele a sensibilidade de Baudelaire vibra em tão perfeita ressonância que a empatia com o inorgânico se tornou uma das fontes de sua inspiração.*

---

*   O segundo poema da série intitulada *Spleen* aparece como complemento importantíssimo para as provas reunidas na primeira parte desse ensaio. Dificilmente, antes de Baudelaire, algum poeta terá escrito um verso que corresponda a "sou como um camarim onde há rosas fanadas". O poema está totalmente voltado para a empatia com uma matéria que está morta em duplo sentido: é a matéria inorgânica e, ademais, está excluída do processo de circulação.

> "Doravante hás de ser, ó pobre e humano escombro!
> Um granito açoitado por ondas de assombro,
> A dormir nos confins de um Saara brumoso;
> Uma esfinge que o mundo ignora, descuidoso,
> Esquecida no mapa, e cujo áspero humor
> Canta apenas aos raios do Sol a se pôr." (pp. 293-4)

A imagem da esfinge com que se fecha o poema tem a beleza sombria dos artigos sem saída que ainda são encontrados nas galerias.

Baudelaire entendia de entorpecentes. Não obstante, passou-lhe despercebido um dos seus efeitos sociais mais importantes. Trata-se do charme que os viciados manifestam sob a influência da droga. A mercadoria, por sua vez, retira o mesmo efeito da multidão inebriada e murmurante a seu redor. A massificação dos fregueses que, com efeito, forma o mercado que transforma a mercadoria em mercadoria aumenta o encanto desta para o comprador mediano. Quando Baudelaire fala de uma "ebriedade religiosa da cidade grande",[53] o sujeito, que permanece anônimo, bem poderia ser a mercadoria. E a "santa prostituição da alma", em comparação com a qual "isso que os homens chamam de amor é bem pequeno, bem restrito e bem débil",[54] não pode – se o confronto com o amor mantém sentido – ser outra coisa que a prostituição da alma da mercadoria. "Essa santa prostituição da alma – continua Baudelaire – que se dá inteiramente, poesia e caridade, ao imprevisto que se mostra, ao desconhecido que passa."[55] É exatamente essa poesia, exatamente essa caridade que as prostituídas reclamam para si. Elas provaram os segredos do livre mercado; a mercadoria não leva nenhuma vantagem sobre elas. Alguns de seus atrativos provinham do mercado e se tornaram instrumentos de poder. Como tais, Baudelaire os registra em *O Crepúsculo Vespertino*:

> "Através dos clarões que o vendaval flagela
> O Meretrício brilha ao longo das calçadas;
> Qual formigueiro ele franqueia mil entradas;
> Por toda parte engendra uma invisível trilha
> Assim como o inimigo apronta uma armadilha;
> Pela cidade imunda e hostil se movimenta
> Como um verme que ao Homem furta o que o sustenta."[56]

Só a massa de habitantes permite à prostituição estender-se sobre vastos setores da cidade. E só a massa permite ao objeto sexual inebriar-se com a centena de efeitos excitantes que exerce ao mesmo tempo.

No entanto, o espetáculo oferecido pelo público das ruas de uma cidade grande não tinha sobre todos esse efeito inebriante. Muito antes de Baudelaire ter composto seu poema em prosa, *As Multidões*, Engels tentara descrever a agitação nas ruas londrinas: "Uma cidade como Londres, onde se pode vagar horas a fio sem se chegar sequer ao início do fim, sem se encontrar o mais ínfimo sinal que permite inferir a proximidade do campo, é algo realmente singular. Essa concentração colossal, esse amontoado de dois milhões e meio de seres humanos num único ponto centuplicou a força desses dois milhões e meio... Mas os sacrifícios que isso custou, só mais tarde se descobre. Quando se vagou alguns dias pelas calçadas das ruas principais, só então se percebe que esses londrinos tiveram de sacrificar a melhor parte de sua humanidade para realizar todos os prodígios da civilização, com que fervilha sua cidade; que centenas de forças, neles adormecidas permaneceram inativas e foram reprimidas... O próprio tumulto das ruas tem algo de repugnante, algo que revolta a natureza humana. Essas centenas de milhares de pessoas de todas as classes e situações, que se empurram umas às outras, não são todas seres humanos com as mesmas qualidades e aptidões e com o mesmo interesse em serem felizes?... E, no entanto, passam correndo uns pelos outros, como se não tivessem absolutamente nada em comum, nada a ver uns com os outros; e, no entanto, o único acordo tácito entre eles é o de que cada um conserve o lado da calçada à sua direita, para que ambas as correntes da multidão, de sentidos opostos, não se detenham mutuamente; e, no entanto, não ocorre a ninguém conceder ao outro um olhar sequer. Essa indiferença brutal, esse isolamento insensível de cada indivíduo em seus interesses privados, avultam tanto mais repugnantes e ofensivos quanto mais esses indivíduos se comprimem num espaço exíguo".[57]

"Esse isolamento insensível de cada indivíduo em seus interesses privados", só aparentemente rompe-o o *flâneur* quando preenche o vazio, criado pelo seu próprio isolamento, com os interesses, que toma emprestados, e inventa, de desconhecidos. Ao lado da clara descrição fornecida por Engels, soa obscura a seguinte frase de Baudelaire: "O prazer de se achar numa multidão é uma expressão misteriosa do gozo pela multiplicação do número."[58] A frase se esclarece, porém, se pensamos que não foi dita tanto do ponto de vista do ser humano como daquele da mercadoria. Na medida em que o ser humano, como força de trabalho, é mercadoria, não tem por certo necessidade de se imaginar no lugar da mercadoria. Quanto mais consciente se faz do modo de existir que lhe impõe a ordem produtiva, isto é, quanto mais se proletariza, tanto mais é traspassado pelo frio sopro de economia mercantil, tanto menos se sente atraído a empatizar com a mercadoria. Contudo, a classe dos pequeno-burgueses à qual pertencia Baudelaire ainda não chegara tão longe. Na escala de que tratamos agora, ela se encontrava no início do declínio. Inevitavelmente, um dia, muitos deles teriam de se defrontar com a natureza mercantil de sua força de trabalho. Esse dia, porém, ainda não chegara. Até então, se assim se pode dizer, podiam ir passando o tempo. Como na melhor das hipóteses, o seu quinhão podia temporariamente ser o prazer, jamais o poder, o prazo de espera que lhes concedera a História se transformava num objeto de passatempo. Quem sai em busca de passatempo, procura o prazer. Era evidente, contudo, que o prazer dessa classe se deparava com limites tanto mais estreitos quanto mais se quisesse entregar a ele dentro dessa sociedade. Esse prazer prometia ser menos limitado se ela pudesse extraí-lo dessa sociedade. Se, nessa maneira de sentir prazer, pretendesse chegar ao virtuosismo, não podia desdenhar a identificação com a mercadoria. Tinha de saborear essa identificação com o gozo e o receio que lhe advinham do pressentimento do próprio destino como classe. Por fim, tinha de prover essa identificação com uma sensibilidade que ainda percebesse encantos nas coisas danificadas e corrompidas. Baudelaire que, num poema a uma cortesã, diz: "... seu coração, machucado como um pêssego,/ está maduro, como o seu corpo, para o amor sábio...", possuía essa sensibilidade. A ela deve o prazer nessa sociedade, da qual já se sente meio excluído.

Na atitude de quem sente prazer assim, deixava que o espetáculo da multidão agisse sobre ele. Contudo, o fascínio mais profundo desse espetáculo consistia em não desviá-lo, apesar da ebriedade em que o colocava, da terrível realidade social. Ele se mantinha consciente, mas da maneira pela qual os inebriados "ainda" permanecem conscientes das circunstâncias reais. Por isso é que, em Baudelaire, a cidade grande quase nunca alcança expressão na descrição direta de seus habitantes. A incisividade e a dureza com que Shelley fixou Londres na imagem de suas pessoas não convinha à Paris de Baudelaire.

> "O inferno é uma cidade muito semelhante a Londres –
> Uma cidade populosa e fumacenta,
> Com toda a sorte de pessoas arruinadas,
> E pouca ou nenhuma diversão,
> Pouca justiça e ainda menos compaixão."[59]

Para o flâneur, um véu cobre essa imagem. A massa é esse véu; ela ondeia nos "franzidos meandros das velhas capitais".[60] Faz com que o pavoroso atue sobre ele como um encantamento.[61] Só quando esse véu se rasga e mostra ao *flâneur* "uma dessas praças populosas que, durante os combates, ficam vazias de gente", só então, também ele, vê a cidade sem disfarces.

Se fosse preciso uma prova da força com que a experiência da multidão moveu Baudelaire, esta seria encontrada no fato de ele ter nutrido uma rivalidade com Victor Hugo sob o signo dessa experiência. Pois era evidente para Baudelaire que se Hugo possuísse alguma força, ela estaria na multidão. Louva em Hugo um *caractère poétique... interrogatif* e diz que ele sabe não só reproduzir o claro e o nítido, de modo claro, mas também com a obscuridade indispensável, o que só se revelou obscuro e indistinto.[62] Um dos três poemas de *Quadros Parisienses* dedicados a Victor Hugo começa com uma invocação à cidade superpovoada – "Cidade a fervilhar, cheia de sonhos..."[63]; outro persegue as velhinhas no "ébrio cenário"[64] da cidade através da multidão.* A multidão é um objeto novo na poesia lírica. Em honra do inovador Sainte-Beuve, ainda se considerava conveniente e apropriado a um poeta dizer "a multidão é insuportável".[65] Durante seu exílio em Jersey, Hugo trouxe esse objeto para a poesia. Em seus passeios solitários na costa insinuou-se a ele graças a uma das gigantescas antíteses indispensáveis à sua inspiração. Em Hugo, a multidão entra na poesia como objeto de contemplação. Seu modelo é o oceano a quebrar-se contra as rochas, e o pensador que reflete sobre esse espetáculo é o verdadeiro investigador da multidão, na qual se perde como no rumor do mar.

"Assim como olha, o desterrado, desde o seu recife solitário para terras imensas ricas de destinos, assim também desce os olhos sobre o passado dos povos... Leva a si e ao seu destino para a torrente de acontecimentos que se vivificam para ele e se misturam à existência das forças naturais, ao mar, às falésias erodidas, às nuvens em movimento e às demais grandezas contidas numa vida calma e solitária, em comunhão com a natureza."[66] "O próprio oceano se cansou dele" – disse Baudelaire a respeito de Hugo, ferindo com o feixe de luz de sua ironia aquele que medita sobre o recife. Baudelaire não se sentia movido a se entregar ao espetáculo da natureza. Sua experiência da multidão comportava os rastros da "iniquidade e dos milhares de encontrões" que sofre o transeunte no tumulto de uma

---

* No ciclo *As Velhinhas*, o terceiro poema sublinha essa rivalidade através de um apoio verbal no terceiro poema da série hugoana Fantasmas. Assim, uma das mais perfeitas poesias de Baudelaire fica correspondendo a uma das mais fracas que Hugo jamais escreveu.

cidade e que só fazem manter tanto mais viva a sua autoconsciência. (No fundo, é exatamente essa autoconsciência que ele empresta à mercadoria que flana.) Para Baudelaire, a multidão nunca foi estímulo para lançar a sonda do pensamento à profundeza do mundo. Hugo, por outro lado, escreve: "As profundezas são multidões",[67] abrindo assim um espaço imenso às suas meditações. O natural-sobrenatural que afeta Hugo como se fosse a multidão se apresenta tanto na floresta quanto no reino animal quanto na rebentação das ondas; em cada um pode cintilar por momentos a fisionomia de uma cidade grande. A *Inclinação do Devaneio* dá uma ideia magnífica da promiscuidade reinante na multiplicidade de tudo o que é vivo.

> "A noite e a multidão, nesse sonho hediondo,
> Vinham, engrossando-se juntas as duas,
> E, nessas regiões que nenhum olhar sonda,
> Mais o homem era numeroso, mais a sombra era profunda."[68]

> "Multidão sem nome! Caos! Vozes, olhos, passos.
> Os que nunca vimos, os que não conhecemos.
> Todos os vivos! – cidades que zumbem às orelhas
> Mais que bosque da América ou colmeia de abelha."[69]

Com a multidão, a natureza exerce seu direito elementar sobre a cidade. Mas não é só a natureza que assim defende os seus direitos. Há uma passagem surpreendente em *Os Miseráveis*, na qual o ondular na floresta aparece como arquétipo da existência da massa. "O que havia ocorrido nessa rua não teria surpreendido uma floresta; os altos fustes e a vegetação rasteira, as ervas, os galhos inextricavelmente enredados uns nos outros e o capim alto levam uma existência sombria; através do imenso formigar desliza sorrateiramente o invisível; o que está debaixo do homem distingue, através da névoa, o que está acima do homem." Nessa descrição está imersa a característica da experiência de Hugo com a multidão. Na multidão, o que está abaixo do homem entra em relação com o que impera acima dele. É essa promiscuidade que engloba todas as demais. Em Hugo, a multidão aparece como um ser híbrido que forças disformes, sobre-humanas, geram para aquelas que estão abaixo do homem. O traço visionário existente no conceito hugoano de multidão faz mais justiça ao ser social do que o tratamento "realístico" que lhe dispensou na política. Pois a multidão é de fato um capricho da natureza, se se pode transpor essa expressão para as relações sociais. Uma rua, um incêndio, um acidente de trânsito, reúnem pessoas, como tais, livres de determinação de classe. Apresentam-se como aglomerações concretas, mas socialmente permanecem abstratas, ou seja, isoladas em seus interesses privados. Seu modelo são os fregueses que, cada qual em seu interesse privado, se reúnem na feira em torno da "coisa comum". Muitas vezes, essas aglomerações possuem apenas existência estatística. Ocultam aquilo que perfaz sua real monstruosidade, ou seja, a massificação dos indivíduos por meio do acaso de seus interesses privados. Porém, se essas aglomerações saltam aos olhos – e disso cuidam os Estados totalitários fazendo permanente e obrigatória em todos os projetos a massificação de seus clientes –, então vem à luz seu caráter ambíguo, sobretudo para os próprios implicados. Estes racionalizam o acaso da economia mercantil – acaso que os junta – como o "destino" no qual a "raça" se reencontra a si mesma. Com isso, dão curso livre simultaneamente ao instinto gregário e ao comportamento automático. Os povos que se encontram em primeiro plano no palco da Europa Ocidental travam conhecimento com o sobrenatural que Hugo encontrou na multidão. No entanto, não pôde Hugo discernir o presságio histórico dessa grandeza. Este, porém, se imprimiu em sua obra como uma deformação peculiar: na forma de atas das sessões espíritas.

O contato com o mundo dos espíritos que, sabidamente, atuou em Jersey com igual profundidade sobre sua vida e sobre sua obra, era, antes de tudo, e por mais estranho que possa parecer, o contato com as massas, que, sem dúvida, faltava ao poeta no exílio. Pois a massa é o modo de existir no mundo dos espíritos. Assim, em primeiro lugar, Hugo via a si mesmo com um gênio na grande assembleia de gênios que seus ancestrais constituíam. Em *William Shakespeare* percorre, em longas rapsódias, a série desses príncipes do espírito, que começa em Moisés e termina em Hugo, mas que não forma senão um pequeno bando na grandiosa multidão dos falecidos. Para o engenho ctônico[70] de Hugo, o *adplures ire*[11] dos romanos não era uma expressão vazia. – Os espíritos dos mortos vieram tarde, na última sessão, como mensageiros da noite. Os registros de Jersey preservaram suas mensagens: "Cada celebridade trabalha em duas obras: na obra que realiza enquanto vivo e na sua obra-fantasma... O ser vivo se consagra à primeira. À noite, porém, no silêncio profundo, desperta – ó terror! – nesse ser vivo o criador-fantasma. – Como? – grita a criatura. – Isso não é tudo? – Não – responde o fantasma –, acorda e levanta-te; a tempestade anda à solta, uivam os cães e as raposas; há trevas por toda a parte, a natureza estremece, se confrange sob o açoite de Deus... – O criador-fantasma vê as ideias-fantasmas. As palavras se eriçam, a frase se errepia... a vidraça torna-se opaca, o medo toma conta da lâmpada... Toma cuidado, ó vidente, toma cuidado, ó homem de um século, tu, vassalo de um pensamento terrestre. Pois isto aqui é a demência, isto aqui é o túmulo, isto aqui é o infinito, isto aqui é uma ideia-fantasma".[72] O frêmito cósmico na vivência do invisível, fixado por Hugo nessa passagem, não tem nenhuma semelhança com o terror nu que dominou Baudelaire no spleen.[73] Baudelaire manifestou também pouca compreensão para com o empreendimento de Hugo. "A verdadeira civilização – dizia ele – não está nas mesas dos espíritas." Mas para Hugo não se tratava de civilização. Sentia-se realmente em casa no mundo dos espíritos, que era, por assim dizer, o complemento cósmico de uma vida doméstica à qual, tampouco, faltava o elemento de terror. Sua intimidade com as aparições lhes tira muito de seu espanto, mas ela não está livre de agitação e denuncia algo gasto. A contrapartida dos fantasmas noturnos são abstrações sem significado, personificações mais ou menos engenhosas então comuns em monumentos. "O Drama", "a Lírica", "a Poesia", "o Pensamento" e muitos outros do gênero se fazem ouvir sem embaraços nas atas de Jersey, ao lado das vozes do caos.

As imensas legiões do mundo dos espíritos – e isso poderia aproximar o enigma da solução – representam, antes de tudo, um público para Hugo. O fato de sua obra acolher temas da mesa dos espíritas é menos surpreendente que o seu costume de escrever diante dela. O aplauso que o além-túmulo não lhe poupou, lhe deu, no exílio, uma prévia daquela imensa ovação que o aguardava, na velhice, em sua pátria. Quando, no seu septuagésimo aniversário, o povo da capital se apinhou em frente de sua casa na Avenida d'Eylau, tanto a imagem da onda que rebenta no recife quanto a mensagem do mundo dos espíritos estavam resgatadas.

Por fim, a sombra insondável da existência das massas foi também a fonte das especulações revolucionárias de Victor Hugo. Em *Os Castigos* o dia da libertação é assim descrito:

> "O dia em que nossos ladrões, em que nossos tiranos sem conta
> Compreenderem que alguém se mexe no fundo da sombra."[74]

Pode um juízo revolucionário ser confiável se representa a massa oprimida pelo signo da multidão? Não seria esse conceito, antes, a forma nítida da estreiteza desse juízo, quaisquer que sejam suas origens? No debate da Câmara do dia 25 de novembro de 1848, Hugo havia vociferado contra a bárbara repressão de Cavaignac à Revolta de Junho. Mas, em 20 de junho, no debate sobre os *ateliers nationaux*,[75] ele cunhara a seguinte frase: "A monarquia tem seus ociosos; a república, seus vagabundos".* Coexistem em Hugo o reflexo da opinião superficial do presente e da mais crédula opinião acerca do futuro junto ao profundo pressentimento da vida a se formar no seio da natureza e do povo. Hugo jamais conseguiu uma mediação entre esses dois termos; não a sentir necessária permitiu a imensa pretensão, o imenso alcance e também a imensa influência de sua obra sobre seus contemporâneos. No capítulo de *Os Miseráveis*, "A Gíria", defrontam-se com impressionante brutalidade ambos os lados de sua natureza conflitiva. Após ter lançado olhares audaciosos à oficina linguística do populacho, conclui o poeta: "Desde 1789, todo o povo floresce em indivíduos apurados; não há pobre, porque ele teria direitos e, assim, também a auréola que lhe cabe; o pobre-diabo carrega no íntimo a honra da França; a dignidade do cidadão é uma armadura interna; quem é livre, é consciencioso; e quem tem direito de voto, reina".[76] Victor Hugo via as coisas como as colocavam à sua frente as experiências de uma carreira literária coroada de êxito e de uma carreira política brilhante. Foi o primeiro grande escritor a dar títulos coletivos às suas obras: *Os Miseráveis, Os Trabalhadores do Mar*. Para ele, multidão queria dizer, quase na acepção clássica, a multidão dos clientes – a massa de seus leitores e eleitores. Em suma, Hugo não era nenhum *flâneur*.

Para a multidão que acompanhava Hugo e que ele acompanhava, não havia nenhum Baudelaire. Mas sem dúvida essa multidão existia para ele e o levava diariamente a sondar a profundidade do próprio fracasso.

---

* Pélin, um representante típico da baixa boêmia, escreveu em sua folha, *Les boulets rouges. Feuille du club pacifique des droits de l'homme*, a respeito desse discurso: "O *citoyen* Hugo debutou na Assembleia Nacional. Como era esperado, revelou-se como declamador, gesticulador e herói da frase; perseverando em seu último mural, de teor pérfido e calunioso, falou dos vadios, da miséria, dos malandros, dos mendigos, dos pretorianos da revolta, dos *condottiere* – em suma, estafou a metáfora para terminar comum ataque aos *ateliers nationaux*". Em sua História Parlamentar da Segunda República, escreve Eugene Spuller: "Victor Hugo foi eleito com votos reacionários". "Sempre votou com a direita, salvo em duas ou três ocasiões, quando a política não tinha nenhum valor." (Eugène Spuller, *Histoire parlamentaire de la Seconde République suivie d'une petite histoire du Second Empire*, Paris, 1891, p. 111, 266.)

E, entre as razões para ver a multidão, esta não era a menor. Alimentava na glória de Victor Hugo o orgulho desesperado que o castigava, por assim dizer, aos surtos. Provavelmente o aguilhoava ainda mais impetuosamente seu credo político. Era o credo político do *citoyen*. A massa da cidade grande não podia desconcertá-lo. Nela tornava a reconhecer a massa popular. Queria ser a carne de sua carne. Laicidade, progresso e democracia constituíam a bandeira que agitava sobre as cabeças. Essa bandeira transfigurava a existência da massa. Obscurecia um limiar, aquele que separa o indivíduo da massa. Baudelaire o protetor desse limiar, isso o distinguia de Victor Hugo. Assemelhava-se a ele, porém, porque tampouco traspassava com o olhar a ilusão social que se assenta na multidão. Opunha-lhe, portanto, um ideal tão pouco crítico quanto a concepção que dela fazia Hugo. O herói é esse ideal. No momento em que Victor Hugo festeja a massa como a heroína numa epopeia moderna, Baudelaire espreita um refúgio para o herói na massa da cidade grande. Como *citoyen*, Hugo se transplanta para a multidão; como herói, Baudelaire se afasta.

Notas

1. Grande tela circular e contínua, pintada de maneira enganosa sobre as paredes de uma rotunda iluminada por cima e que representa uma paisagem. (N. do T.)
2. Cf. Charies Louandre, *Statistique littéraire. De laproduction intellectuelle en France depuis quinze ans*, última parte, in: *Revue des deux mondes*, tomo 20,17º ano, série nova, 15 de novembro de 1847, pp. 686-7.
3. Eduard Fuchs, *Die Karikatur der europäischen Völker*, primeira parte, 4ª. edição, Munique, 1921, p. 362.
4. Administrador francês (1809-1891) que dirigiu as grandes obras que transformaram Paris. (N. do T.)
5. Ferdinand Von Gall, *Paris und seine Salons*, Oldenburg, 1845, vol. 2, p. 22.
6. Id., ibid., p. 22.
7. Monstro a que a lenda atribui o poder de matar com a vista. (N. do T.)
8. II, p. 333.
9. Georg Simmel, *Mélanges de philosophie rélativiste. Contribution à la culturephilosophique*. Trad. A. Guillain, Paris, 1912, pp. 26-7.
10. Cf. Edward George Bulwer, *Eugene Aram. A Tale*, Paris, 1832. p. 314.
11. Kari Marx e Friedrich Engels, *Uber Feuerbach. Der erste Teil der "Deutschen Ideologie"*, in: Marx-Engels Archiv, Frankfurt, 1926, p. 272.
12. Edouard Foucaud, 1. C., pp. 222-3.
13. "... Mas para Benjamin é fantasmagórico todo produto cultural que hesita ainda um pouco antes de se tornar mercadoria pura e simples. Cada inovação técnica que rivaliza com uma arte antiga assume durante algum tempo a forma... da fantasmagoria: os métodos de construção modernos dão origem à fantasmagoria das galerias, a fotografia faz nascer a fantasmagoria dos panoramas.,.. o urbanismo de Haussmann... se opõe à *flanêrie* fantasmagórica..." (Cf. Walter Benjamin, *Charles*

Baudelaire, Un Poète Lyrique à l'Apogée du Capitalisme, trad. Jean Lacoste, Paris, Petite Payot, 1982, p. 259.) (N. do T.)

14. Franz J. Gall (1758-1828), criador da frenologia, estudo do caráter do homem segundo a conformação do crânio; Johann K. Lavater (1741-1801), criador da fisiognomonia. (N. do T.)

15. Honoré de Balzac, *Le cousin Pons,* Paris, Ed. Conard, 1914, p. 130.

16. II, p. 637.

17. No original alemão se lê Baco. Sem dúvida, o autor se refere a Bacon (15611626), filósofo inglês, que em *Novum Organum* distingue quatro ídolos ou ilusões: os ídolos da tribo, da caverna, da praça e do teatro. "Os ídolos da praça (ou da feira) derivam da linguagem a qual se serve frequentemente ou de nomes de coisas que não existem (como sorte, movimento inicial, órbitas dos planetas etc.) ou de nomes de coisas que existem, mas não são confusas (como gerar, corromper, grave, leve etc.)". (Nicola Abbagnano, Dicionário de Filosofia, trad. Alfredo Bosi, São Paulo, Ed. Mestre Jou, 2ª edição, 1982, p. 508.) (N. do T.)

18. Cit. Adolphe Schmidt, *Tableaux de la révolution française,* Leipzig, 1870, p. 337.

19. II, p. 333.

20. Cf. Régis Messac, *Le "Detective Novel" et l'influence de la pensée scientifique,* Paris, 1929.

21. Cf. André Le Breton, *Balzac, L'homme et l'oeuvre,* Paris, 1905, p. 83.

22. Hippolyte Babou, *La verité sur le cas Champfleury,* Paris, 1857, p. 30.

23. Cf. Charles Baudelaire, *Les fleurs du mal,* Paris, Ed. Cres., 1928. Introdução de Paul Valéry.

24. II, p. 424.

25. Edgar Poe, *Histoires extraordinaires,* trad. Charles Baudelaire, Paris, 1885, pp. 484-6.

26. P. 345.

27. Benjamin contrapõe Eros (emoção provocada por uma imagem) e Sexo (choque do desejo). E observa: "No fundo é a correspondência perfeita entre essas duas formas de existência – a vida sob o signo do espírito e a vida sob o signo da sexualidade pura – que funda esta solidariedade de escritor com a prostituta, cuja prova mais irrefutável foi a existência de Baudelaire". (Cf. Walter Benjamin, loc. cit., p. 260.) (N. do T.)

28. Hans Makart (1840-1884). Pintor austríaco. Simboliza para Benjamin a decoração interior sobrecarregada. (Cf. Walter Benjamin, loc. cit., p. 261.) (N. do T.)

29. Honoré de Balzac, *Modeste Mignon,* Paris, Ed. du Siècle, 1850, p. 99.

30. Sigmund, Engländer, Geschichte der französischen Arbeiter-Associationen, Hamburgo, 1864, p. 126.

31. I, p. 115.

32. Alphonse Bertillon (1853-1914). Criador da antropometria, utilizou seu método para a identificação de criminosos em suas funções de chefe do serviço de identidade judiciária da polícia de Paris. (N. do T.)

33. Edgar Poe, *Nouvelles histoires extraordinaires,* trad. Charles Baudelaire, Paris, 1887, p. 102.

34. Ernst, Hoffmann, *Ausgewahlte Schriften 15: Leben und Nachlass,* de J. E. Hitzig, Stuttgart, 1839, pp. 32-4.

35. Cit. anon., "Charles Dickens", in: *Die Neue Zeit 30,* I, p. 622.

36. II, p. 710.

37. Julien Lemer, *Paris au gaz,* Paris, 1861, p. 10.

38. Alfred Delvau, *Les heures parisiennes,* Paris, 1866, p. 206.

39. Cf. Louis Veuillot, *Les odeurs de Paris,* Paris, 1914, p. 182.

40. Robert Stevenson, *Virginibus Puerisque and Other Papers,* Londres, p. 192.

41. Edgar Poe, loc. cit., p. 94.

42. Edgar Poe, *Histoires grotesques et sérieuses,* trad. Charles Baudelaire, Paris, 1937, p. 207.

43. Edgar Poe, *Nouvelles histoires extraordinaires,* loc. cit., p. 94.

44. Id., ibid., pp. 90-1.

45. Id., ibid., p. 89.

46. Id., ibid., pp. 89-90.

47. Cf. Georges Friedmann, *La crise du progrès,* Paris, 1936, 2ª. edição, p. 76.

48. Paul-Ernest de Rattier, *Paris n'existe pas,* Paris, 1857, pp. 74-5.

49. Edgar Poe, *Nouvelles histoires extraordinaires,* loc. cit., p. 98.

50. Jules Laforgue, *Mélanges posthumes,* Paris, 1903, p. 111.

51. Cf. Karl Marx, *Das Kapital,* loc. cit., p. 95.

52. I, pp. 420-1.

53. II, p. 627.

54. I, p. 421.

55. I, p. 421.

56. P. 351.

57. Friedrich Engels, *Die Lage der arbeitenden Klasse in England.* Leipzig, 1848, pp. 36-7.

58. II, p. 626.

59. P. B. Shelley, *The Complete Poetical Works,* Londres, 1932, p. 346.

60. P. 335.

61. Cf. p. 335.

62. II, p. 522.

63. P. 331.

64. P. 337.

65. Charles Augustin Sainte-Beuve, *Les Consolations,* loc. cit., p. 125.

66. Hugo Von Hofmannsthal, *Versuch uber Victor Hugo,* Munique, 1925, p. 49.

67. Cit. Gabriel Bounoure, *Abîmes de Victor Hugo,* in: *Mesures,* 15 de julho de 1936, p. 39.

68. Victor Hugo, *Oeuvres complètes, Poésie,* Paris, 1880, vol. 2, p. 365.

69. Id., ibid., p. 363.

70. Qualificativo de divindades infernais que habitam o interior da Terra. (N. do T.)

71. Literalmente: reunir-se ao grande número. Significa morrer. (N. do T.)

72. Gustave Simon, *Chez Victor Rugo. Les tables tournantes de Jersey,* Paris, 1923, pp. 306-8,314.

73. Melancolia passageira, sem causa aparente, caracterizada por um desgosto por tudo. Título de 4 poemas de *As Flores do Mal.* (N. do T.)

74. Victor Hugo, *Oeuvres complètes,* loc. cit., vol. 4, p. 397.

75. Canteiros de obra criados em 1848 para vir em auxílio dos desempregados. (N. do T.)

76. Victor Hugo, *Oeuvres complètes.* Roman. *Les Misérables. IV,* Paris, 1881, p. 306.

A MODERNIDADE

Baudelaire conformou sua imagem de artista a uma imagem de herói. Desde o início, uma intercede pela outra. "A força de vontade – escreve em *Salão de 1845* – deve ser de fato um dom precioso e obviamente nunca há de ser empregada em vão, pois é suficiente para dar um toque inconfundível a obras de segunda categoria. O espectador saboreia o esforço; sorve o suor."[1] Em *Conselhos aos Jovens Literatos,* do ano seguinte, encontramos a bela formulação segundo a qual "a contemplação obstinada da obra de amanhã"[2] é a garantia da inspiração. Baudelaire conhece a "indolência natural dos inspirados".[3] Musset nunca teria entendido quanto trabalho se requer para "fazer com que de uma fantasia nasça uma obra de arte".[4] Baudelaire, ao contrário, desde o primeiro momento surge diante do público com um código próprio, com preceitos e tabus próprios. Barres quer "reconhecer em cada ínfimo vocábulo baudelairiano o rastro dos esforços que o ajudaram a alcançar tamanha grandeza".[5] "Mesmo em suas crises nervosas – escreve Gourmont – Baudelaire conserva algo de sadio."[6] A formulação mais feliz, porém, é a do simbolista Gustave Kahn ao dizer que "em Baudelaire, o trabalho literário era semelhante a um esforço físico".[7] A prova disso deve ser encontrada em sua própria obra, a saber, numa metáfora que merece um exame mais detalhado.

É a metáfora do esgrimista. Nela Baudelaire gostava de apresentar como artísticos os traços marciais. Quando descreve Constantin Guys, a quem era muito apegado, visita-o numa hora em que os outros dormem: "Ei-lo curvado sobre a mesa, fitando a folha de papel com a mesma acuidade com que, durante o dia, espreita as coisas à sua volta; esgrimindo com seu lápis, sua pena, seu pincel; deixando a água do seu copo respingar o teto, enxugando[8] a pena em sua camisa; perseguindo o trabalho rápido e impetuoso, como se temesse que as imagens lhe fugissem. E assim ele luta, mesmo sozinho, e apara os próprios golpes".[9] Envolvido nessa a "estranha esgrima" Baudelaire se retratou na estrofe inicial de *O Sol*, talvez única passagem de *As Flores do Mal* que o mostra no trabalho poético. O duelo em que todo o artista se envolve e no qual "antes de ser vencido, solta um grito de terror"[10] está compreendido na moldura de um idílio; sua violência passa a segundo plano e permite a seu charme aparecer.

> "Ao longo dos subúrbios, onde nos pardieiros
> Persianas acobertam beijos sorrateiros,
> Quando o impiedoso Sol arroja seus punhais
> Sobre a cidade e o campo, os tetos e os trigais,
> Exercerei a sós a minha estranha esgrima,
> Buscando em cada canto os acasos da rima,
> Tropeçando em palavras como nas calçadas,
> Topando imagens desde há muito já sonhadas."[11]

Um dos propósitos perseguidos por Baudelaire em *Spleen de Paris*, seus poemas em prosa, foi render justiça também na prosa a essas experiências prosódicas. Na dedicatória dessa coletânea, ao redator-chefe de *La Presse*, Arsène Houssaye, expressa, ao lado desse propósito, o que realmente fundamentava suas experiências na prosa. "Quem dentre nós já não terá sonhado, em dias de ambição, com a maravilha de uma prosa poética? Deveria ser musical, mas sem ritmo ou rima; bastante flexível e resistente para se adaptar às emoções líricas da alma, às ondulações do devaneio, aos choques da consciência. Esse ideal, que se pode tornar ideia fixa, se apossará sobretudo, daquele que, nas cidades gigantescas, está afeito à trama de suas inúmeras relações entrecortantes."[12]

Se quisermos tornar presente esse ritmo e investigar essa maneira de trabalhar, verificaremos que o *flâneur* de Baudelaire não é um autorretrato do poeta no grau que se poderia imaginar. Um traço importante do Baudelaire real – ou seja, daquele que se entrega à sua obra – não entrou nessa imagem. Trata-se da distração. – No *flâneur*, o desejo de ver festeja o seu triunfo. Ele pode concentrar-se na observação – disso resulta o detetive amador; pode se estagnar na estupefação – nesse caso o *flâneur* se torna um basbaque.* As descrições reveladoras da cidade grande não se originam nem de um nem de outro; procedem daqueles que, por assim dizer, atravessaram a cidade distraídos, perdidos em pensamentos ou preocupações. É a eles que faz jus a imagem da "estranha esgrima"; Baudelaire teve em mira o seu comportamento, que é tudo menos o do observador. Em seu livro sobre Dickens, Chesterton fixa magistralmente o homem que percorre a cidade perdido em pensamentos. As constantes andanças labirínticas de Charles Dickens haviam começado em seus anos de infância. "Quando concluía o trabalho, não lhe restava senão andar à solta, e então vagava por meia Londres. Quando criança, foi um sonhador; seu triste destino o preocupava mais que o resto... No escuro ficava sob os lampiões de Holborn e em Charing Cross padecia o martírio." "Não aspirava a observar como fazem os pedantes; não olhava Charing Cross para se instruir, não contava os lampiões de Holborn para aprender aritmética... Dickens não recolhia em seu espírito a impressão das coisas; seria mais exato dizer que era ele quem imprimia o seu espírito nas coisas."[13]

Em seus últimos anos Baudelaire não podia passear muito pelas ruas de Paris. Seus credores perseguiam-no, a doença se manifestava, e a isso se somavam as desavenças entre ele e a amante. O Baudelaire-poeta reproduz, nos artifícios de sua prosódia, os golpes com que suas preocupações o importunavam e as centenas de formas com que os aparava. Reconhecer sob a imagem da esgrima o trabalho que Baudelaire dedicava aos seus poemas significa aprender a vê-los como uma série ininterrupta das mais pequenas improvisações. As variantes de seus poemas atestam como era constante no seu trabalho e como o afligiam as mínimas coisas. As incursões em que se deparava com os frutos de suas preocupações poéticas pelas esquinas de Paris nem sempre eram voluntárias. Nos primeiros anos de sua existência como literato, quando habitava o Hotel Pimodan, seus amigos podiam admirar a discrição com que banira de seu quarto todos

---

* "Não se deve confundir o *flâneur* com o basbaque; existe aí uma nuance a considerar... O simples *flâneur* está sempre em plena posse de sua individualidade; a do basbaque, ao contrário, desaparece. Foi absorvida pelo mundo exterior...; este o inebria até o esquecimento de si mesmo. Sob a influência do espetáculo que se oferece a ele, o basbaque se torna um ser impessoal; já não é um ser humano; é o público, é a multidão." (Victor Fournel, *Ce qu'on voit dans les rues de Paris*, Paris, 1858, p. 263).

os vestígios de trabalho, a começar pela escrivaninha.* Naquela época aspirava, simbolicamente, à conquista da rua. Mais tarde, ao abandonar paulatinamente sua existência burguesa, a rua se tornou cada vez mais um refúgio. Desde o início, porém, havia na *flânerie* a consciência da fragilidade dessa existência. Ela faz da necessidade uma virtude e nisso mostra a estrutura que, em todas as partes, é característica da concepção do herói em Baudelaire.

A penúria que aqui se disfarça não é apenas material; diz respeito também à produção poética. Os estereótipos nos experimentos de Baudelaire, a falta de mediação entre suas ideias, a agitação entorpecida em seus traços deixam entrever que as reservas que abrem ao ser humano um vasto saber e uma abrangente visão histórica não estavam à sua disposição. "Para um escritor, Baudelaire tinha um grande defeito do qual ele mesmo não suspeitava: sua ignorância. O que sabia, sabia a fundo, mas sabia pouca coisa. História, fisiologia, arqueologia permaneceram-lhe desconhecidas... O mundo exterior pouco lhe interessava; talvez o percebesse, mas, de qualquer modo, não o estudava."[14] Frente a essas críticas e outras semelhantes, sem dúvida é tentador e mesmo legítimo aludir ao hermetismo necessário e fecundo daquele que trabalha, às idiossincrasias indispensáveis a qualquer produção; mas os fatos têm outro aspecto. Favorecem exigências excessivas ao que produz em nome do princípio "criador", tanto mais perigosas quando, adulando a autoestima do produtor, defendem os interesses de uma ordem social que lhe é hostil. O estilo de vida da boêmia contribuiu para desenvolver uma superstição sobre a criação à qual Marx se opõe com uma afirmação válida tanto para o trabalho mental quanto manual. A respeito da primeira frase do *Programa de Gotha*[15] – "o trabalho é a fonte de toda a riqueza e de toda a cultura" –, Marx nota criticamente: "Os burgueses têm ótimas razões para imputar ao trabalho uma força criadora sobrenatural, pois justamente do condicionamento do trabalho à natureza se segue que o

---

*   Prarond, amigo de juventude de Baudelaire, escreve em memória dos tempos de 1845: "Escrivaninhas onde refletíssemos ou escrevêssemos alguma coisa eram pouco usadas por nós... Eu, de minha parte – prossegue após uma menção a Baudelaire –, via-o à minha frente, rua acima, rua abaixo, à cata de versos; nunca sentado em frente de uma resma de papel". (Cit. Alphonse Séché, La vie des *"Fleurs du Mal"*, Amiens, 1928, p. 84.) De modo semelhante escreve Banville sobre o Hotel Pimodan: "Quando lá cheguei pela primeira vez, não encontrei dicionários, nem gabinete de trabalho, nem escrivaninha; tampouco havia guarda-louças nem copa, nem nada que lembrasse a disposição de um apartamento burguês". (Théodore De Banville, *Mes souvenirs*, Paris, 1882, pp. 81-2.)

homem desprovido de qualquer outra propriedade além de sua força de trabalho deve ser, em quaisquer condições sociais ou culturais, escravo dos outros homens que se fizeram detentores das condições concretas de trabalho".[16] Baudelaire possuiu pouco daquilo que é parte das condições materiais do trabalho intelectual: desde a biblioteca até o apartamento, não houve nada a que não tivesse de renunciar durante o transcurso de sua existência instável, tanto dentro quanto fora de Paris. Escreve à mãe em 26 de dezembro de 1853: "Estou a tal ponto habituado a sofrimentos físicos, sei tão bem contentar-me com umas calças rotas, com uma jaqueta que deixa passar o vento e com duas camisas apenas, tenho tanta prática em encher os sapatos furados com palha ou mesmo com papel, que quase só sinto os padecimentos morais. Todavia devo confessar que agora estou a ponto de não mais fazer movimentos bruscos, de não caminhar muito, por medo de dilacerar ainda mais as minhas coisas".[17] Dentre as experiências que Baudelaire transfigurou na imagem do herói, as mais inequívocas foram as dessa espécie.

Por esse tempo, o despossuído aparece em outro ponto sob a imagem do herói e, com efeito, ironicamente. É o caso em Marx que, ao se referir às ideias de Napoleão I, diz: "O ponto culminante das ideias napoleônicas... é a preponderância do exército. O exército era o ponto de honra dos pequenos agricultores, eles mesmos transformados em heróis". Só que agora, no governo de Napoleão III, o exército "já não é a fina flor da juventude rural, mas a flor do pântano do mendicante proletariado camponês. Compõe-se, sobretudo, de prepostos... assim como o próprio Bonaparte II é apenas um substituto, um suplente de Napoleão".[18] O olhar que se volta desta visão para a do poeta esgrimista encontra-a por alguns segundos superposta à do salteador, o mercenário que "esgrime" de modo diferente e que erra pela região.* Mas, acima de tudo, são esses dois famosos versos de Baudelaire que, com sua síncope imperceptível,

---

Cf. "Ao velho salteador/Já não seduz o amor, nem tampouco a disputa" (p. 301). – Uma das poucas publicações repugnantes na vasta e, na maioria das vezes, descolorida literatura sobre Baudelaire é o livro de um tal de Peter Klassen. Esse livro, composto na terminologia depravada do círculo de George, e que, por assim dizer, representa Baudelaire com o capacete de aço (nome de antiga associação de combatentes de extrema direita, sustentáculo de Hitler – N. do T.), tem a característica de colocar no centro da vida de Baudelaire a Restauração Ultramontana; ou seja, o momento "em que, no espírito da monarquia restaurada pela graça de Deus, o Santíssimo é conduzido pelas ruas de Paris sob a vigilância de armas brilhantes. Esta pode muito bem ter sido uma experiência decisiva, porque essencial, de toda a sua vida". (Peter Klassen, *Baudelaire, Welt und Gegendwelt,* Weimar, 1931, p. 9.) Baudelaire tinha então seis anos.

ressoam no vácuo de que fala Marx. Eles concluem a segunda estrofe do terceiro poema de *As Velhinhas*. Proust as acompanha com as seguintes palavras: "Parece impossível ir além".[19]

> "Ah, como tenho acompanhado essas velhinhas!
> Uma, entre tantas, quando o Sol agonizante
> Ao céu empresta a cor de ensanguentadas vinhas,
> A um banco se sentava, plácida e distante,
>
> Para ouvir um banda, rica de metais,
> Que os jardins muita vez inunda com seus hinos
> E que, na noite de ouro que sonhar nos faz,
> Algo de heroico põe na alma dos citadinos."[20]

Essas charangas formadas com filhos de camponeses empobrecidos que fazem soar suas toadas para a população pobre das cidades fornecem o heroísmo que timidamente esconde sua inconsistência na expressão "algo de" e que é, exatamente nesse gesto, o único e autêntico heroísmo ainda produzido por essa sociedade. No peito de seus heróis não reside nenhum sentimento que não encontra lugar no peito dessa gente miúda, reunida para ouvir a música militar.

Os jardins de que se fala no poema são aqueles abertos ao habitante da cidade, cuja nostalgia vagueia em vão ao redor dos grandes parques[21] fechados. O público que neles aparece não é de modo algum aquele que circunda o *flâneur*. "Não importa o partido a que se pertença – escreve Baudelaire em 1851–, é impossível não ficar emocionado com o espetáculo dessa multidão doentia, que traga a poeira das fábricas, inspira partículas de algodão, que se deixa penetrar pelo alvaiade, pelo mercúrio e todos os venenos usados na fabricação de obras-primas... Essa multidão se consome pelas maravilhas, as quais, não obstante, a Terra lhe deve. Sente borbulhar em suas veias um sangue púrpura e lança um olhar demorado e carregado de tristeza à luz do Sol e às sombras dos grandes parques."[22] Essa população é o pano de fundo do qual se destaca o perfil do herói. A imagem que assim se apresenta foi rotulada por Baudelaire à sua maneira: abaixo dela escreveu "A modernidade".

O herói é o verdadeiro objeto da modernidade. Isso significa que, para viver a modernidade, é preciso uma constituição heroica. Balzac era também da mesma opinião. Com ela, Balzac e Baudelaire se contrapõem ao romantismo. Transfiguram a paixão e o poder decisório; já o romantismo glorifica a renúncia e a entrega. Contudo o novo modo de ver é incomparavelmente mais reticulado, incomparavelmente mais rico em restrições, no poeta lírico que no romancista. Duas metáforas o mostram. Ambas apresentam ao leitor o herói em sua aparência moderna. Em Balzac, o gladiador se torna caixeiro-viajante. O grande Gaudissart se prepara para trabalhar Touraine. Balzac descreve seus preparativos e se interrompe para exclamar: "Que atleta! Que arena! E que armas! Ele, o mundo e a sua lábia!".[23] Baudelaire, ao contrário, reconhece no proletário o lutador escravizado; entre as promessas que o vinho há de cumprir ao deserdado, cita a quinta estrofe do poema *A Alma do Vinho*:

> "Hei de acender-te o olhar à esposa embevecida;
> A teu filho farei soltar a força e as cores,
> E serei para tão tíbio atleta da vida
> O óleo que os músculos enrija aos lutadores."[24]

Aquilo que o trabalhador assalariado executa no labor diário não é nada menos do que o que, na antiguidade, trazia glória e aplauso ao gladiador. Essa imagem tecida com o tecido das melhores intuições de Baudelaire provém da reflexão sobre a própria situação. Uma passagem de *Salão de 1859* mostra como gostaria que a considerassem: "Quando ouço glorificarem um Rafael ou um Veronese com a intenção velada de desvalorizar tudo o que se produziu depois deles... então pergunto a mim mesmo se uma produção que, como tal, pudesse no mínimo ser equiparada à deles... não seria infinitamente mais valiosa, uma vez que se desenvolveu numa atmosfera e num terreno hostis".[25] – Baudelaire gostava de inserir suas teses no contexto de modo crasso e, por assim dizer, sob uma iluminação barroca. Fazia parte de sua razão de Estado teórica dissimular, quando existissem, as conexões entre elas. Quase sempre essas partes obscuras se pode esclarecer através de suas cartas. Sem tornar necessário tal procedimento, o referido trecho de 1859 deixa reconhecer claramente sua indubitável relação com outro de dez anos antes, particularmente estranho. A seguinte cadeia de reflexões a reconstitui.

As resistências que a modernidade opõe ao impulso produtivo natural ao homem são desproporcionais às forças humanas. Compreende-se que ele se vá enfraquecendo e busque refúgio na morte.

A modernidade deve manter-se sob o signo do suicídio, selo de uma vontade heroica, que nada concede a um modo de pensar hostil. Esse suicídio não é renúncia, mas sim paixão heroica. É *a* conquista da modernidade no âmbito das paixões.* Assim, o suicídio, como a "paixão particular à vida moderna", aparece na clássica passagem dedicada à teoria da modernidade. O suicídio de heróis antigos é uma exceção. "Onde encontramos suicídios nas representações antigas, à exceção de Hércules no Monte Eta, de Catão de Utica e de Cleópatra?".[26] Não que Baudelaire as encontrasse nos modernos; a referência a Rousseau[27] e ao personagem suicida de Balzac que se segue àquela pergunta é insuficiente. Mas a modernidade mantém pronta a matéria-prima de tais representações e espera um mestre. Essa matéria-prima se depositou nas camadas, que, de ponta a ponta, aparecem como o fundamento da modernidade. Os primeiros esboços de sua teoria datam de 1845. Por esse mesmo tempo, a noção de suicídio penetrou nas massas trabalhadoras. "Disputam-se as cópias de uma litografia que representa um operário inglês no momento em que tira a própria vida, desesperado por não mais poder ganhar seu sustento. Um operário chega a entrar na casa de Eugene Sue e aí se enforca; na mão tem um bilhete: 'Pensei que a morte me seria mais leve se eu morresse sob o teto de um homem que intercede por nós e que nos ama.'"[28] Um tipógrafo de nome Adolphe Boyer publicou em 1841 uma pequena obra intitulada *Sobre o Estado do Operariado e Sobre o seu Aperfeiçoamento Através da Organização do Trabalho,* uma exposição em estilo moderado que procurava conquistar para a ideia de associação as velhas corporações de aprendizes ambulantes, presas ainda a costumes corporativos. Não obteve sucesso; o autor suicidou-se e, numa carta, exortava seus companheiros de infortúnio a segui-lo. O suicídio podia parecer aos olhos de um Baudelaire o único ato heroico que restara às "populações doentias" das cidades naqueles tempos reacionários. Talvez tenha visto a "Morte" de Rethel,[29] a quem muito admirava como um ágil desenhista em frente do cavalete, lançando à tela os diversos modos de morrer dos suicidas. Quanto às cores da imagem, a moda as forneceu.

---

* Sob uma perspectiva semelhante surge mais tarde o suicídio em Nietzsche. "Não se pode condenar suficientemente o cristianismo por depreciar um grande movimento niilista purificador, quando este se desenvolvia... sempre impedindo o ato do niilismo, o suicídio". (Cit. Karl Löwith, *Nietzsches Philosophie der ewigen Wiederkunft des Gleichen,* Berlim, 1935, p. 108).

Desde a Monarquia de Julho, o preto e o cinza começaram a predominar nos trajes masculinos. Essa novidade foi tratada por Baudelaire em *Salão de 1845*. Na frase final argumenta: "Antes de tudo, o verdadeiro pintor será aquele que souber extrair da vida presente o seu lado épico e nos ensinar a compreender em linhas e cores como somos grandes e poéticos em nossas gravatas e botas envernizadas. – Possam os verdadeiramente pioneiros oferecer-nos no ano próximo a singular alegria de festejar a chegada do verdadeiro *novo!*"[30] Um ano depois escreve: "Quanto à roupa, esse invólucro do herói moderno – ... não teria a sua beleza e o seu charme próprios...? Não será a roupa de que a nossa época precisa, época que sofre e que carrega sobre os ombros negros e descarnados o símbolo de uma tristeza eterna? A roupa preta e o redingote não têm apenas sua beleza política, expressão da igualdade universal, mas também sua beleza poética, sem dúvida expressão da alma pública representada numa imensa procissão de gatos-pingados[31] – gatos-pingados políticos, gatos-pingados eróticos, gatos-pingados burgueses. Nós todos celebramos algum enterro. – A libré continuamente igual da desolação testemunha a igualdade... E não têm as pregas na fazenda, pregas que fazem caretas e que se enroscam como serpentes em torno da carne mortificada, o seu secreto encanto?".[32] Essas ideias contribuíram para a profunda fascinação que a transeunte enlutada do soneto exerceu sobre o poeta. O citado texto de 1846 assim conclui: "Pois os heróis da Ilíada não chegam aos vossos pés, Vautrin, Rastignac, Birotteau – nem aos teus, Fontanares, que não ousaste confessar ao público o que sofrias sob o fraque macabro e contraído como numa convulsão, fraque que nós todos usamos; nem aos teus, Honoré de Balzac, o mais singular, o mais romântico, o mais poético dentre todos os personagens que tua fantasia criou".[33]

Quinze anos mais tarde, o democrata Vis Cher, da Alemanha do Sul, ao fazer uma crítica da moda masculina, chega a conclusões semelhantes às de Baudelaire. Só muda o acento: o que em Baudelaire aparece como tonalidade da perspectiva crepuscular do moderno, em Vischer surge como brilhante argumento para a luta política. "Declarar a cor – escreve Vischer com vista ao reacionarismo dominante desde 1850 – passa por ridículo, ser rígido passa por infantil; como então o vestuário não se tornaria sem cor, largo e apertado ao mesmo tempo?"[34] Os extremos se tocam; a crítica política de Vischer, ao tomar um cunho metafórico, se cruza com uma imagem fantasia do jovem Baudelaire. Em seu soneto, *O*

Albatroz, originário da viagem transoceânica com que se esperava corrigir o jovem poeta, Baudelaire se reconhece nesse pássaro, cuja falta de jeito no convés do navio, onde fora abandonado pela tripulação, descreve assim:

> "Tão logo o estendem sobre as tábuas do convés,
> O monarca do azul, canhestro e envergonhado,
> Deixa pender, qual par de remos junto aos pés,
> As asas em que fulge um branco imaculado.
>
> Antes tão belo, como é feio na desgraça
> Esse viajante agora flácido e acanhado!"[35]

A respeito de mangas do paletó, que são largas e caem sobre os punhos, diz Vischer: "Já não são braços, mas rudimentos de asa, cotos de asa de pinguim, barbatanas de peixe e, em marcha, esses apêndices amorfos lembram um disparatado e simplório gesticular, um empurrar, um comichar, um remar".[36] A mesma visão do assunto – a mesma imagem.

Mais claramente ainda define Baudelaire o semblante da modernidade, sem desmentir-lhe o sinal de Caim sobre a fronte: "A maioria dos poetas que se ocuparam de temas realmente modernos contentaram-se com temas conhecidos e oficiais – esses poetas ocuparam-se de nossas vitórias e de nosso heroísmo político. Mesmo assim fazem-no de mau grado e só porque o governo ordena e lhes paga os honorários. E, no entanto, há temas da vida privada bem mais heroicos. O espetáculo da vida mundana e das milhares de existências desregradas que habitam os subterrâneos de uma cidade grande – dos criminosos e das mulheres manteúdas –, *La Gazette des Tribunaux* e *Le Moniteur* provam que precisamos apenas abrir os olhos para reconhecer nosso heroísmo".[37] Aqui surge o apache[38] na imagem do herói. Encarna os caracteres que Bounoure assinala no isolamento de Baudelaire: "um não-me-toques, um encapsulamento do indivíduo em sua diferença".[39] O apache renega as virtudes e as leis. Rescinde de uma vez por todas o contrato social. Assim se crê separado do burguês por todo um mundo. Não reconhece neste os traços do cúmplice, delineados com efeito marcante por Hugo em *Os Castigos*. Às ilusões de Baudelaire obviamente deveria ser concedido um fôlego muito mais longo. Elas consolidam a poesia do apachismo e se referem a um gênero que em mais de oitenta anos não foi demolido. Baudelaire foi o primeiro a explorar esse filão. O herói de Poe não é o criminoso, mas o detetive.

Balzac, por seu lado, só conhece o grande marginal da sociedade. Seu personagem Vautrin experimenta ascensão e queda, numa carreira como a de todos os heróis balzaquianos. O itinerário do criminoso é como o de outros. Também Ferragus medita sobre coisas grandiosas e planeja para prazos futuros; é da linhagem dos carbonários. Antes de Baudelaire, o apache que, durante toda a vida permanece relegado à periferia da sociedade e da cidade grande, não tem lugar algum na literatura. A formulação mais nítida desse tema em *As Flores do Mal*, o poema *O Vinho do Assassino*, tornou-se ponto de partida de um gênero parisiense. Seu "atelier" tornou-se o *Le Chat Noir*. "Transeunte, seja moderno" – levava essa inscrição nos primeiros tempos heroicos.

Os poetas encontram o lixo da sociedade nas ruas e no próprio lixo o seu assunto heroico. Com isso, no tipo ilustre do poeta aparece a cópia de um tipo vulgar. Trespassam-no os traços do trapeiro que ocupou a Baudelaire tão assiduamente. Um ano antes de *O Vinho dos Trapeiros* apareceu uma descrição em prosa dessa figura: "Aqui temos um homem – ele tem de recolher na capital o lixo do dia que passou. Tudo o que a cidade grande jogou fora, tudo o que ela perdeu, tudo o que desprezou, tudo o que destruiu, é reunido e registrado por ele. Compila os anais da devassidão, o cafarnaum da escória; separa as coisas, faz uma seleção inteligente; procede como um avarento com seu tesouro e se detém no entulho que, entre as maxilas da deusa indústria, vai adotar a forma de objetos úteis ou agradáveis".[40] Essa descrição é apenas uma dilatada metáfora do comportamento do poeta segundo o sentimento de Baudelaire. Trapeiro ou poeta – a escória diz respeito a ambos; solitários, ambos realizam seu negócio nas horas em que os burgueses se entregam ao sono; o próprio gesto é o mesmo em ambos. Nadar fala do andar abrupto de Baudelaire; é o passo do poeta que erra pela cidade à cata de rimas; deve ser também o passo do trapeiro que, a todo instante, se detém no caminho para recolher o lixo em que tropeça. Muitos pontos indicam que Baudelaire tenha querido dissimuladamente valorizar esse parentesco, que, seja como for, esconde um presságio. Sessenta anos mais tarde aparece em Apollinaire um irmão do poeta que se rebaixou até ser trapeiro. É Croniamantal, o poeta assassinado, primeira vítima do pogrom que deveria liquidar com a espécie dos líricos da face da Terra.

Uma luz suspeita cai sobre a poesia do apachismo. Representa a escória, os heróis da cidade grande ou será antes herói o poeta que edifica sua obra a partir dessa matéria?* – A teoria da modernidade admite ambas as hipóteses. Porém, já envelhecendo, Baudelaire insinua, num poema de 1862, *As Queixas de um Ícaro*, já não sentir empatia pela espécie de gente entre a qual buscava heróis na juventude.

> "Os amantes das rameiras são
> Ágeis, felizes e devassos;
> Quanto a mim, fraturei os braços
> Por ter-me alçado além do chão."[41]

O poeta, como diz o título do poema, ocupa o lugar do herói antigo e teve de ceder espaço ao herói moderno, cujos feitos são relatados por *La Gazette des Tribunaux*.** Na verdade, esse recuo já está previsto no conceito do herói moderno que, fadado à decadência, dispensa o surgimento de qualquer poeta trágico para descrever a fatalidade dessa queda. Mas assim que vê seus direitos conquistados, a modernidade expira. Então será posta à prova. Após sua extinção, verificar-se-á se algum dia pode ou não tornar-se antiguidade.

Essa questão sempre esteve no espírito de Baudelaire. Ele experimentou a antiga pretensão à imortalidade como a de ser lido algum dia como autor antigo. "Que toda a modernidade mereça um dia se tornar antiguidade"[42] – assim descrevia a tarefa da arte de modo geral. Gustave Kahn assinala em Baudelaire, com muita propriedade, uma "rejeição à ocasião oferecida pela natureza do pretexto lírico".[43] A consciência daquela tarefa o fazia esquivo a ocasiões e aparências. Na época que lhe coube viver, nada lhe está mais próximo da "tarefa" do herói antigo, dos "trabalhos" de um Hércules, do que a que se impôs a si mesmo como a sua: dar forma à modernidade.

De todas as relações estabelecidas pela modernidade, a mais notável é a que tem com a antiguidade. Segundo Baudelaire, ela aparece na obra de Victor Hugo. "O destino levou-o... a transformar a ode antiga

---

*   Durante muito tempo, Baudelaire alimentou o propósito de escrever romances sobre esse ambiente. Em seu espólio encontraram-se rastros dessa intenção nos títulos: *Os Ensinamentos de um Monstro, O Mantenedor, A Mulher Desonesta.*

**   Três quartos de século mais tarde foi reavivado o confronto entre cáften e literato. Quando os escritores foram expulsos da Alemanha, ingressou na literatura alemã a legenda de Horst Wessel. (Horst Wessel foi membro do partido nazista desde 1926. Vítima de um atentado em janeiro de 1930, tornou-se uma espécie de herói graças ao canto *Horst-Wessel-Lied*, que se tornou o hino do partido).

e a tragédia antiga... até os poemas e dramas que dele conhecemos."[44] A modernidade assinala uma época; designa, ao mesmo tempo, a força que age nessa época e que a aproxima da antiguidade. A contragosto, e em casos contados, Baudelaire a atribui a Hugo. Wagner, ao contrário, lhe parece a emanação sem limites e sem falsificações dessa força. "Se Wagner, na escolha de seus temas e no seu proceder dramático, se aproxima da antiguidade, torna-se, graças à sua força de expressão apaixonada, o representante mais importante da modernidade."[45] A frase contém em essência a teoria de Baudelaire sobre a arte moderna. Segundo essa teoria, o exemplo da antiguidade se limita à construção; a substância e a inspiração são assuntos da modernidade. "Ai de quem estude na antiguidade outra coisa que não a arte pura, a lógica, o método geral. Se o seu mergulho na antiguidade for por demais profundo... então se despojará... dos privilégios que a ocasião lhe oferece."[46] E nas frases finais do ensaio sobre Guys diz-se: "Por toda a parte buscou a beleza transitória e fugaz de nossa vida presente. O leitor nos permitiu chamá-la de modernidade".[47] Em suma, a doutrina se apresenta assim: "No belo atuam conjuntamente um elemento eterno e imutável... e um elemento relativo e limitado. Este último... é fornecido pela época, pela moda, pela moral, pelas paixões. Sem esse segundo elemento... o primeiro não seria assimilável".[48] Não se pode dizer que isso vá fundo na questão.

A teoria da arte moderna é, na visão baudelairiana da modernidade, o ponto mais fraco. Essa visão apresenta os temas modernos; já a teoria da arte moderna deveria ter visado a um debate com a arte antiga. Baudelaire nunca tentou coisa semelhante. Sua teoria não superou a renúncia que, em sua obra, aparece como perda da natureza e da ingenuidade. Expressão da parcialidade da teoria é sua dependência de Poe, estendida até a formulação. Também o é sua orientação polêmica, a se destacar do fundo cinzento do historicismo, do alexandrismo acadêmico, que entrou em voga com Cousin e Villemain. Nenhuma das reflexões estéticas da teoria baudelairiana expõe a modernidade em sua interpenetração com a antiguidade como ocorre em certos trechos de *As Flores do Mal*.

À frente deles está o poema *O Cisne*. Não é à toa que se trata de um poema alegórico. Essa cidade tomada por constante movimentação se paralisa. Torna-se quebradiça como o vidro, mas, também como o vidro, transparente – ou seja, transparente em seu significado. "(De uma cidade a história/Depressa muda mais que um coração infiel.)"[49] A estatura de Paris é frágil; está cercada por símbolos da fragilidade. Símbolos de criaturas vivas (a negra e o cisne); e símbolos históricos (Andrômaca, "viúva de Heitor e... mulher de Heleno"). O traço comum aos dois é a desolação pelo que foi e a desesperança pelo que virá. Nessa debilidade, por último e mais profundamente, a modernidade se alia à antiguidade. Sempre que aparece em *As Flores do Mal,* Paris carrega essa marca. *O Crepúsculo Matinal* é o soluçar de alguém que desperta, soluçar este reproduzido na matéria de uma cidade; *O Sol* mostra a cidade puída como um pano velho à luz do Sol; o velho obreiro que resignado retoma a cada dia o seu instrumento de trabalho, pois, mesmo nessa idade avançada, as preocupações não o deixaram, é a alegoria da cidade, e "Les petites vieilles" são entre os habitantes da cidade os únicos espiritualizados. Que esses poemas tenham atravessado impunes os decênios se deve a uma reserva protetora, a reserva contra a cidade grande. Ela os diferencia de quase toda a poesia sobre a cidade grande que surgiu depois. Basta uma estrofe de Verhaeren para captar aquilo de que se trata aqui:

> "E que importam os males e as horas dementes
> E as cubas de vício onde a cidade fermenta
> Se algum dia, do fundo das brumas e dos véus
> Surgir um novo Cristo, em luz esculpido
> Que levante em sua direção a humanidade
> E a batize no fogo de novas estrelas."[50]

Baudelaire desconhece tais perspectivas. Sua ideia acerca da debilidade da cidade grande explica a permanência dos poemas que escreveu sobre Paris.

Também o poema *O Cisne* está dedicado a Victor Hugo, talvez um dos poucos cuja obra – assim parecia a Baudelaire – trazia à luz uma antiguidade nova. Tanto quanto se possa falar de uma fonte de inspiração em Victor Hugo, ela é fundamentalmente distinta da de Baudelaire. A Hugo é estranha a capacidade de atonia que – se for admissível um conceito biológico – se manifesta centenas de vezes na poesia de Baudelaire, como uma espécie de mímese da morte. Ao contrário, pode-se falar de uma predisposição ctônica de Hugo. Sem menção precisa, ela sobressai nas seguintes linhas de Charles Péguy, que indicam onde procurar as diferenças entre os conceitos de Hugo e de Baudelaire sobre a antiguidade. "Disto podemos estar seguros: quando Hugo via um mendigo na estrada... via-o como ele é, como é na realidade... na estrada antiga, o mendigo antigo, o suplicante antigo. Quando via o revestimento de mármore de uma de nossas chaminés, ou o ladrilhamento cimentado de uma de nossas chaminés modernas, então os via como eles são: ou seja, a pedra do lar, a pedra do lar antigo. Quando via a porta da casa e a soleira que normalmente é pedra talhada, reconhecia nessa pedra talhada a linha antiga: a linha do umbral sagrado, que é a mesma."[51] Não há comentário melhor para a seguinte passagem de Os Miseráveis: "As tavernas do subúrbio de Saint-Antoine se assemelham às tavernas do Aventino, erguidas sobre a gruta da sibila e associadas a sacras inspirações; as mesas dessas tavernas eram quase tripés, e Ênio fala do vinho sibilino que lá se tomava".[52] Dessa mesma concepção procede a obra onde aparece a primeira imagem de mesma concepção procede a obra na qual aparece a primeira imagem de *Triunfo*. A glorificação desse monumento arquitetônico parte da visão de um campo parisiense, uma "campina imensa", onde sobrevivem apenas três monumentos da cidade arruinada: a Sainte-Chapelle, a coluna Vendôme e o arco do Triunfo. O alto significado desse ciclo na obra de Victor Hugo corresponde à sua posição na formação de uma imagem de Paris do século XIX conforme à antiguidade. Sem dúvida Baudelaire conheceu esta obra, que data de 1837.

Já sete anos antes, o historiador Friedrich von Raumer anota em suas *Cartas de Paris e da França no Ano de 1830*: "Ontem olhei da torre de Notre-Dame essa imensa cidade; quem construiu a primeira casa? Quando desabará a última? E quando o solo de Paris se assemelhará ao de Tebas e ao da Babilônia?".[53] Hugo descreveu como será esse solo quando um dia "essa margem onde a água se quebra em sonoros arcos de ponte for restituída aos juncos murmurantes que se curvam"[54]:

> "Mas não, tudo estará morto. Nada mais nesta planície
> Além de um povo desvanecido que ainda a ocupa."[55]

Cem anos após Von Raumer, Léon Dausset lança o olhar sobre Paris a partir do Sacré-Coeur, outro ponto elevado da cidade. Em seus olhos se espelha a história da modernidade até o momento presente, numa contração horripilante: "Olha-se lá de cima para esse ajuntamento de palácios, monumentos, casas e barracos e se tem a sensação de que estão predestinados a uma ou mais catástrofes meteorológicas ou sociais... Passei horas em Fourvières com o olhar sobre Lyon, em Notre-Dame de la Garde com o olhar sobre Marselha, no Sacré-Coeur com o olhar sobre Paris... Dessas alturas, o que se torna mais claramente perceptível é a ameaça. As aglomerações humanas são ameaçadoras ... o ser humano precisa do trabalho, isto é certo, mas tem também outras necessidades, entre as quais a do suicídio, inserida nele e na sociedade que o forma, e mais forte que o seu instinto de preservação. Por isso fica-se admirado ao olhar desde o Sacré-Coeur, desde Fourvieres e Notre-Dame de la Garde e ver que Paris, Lyon e Marselha ainda existem".[56] Eis o rosto que recebeu no século XX a "paixão moderna", reconhecida por Baudelaire no suicídio.

A cidade de Paris ingressou neste século sob a forma que lhe foi dada por Haussmann. Ele realizou sua transformação da imagem da cidade com os meios mais modestos que se possa pensar: pás, enxadas, alavancas e coisas semelhantes. Que grau de destruição já não provocaram esses instrumentos limitados! E como cresceram, desde então, com as grandes cidades, os meios de arrasá-las! Que imagens do porvir já não evocam! Os trabalhos de Haussmann haviam chegado ao ponto culminante; bairros inteiros eram destruídos. Numa tarde do ano de 1862 encontrava-se Maxime du Camp sobre a Pont Neuf. Esperava os óculos não muito distante da loja do oculista. "O autor, no limiar da velhice, vivenciou um daqueles momentos em que o homem, refletindo sobre a vida passada, vê refletida em tudo a própria melancolia. A pequena redução de sua acuidade visual, de que o convencera a consulta ao oculista, trouxe-lhe à memória... a lei da inevitável caducidade de todas as coisas humanas. A ele, que viajara pelos confins do Oriente, que era versado em desertos, cuja areia era a poeira dos mortos, subitamente veio a ideia de que também a cidade rugindo à sua volta deveria morrer um dia como tantas capitais... morreram. Ocorreu-lhe quão extraordinário seria o nosso interesse hoje por uma descrição exata de Atenas no tempo de Péricles, de Cartago no tempo de Barca, de Alexandria no tempo dos Ptolomeus, de Roma no tempo dos Césares... Graças a uma inspiração fulminante, que às vezes nos fornece um tema fora do comum, concebeu o plano de escrever sobre Paris o livro que os historiadores da antiguidade não haviam escrito sobre as próprias cidades... A obra de sua idade madura apareceu diante de sua visão interior."[57] No poema de Hugo *Ao Arco do Triunfo* e na grande descrição técnico-administrativa que Du Camp fez de sua cidade, deve-se reconhecer a mesma inspiração decisiva para a ideia baudelairiana da modernidade.

Haussmann começou as obras em 1859. Sua necessidade já vinha sendo sentida há tempo, e projetos de lei lhe abriram o caminho. "Depois de 1848 – escreve Du Camp na obra mencionada – Paris estava ameaçada de se tornar inabitável. A constante expansão da rede ferroviária... acelerava o trânsito e o crescimento populacional da cidade. As pessoas sufocavam nas antigas ruelas estreitas, sujas e tortuosas, nas quais ficavam encurraladas, pois não viam saída."[58] No início da década de 1850, a população parisiense começou a aceitar a ideia de uma grande e inevitável expurgação da imagem urbana. Pode-se supor que, em seu período de incubação, essa limpeza fosse capaz de agir sobre uma fantasia significativa com tanta força, se não mais, quanto o espetáculo dos próprios trabalhos urbanísticos. "Os poetas são mais inspirados pelas imagens do que pela própria presença dos objetos",[59] diz Joubert. O mesmo é válido para os artistas. Aquilo que sabemos que, em breve, já não teremos diante de nós torna-se imagem. Provavelmente isso ocorreu com as ruas de Paris daquele tempo. De qualquer jeito, a obra cuja conexão subterrânea com a grande revolução de Paris é no mínimo indubitável ficou pronta anos antes de esta ser empreendida. Trata-se das vistas de Paris em água-forte de autoria de Meryon. Ninguém se impressionou tanto com elas quanto Baudelaire. Não era a visão arqueológica da catástrofe, base dos sonhos de Hugo, aquilo que realmente o movia. Para ele, a antiguidade deveria surgir de um só golpe de uma modernidade intacta, tal qual uma Atena da cabeça de um Zeus intacto. Meryon fez brotar a imagem antiga da cidade sem desprezar um paralelepípedo. Era essa visão da coisa à qual Baudelaire continuamente se entregara na ideia da modernidade. Admirava Meryon apaixonadamente.

Ambos tinham afinidades eletivas. Nasceram no mesmo ano; suas mortes estão separadas por meses apenas. Ambos morreram isolados e seriamente perturbados; Meryon como demente em Charenton; Baudelaire, afásico, numa clínica particular. A fama sobreveio a ambos tardiamente. Durante a vida, Meryon praticamente teve Baudelaire como único defensor.* Poucas coisas há nos textos em prosa de Baudelaire que possam rivalizar com o curto texto que escreveu sobre Meryon. Quando trata de Meryon, reverencia a modernidade, mas lhe homenageia o rosto

---

* No século XX, Meryon encontrou um biógrafo em Geffroy. Não é por acaso que a obra-prima desse autor seja uma biografia de Blanqui.

antigo. Porque também em Meryon se interpenetram a antiguidade e a modernidade; também em Meryon se manifesta inconfundivelmente a forma dessa superposição, que é a alegoria. Em suas gravuras, a legenda é importante. Se a loucura tem participação no texto, sua obscuridade apenas sublinha o "significado". Apesar de sua sutileza, os versos que Meryon pôs sob a vista da Pont Neuf estão, como interpretação, em íntima vizinhança com *O Esqueleto Lavrador*.

> "Aqui jaz da velha Pont-Neuf
> A exata aparência
> Toda reformada e nova
> Por prescrição recente.
> O sábios médicos,
> Hábeis cirurgiões,
> De nós por que não fazer
> Como com a ponte de pedra."[60] *

Geffroy acerta no centro da obra de Meryon, acerta também na sua afinidade com Baudelaire, mas acerta, sobretudo, na fidelidade da reprodução de Paris – que logo se converteria em um campo de ruínas –, quando tenta explicar a singularidade dessas gravuras em "que elas embora feitas imediatamente a partir da vida, dão impressão de vida já passada, já extinta ou prestes a morrer".[61] **

O texto de Baudelaire sobre Meryon dá a entender sub-repticiamente a significação dessa antiguidade parisiense: "Raramente vimos representada com maior força poética a solenidade natural de uma cidade grande: a majestade da pedra acumulada, as torres das igrejas cujos dedos apontam para o céu, os obeliscos da indústria despachando para o firmamento seus

---

* Meryon começou como oficial de marinha. Sua última água-forte representa o Ministério da Marinha na *Place de la Concorde*. Um séquito de cavalos, carruagens e delfins se lança a partir das nuvens sobre o ministério. Não faltam navios nem serpentes marítimas; algumas criaturas antropomorfas podem também ser vistas na multidão. Sem rodeios, Geffroy encontra o "significado" da gravura, sem se deter na forma da alegoria: "Seus sonhos se arrojam sobre esse prédio firme como uma fortaleza. Ali, durante sua juventude, quando se achava ainda em navegação de longo curso, foram registradas as datas de sua carreira oficial. E agora se despede dessa cidade, dessa casa, pelas quais sofreu tanto". (Gustave Geffroy, *Charles Meryon*, loc. cit., p. 161).

** O desejo de conservar o "rastro" tem a mais decisiva participação nessa arte. O título de Meryon para a sequência das gravuras mostra uma pedra rachada com os rastros impressos de plantas fósseis.

batalhões de fumaça,* os andaimes que paradoxalmente assentam sobre os blocos maciços das construções em reparo, sua estrutura cravejada e com a forma de teia de aranha, o céu nevoento e prenhe de cólera e rancor e as profundas perspectivas, cuja poesia reside nos dramas com que se lhe equipa o espírito – não é esquecido nenhum dos elementos complexos que compõem o doloroso e glorioso ornato da civilização".[62] Entre os projetos cujo fracasso devemos lamentar como perda está o do editor Delâtre, que contava publicar a série de Meryon acompanhada por textos de Baudelaire. Que esses textos não se escrevessem, deve-se ao trabalhador; ele não podia imaginar a tarefa de Baudelaire senão como um inventário das casas e dos arruamentos por ele reproduzidos. Se Baudelaire tivesse se dedicado a esse trabalho, então as palavras de Proust sobre "o papel das cidades antigas na obra de Baudelaire e a cor escarlate que por vezes transmitem à sua obra",[63] seriam hoje mais claras. Entre tais cidades, Roma ocupa para ele o primeiro lugar. Num artigo sobre Leconte de Lisle, confessa sua "natural predileção" por essa cidade. Provavelmente, deve essa predileção às paisagens de Piranesi, nas quais as ruínas não restauradas aparecem ainda junto da cidade moderna.

O soneto que figura como o trigésimo nono de *As Flores do Mal* começa assim:

> "Estes versos te dou para que, se algum dia,
> Feliz chegar meu nome às épocas futuras
> E lá fizer sonhar as humanas criaturas,
> Nau que um esplêndido aquilão ampara e guia,
> Tua memória, irmã das fábulas obscuras,
> Canse o leitor com pertinaz monotonia."[64]

Baudelaire quer ser lido como um escritor da antiguidade. Essa pretensão foi satisfeita espantosamente rápido. Pois o distante futuro, as "époques lointaines" de que fala o soneto chegaram; e tantos decênios após sua morte quantos Baudelaire imaginaria séculos. Decerto Paris ainda está de pé; e as grandes tendências do desenvolvimento social ainda são as mesmas. Porém o fato de terem permanecido estáveis torna mais frágil,

---

* Cf. a observação crítica de Pierre Hamp: "O artista... admira as colunas do templo babilônico e despreza a chaminé da fábrica". (Pierre Hamp, *La littérature, image de la societé*, in: *Encyclopédie française*, vol. 16, Paris, 1935, fasc. 16. 64-1.)

em sua experiência, tudo que estivera sob o signo do "verdadeiramente novo". A modernidade é o que fica menos parecida consigo mesma; e a antiguidade – que deveria estar nela inserida – apresenta, em realidade, a imagem do antiquado. "De novo encontramos Herculano sob as cinzas; uns poucos anos, porém, soterram os costumes de uma sociedade e o fazem melhor do que toda a lava dos vulcões."[65]

A antiguidade de Baudelaire é romana. Só num ponto a antiguidade grega sobressai em seu universo. A Grécia fornece-lhe a imagem da heroína que lhe parecia digna e capaz de ser transferida para a modernidade. Nomes gregos – Delfina e Hipólito – são dados às figuras femininas num dos maiores e mais famosos poemas de *As Flores do Mal*, dedicado ao amor lésbico. A lésbica é a heroína da modernidade. Nela um ideal erótico de Baudelaire – a mulher que evoca dureza e virilidade – se combina a um ideal histórico – o da grandeza do mundo antigo. Isso torna inconfundível a posição da mulher lésbica em *As Flores do Mal*. Explica como o título de *As lésbicas* esteve por muito tempo destinado a essa obra de Baudelaire. De resto, Baudelaire está muito longe de ter revelado a lésbica para a arte. Balzac já a conhecia em *A Menina dos Olhos de Ouro*; Gautier em *Senhorita Maupin*; Lelatouche em *A Fragoletta*; Baudelaire também a conheceu através de Delacroix; na crítica dos seus quadros, um tanto disfarçadamente, fala sobre uma "manifestação heroica da mulher moderna na direção do infernal".[66]

O tema se origina no sansimonismo que, em suas veleidades cultistas, com frequência valorizou a ideia do andrógino. Entre elas se arrola o templo que deveria luzir na "Cidade Nova" de Duveyrier.

Um adepto da escola faz a seguinte observação: "O templo deverá representar um andrógino, um homem e uma mulher... A mesma divisão deve ser prevista para a cidade inteira, para todo o reino e para toda a Terra: haverá o hemisfério do homem e o da mulher".[67] Quanto ao seu conteúdo antropológico, a utopia sansimoniana é mais assimilável na ordem de ideias de Claire Demar do que nessa arquitetura que não foi edificada. As presunçosas fantasias de Enfantin fizeram com que Claire Demar fosse esquecida. Contudo, o manifesto que ela nos deixou está mais próximo do cerne da teoria sansimoniana, isto é, da hipostatização da indústria como a força que move o mundo, do que o mito-Mãe de Enfantin. Também no texto de Demar se trata da mãe, mas com uma perspectiva essencialmente distinta das que eclodiram na França e levaram à sua busca no Oriente. Na literatura da época, amplamente variada no tocante ao futuro da mulher, esse texto se distingue pela força e paixão. Recebeu o título de *Minha Lei do Porvir*. Em seu capítulo final se lê: "Abaixo a maternidade! Abaixo a lei do sangue! Digo: abaixo a maternidade! Se algum dia a mulher se libertar do homem que lhe paga o preço do seu corpo... então deverá sua existência exclusivamente à sua própria criatividade. Para isso, deve dedicar-se a uma obra e cumprir uma função... Assim deveis, pois, vos decidir a transferir o recém-nascido de sua mãe natural para os braços da mãe social, para os braços da ama a ser empregada pelo Estado. Desse modo, a criança terá uma educação melhor... Só então, e não antes, o homem, a mulher e a criança se libertarão da lei do sangue, da lei da exploração da humanidade por si própria".[68]

Aqui se estampa em sua versão original a imagem da mulher heroica recolhida por Baudelaire. Sua modificação em lésbica não foi levada a cabo apenas pelos escritores, mas também no próprio círculo sansimoniano. Os testemunhos sobre o assunto por certo não encontraram o melhor tratamento junto aos cronistas dessa escola. Todavia possuímos a seguinte confissão curiosa de uma mulher partidária do sansimonismo: "Comecei a amar o meu próximo, tanto a mulher quanto o homem... Deixei para o homem sua força física e a espécie de inteligência que lhe é própria, mas, ao seu lado, coloquei como de igual valor a beleza física da mulher e os dons espirituais que lhe são próprios".[69] Soa como eco dessa confissão uma observação crítica de Baudelaire que dificilmente geraria equívocos. Refere-se à primeira heroína de Flaubert: "Pelo que tem de mais enérgico e pelos seus objetivos de extrema ambição, mas também pelos seus sonhos mais profundos, Madame Bovary... permaneceu sendo um homem. Como a Palas Atena surgida da cabeça de Zeus, esse extraordinário ser andrógino conserva todo o poder sedutor da alma masculina num encantador corpo feminino".[70] E mais adiante sobre o próprio Flaubert: "Todas as mulheres intelectuais lhe devem ser gratas por elevar a 'fêmea' a uma altura... onde ela participa da dupla natureza que constitui o ser humano perfeito: a aptidão para o cálculo e para o sonho".[71] De um só golpe, como sempre soube fazer, Baudelaire eleva a esposa do pequeno-burguês de Flaubert à condição de heroína.

Há na poesia de Baudelaire um número de fatos importantes, e mesmo evidentes, que passaram despercebidos. Entre eles, a orientação antagônica de ambos os poemas lésbicos que se seguem em *Marginália*.

Lesbos é um hino ao amor lésbico; *Delfina e Hipólita,* por outro lado, é, ainda que sempre vibrante de piedade, uma condenação dessa paixão:

> "De que valem as leis do que é justo ou injusto?
> Virgens de alma sutil, do Egeu orgulho eterno,
> O vosso credo, assim como os demais, é augusto,
> E o amor rirá tanto do Céu quanto do Inferno!"[72]

Assim diz o primeiro poema; o segundo porém:

> "Descei, descei, ó tristes vítimas sublimes,
> Descei por onde o fogo arde em clarões eternos!"[73]

Essa surpreendente discrepância se esclarece assim: como Baudelaire não via a mulher lésbica como um problema nem social nem de predisposição, poderíamos dizer que também não tinha, como com o prosador, nenhum posicionamento em relação a ela. Reservara-lhe um espaço na imagem da modernidade; na realidade não a reconhecia. Por isso escreve despreocupadamente: "Conhecemos a autora filantrópica... a poetisa republicana, a poetisa do futuro, seja partidária de Fourier ou de Saint-Simon* – e os nossos olhos nunca puderam se acostumar a esses modos compassados e repugnantes..., essas imitações da alma masculina".[74] Seria desacertado supor que tenha alguma vez ocorrido a Baudelaire intervir publicamente com seus poemas a favor da mulher lésbica. As propostas que fez ao seu advogado para a defesa no processo contra *As Flores do Mal* são uma prova disso. Para ele, a proscrição burguesa não deve estar separada da natureza heroica dessa paixão. O "descei, descei, ó tristes vítimas" são as derradeiras palavras que Baudelaire grita à mulher lésbica. Abandona-a à própria ruína. Não pode ser salva, porque a confusão em sua concepção baudelairiana é insolúvel.

O século XIX começou a empregar a mulher, sem reservas, no processo produtivo, fora do âmbito doméstico. Fazia-o preponderantemente do modo primitivo: colocava-a em fábricas. Assim, com o correr do tempo, traços masculinos surgiam, pois o trabalho febril os implicava, sobretudo os visivelmente enfeantes. Formas superiores de produção, inclusive da luta política como tal, podiam também favorecer traços masculinos,

---

*   Talvez seja uma alusão a *Minha Lei do Porvir*, de Claire Demar.

mas de uma forma mais nobre. Talvez se possa entender nesse sentido o movimento das Vesuvianas, que ofereceu à Revolução de Fevereiro uma corporação de mulheres. "Vesuvianas" – lê-se nos estatutos – "é como nos chamamos, significando isso que em cada mulher filiada a nós opera um vulcão revolucionário."[75] Nessa modificação da natureza feminina se revelaram tendências que puderam ocupar a fantasia de Baudelaire. Não seria surpreendente que sua profunda idiossincrasia à gravidez também participasse disso.* A masculização da mulher comprovava essa aversão. Baudelaire, portanto, aprovava o fenômeno. Ao mesmo tempo, porém, lhe importava desligá-lo da tutela da economia. Assim, conseguiu dar a essa direção evolutiva um acento puramente sexual. O que não pôde perdoar a George Sand foi talvez o fato de ela ter profanado os traços da lésbica com sua aventura com Musset.

A atrofia do elemento "prosaico" que se revela na atitude de Baudelaire em face da lésbica é também característica em outros textos e causava estranheza a observadores atentos. Em 1895 escreve Jules Lemaitre: "Estamos diante de uma obra cheia de artifícios e contradições preme-ditadas... No momento em que se compraz na mais crassa descrição dos detalhes mais aflitivos da realidade, também se espraia num espiri-tualismo que nos desvia da impressão imediata que as coisas produzem em nós... Para Baudelaire, a mulher vale como escrava ou animal, mas lhe dirige as mesmas homenagens que são prestadas à Virgem Maria... Amaldiçoa o 'progresso', abomina a indústria do século... e, no entanto, usufrui o toque especial que essa indústria trouxe a nossa vida diária... Creio que o especificamente baudelairiano consiste em unir sempre dois modos opostos de reação... poder-se-ia dizer: uma passada e uma presente. Uma obra-prima da vontade...; a última novidade no domínio da vida dos sentimentos".[76] Apresentar essa atitude como uma proeza da vontade estava na mente de Baudelaire. Mas seu reverso é uma falta de convicção, de discernimento, de perseverança. Uma mudança súbita, como de um choque, sujeitava Baudelaire em todas as suas emoções. Tanto mais atraente ele imaginava outro modo de viver, nos extremos, que se configura nos encantamentos de muitos de seus versos perfeitos; em alguns destes ela mesma se nomeia.

---

* Um fragmento de 1844 parece conclusivo. – Um conhecido desenho de pena que Baudelaire fez da amante mostra uma maneira de andar que muito se assemelha à da gravidez. Isso nada prova contra a sua idiossincrasia.

"Vê sobre os canais
Dormir junto aos cais
Barcos de humor vagabundo;
É para atender
Teu menor prazer
Que eles vêm do fim do mundo."[77]

Um ritmo acalentador caracteriza essa conhecida estrofe; seu movimento capta os navios atracados no canal. Ser acalentado entre os extremos, como é privilégio dos navios – eis o anseio de Baudelaire. A imagem dos navios surge quando se trata do ideal profundo, secreto e paradoxal de Baudelaire: ser levado, ser acolhido pela grandeza. "Esses belos e grandes navios que balouçam imperceptivelmente nas águas calmas, esses navios robustos que parecem tão nostálgicos e ociosos – será que não nos perguntam num linguajar mudo: 'Quando partimos para a felicidade?'"[78] Nesses navios se unem a indolência e a disposição para um extremo desdobramento de forças. Isso lhes confere uma significação secreta. Há uma constelação especial de circunstâncias onde, também no ser humano, se reúnem grandeza e indolência. Ela governa a existência de Baudelaire. Ele a decifrou, denominando-a "a modernidade". Quando se perde no espetáculo dos navios no ancoradouro, é para neles colher uma metáfora. O herói é tão forte, tão engenhoso, tão harmonioso, tão bem estruturado como esses navios. Para ele, contudo, o alto-mar acena em vão. Pois uma má estrela paira sobre sua vida. A modernidade se revela como sua fatalidade. Nela o herói não cabe; ela não tem emprego algum para esse tipo. Amarra-o para sempre a um porto seguro; abandona-o a uma eterna ociosidade. Nessa sua derradeira encarnação, o herói aparece como dândi. Quando nos deparamos com uma dessas figuras que, graças à sua energia e serenidade, são perfeitas em cada gesto, dizemos: "Aquele que lá vai talvez seja um rico, mas, com toda a certeza, nesse transeunte se esconde um Hércules para quem não há nenhum trabalho".[79] Age como se fosse levado pela própria grandeza. Assim se compreende a crença de Baudelaire de que sua *flânerie,* em certas horas, se revestisse da mesma dignidade que a tensão de sua força poética.

Para Baudelaire, o dândi se apresentava como descendente de grandes antepassados. O dandismo é para ele "o último brilho do heroico em tempos de decadência".[80] Agrada-lhe descobrir em Chateaubriand uma alusão a dândis índios – testemunho da antiga época de florescimento daquelas raças. Na verdade, é impossível desconhecer nos traços reunidos no dândi uma assinatura histórica bem definida. O dândi é uma criação dos ingleses, que eram líderes do comércio mundial. A rede de comércio que envolve o globo terrestre estava nas mãos dos especuladores da Bolsa de Londres; suas malhas percebiam as mais variadas, as mais repetidas, as mais insuspeitadas vibrações. O negociante tinha de reagir diante dessas vibrações, mas sem trair suas reações. O conflito que assim se gerava foi utilizado pelos dândis na própria encenação. Elaboraram o engenhoso treinamento necessário para dominar esse conflito. Aliaram a reação fulminante a atitudes e mímicas relaxadas e mesmo indolentes. O tique, por algum tempo considerado distinto, é, até certo modo, a representação desajeitada e subalterna do problema. Assim, a seguinte observação é muito significativa: "O rosto de um homem elegante deve sempre ter... alguma coisa de convulsivo e torcido. Pode-se, caso se queira, atribuir esses trejeitos a um satanismo natural".[81] Assim um frequentador de bulevares parisienses imaginava a figura do dândi londrino, assim ela se refletia fisionomicamente em Baudelaire. Seu amor pelo dandismo não foi feliz. Não tinha o dom de agradar, um elemento tão importante na arte de não agradar do dândi. Elevando à categoria de afetação o que nele, por natureza, devia parecer estranho, chegou assim ao mais profundo abandono, já que com seu crescente isolamento sua inacessibilidade também se tornou maior.

Baudelaire não encontrou, como Gautier, satisfação em sua época; nem como Leconte de Lisle pôde enganar-se com relação a ela. Para ele, o idealismo humanitário de um Lamartine ou de um Hugo não estava disponível; nem lhe foi dado, como a Verlaine, refugiar-se na devoção. Como não possuía nenhuma convicção, estava sempre assumindo novos personagens. *Flâneur,* apache, dândi e trapeiro, não passavam de papéis entre outros. Pois o herói moderno não é herói – apenas representa o papel do herói. A modernidade heroica se revela como uma tragédia em que o papel do herói está disponível. Indicou-o o próprio Baudelaire à margem de *Os Sete Velhos,* veladamente como numa nota.

> "Certa manhã, quando na rua triste e alheia,
> As casas, a esgueirar-se no úmido vapor,
> Simulavam dois cais de um rio em plena cheia,

E em que, cenário semelhante à alma do ator,
Uma névoa encardida enchia todo o espaço,
Eu ia, qual herói de nervos retesados,
A discutir com meu espírito ermo e lasso
Por vielas onde ecoavam carroções pesados."[82]

Cenário, ator e herói estão reunidos nessas estrofes de maneira inequívoca. Os contemporâneos não precisavam dessa indicação. Ao pintá-lo, Coubert reclama que a cada dia Baudelaire tem uma aparência diferente. E Champfleury lhe atribui o dom de dissimular a expressão do rosto como um fugitivo das galés.[83] Em seu maldoso necrológio, testemunha de perspicácia, Vallès chamou Baudelaire de cabotino.

Por detrás das máscaras que usava, o poeta em Baudelaire guardava o incógnito. O tanto que tinha de provocador no trato, tinha de prudente em sua obra. O incógnito é a lei de sua poesia. Sua versificação é comparável à planta de uma grande cidade, na qual alguém pode movimentar-se despercebido, encoberto por quarteirões de casas, portais, cocheiras e pátios. Nessa planta indicam-se às palavras seu lugar exato, como aos conspiradores antes da eclosão da revolta. Baudelaire conspira com a própria língua, calcula os seus efeitos passo a passo. Que sempre tenha evitado descobrir-se frente ao leitor atraiu os mais capazes. Gide observa um desacordo muito calculado entre imagem e objeto.[84] Rivière acentuou como Baudelaire parte da palavra distante, como a faz apresentar-se de leve enquanto a aproxima cautelosamente da coisa.[85] Lemaitre fala de formas constituídas de modo a impedir a erupção da paixão,[86] e Laforgue põe em relevo a metáfora baudelairiana que, por assim dizer, desmente a pessoa lírica e penetra no texto como desmancha-prazeres. "A noite se adensava igual a uma clausura" – "outros exemplos se acham em abundância",[87] acrescenta Laforgue.*

---

*   Exemplos dessa abundância:

"Furtamos ao acaso uma carícia esguia
Para espremê-la qual laranja que se enruga." (P. 101)
"Teu colo vitorioso é como um belo armário." (P. 231)
"Como um soluço à tona da sanguínea espuma,
A voz do galo ao longe espedaçava a bruma." (P. 373)
"A cabeça, com sua hostil crina sombria
    E as joias raras que a matizam,
Na mesa junto à cama, assim como um ranúnculo,
Repousa." (P. 393)

A separação das palavras em umas que pareciam adequadas a um uso elevado e em outras a serem excluídas do mesmo influía em toda a produção poética e valia, desde o início, para a tragédia não menos que para a poesia lírica. Nos primeiros decênios do século XIX essa convenção se manteve em vigor, sem contestação. Na apresentação de *El Cid*, de Lebrun, a palavra quarto suscitou um murmúrio desfavorável. *Otelo*, numa tradução de Alfred de Vigny, sofreu um abalo por causa da palavra lenço, de insuportável menção numa tragédia. Victor Hugo começara na poesia a nivelar a diferença entre as palavras da linguagem corrente e as da linguagem elevada. Sainte-Beuve procedera de modo semelhante. Em *Vida de Joseph Deelorme*, ele se explica: "Procurei ser original a meu modo, modestamente, aburguesadamente... Chamei as coisas da vida íntima pelo seu nome; mas a cabana esteve mais próxima de mim do que o boudoir".[88] Baudelaire ultrapassou tanto o jacobinismo linguístico de Victor Hugo quanto as liberdades bucólicas de Sainte-Beuve. Suas imagens são originais pela vileza dos objetos de comparação. Espreita o processo banal para aproximar o poético. Fala do "difuso terror dessas noites medonhas/Que o peito oprime como um papel que se amassa".[89] Esses ademanes linguísticos, típicos do artista em Baudelaire, só se tornam realmente significativos no alegórico. Conferem à sua alegoria o elemento desconcertante que a distingue das usuais. Lemercier foi o último a povoar o parnaso do império com essas alegorias ordinárias; assim fora alcançado o ponto mais baixo da poesia neoclássica. Baudelaire não ligou para isso. Usa alegorias abundantemente; mas através do ambiente linguístico para onde as transplanta, muda-lhes essencialmente o caráter. *As Flores do Mal* é o primeiro livro a usar na lírica palavras não só de proveniência prosaica, mas também urbana. Com isso, não evita expressões que, livres da pátina poética, saltam aos olhos pelo brilho do seu cunho. Usa termos como *quinquet* (candeeiro), *wagon*, *omnibus* e não se atemoriza diante de *bilan* (balanço), *réverbère* (lampião), *voirie* (lixeira). Assim se substitui o vocabulário lírico no qual, de súbito e sem nenhuma preparação, aparece uma alegoria. Se o espírito linguístico de Baudelaire pode ser apreendido em algum ponto, então é nessa brusca coincidência. Claudel a formulou de modo definitivo: "Baudelaire – disse uma vez – teria unido o estilo literário de Racine ao de um jornalista do Segundo Império". Nenhuma palavra de seu vocabulário está de antemão destinada à alegoria; recebe esse encargo caso a caso; segundo o assunto tratado, segundo o tema do momento, é espreitada, sitiada, ocupada. Nesse ataque surpresa que para ele se chama poesia, Baudelaire faz das alegorias suas confidentes. São as únicas a partilharem do segredo. Onde se mostre *la Mort* ou *le Souvenir, le Repentir* (o Arrependimento) ou *le Mal*, aí estão centros de estratégia poética. O aparecimento fulminante dessas incumbências, reconhecidas pela letra maiúscula e encontradas no meio de um texto que não repele o vocábulo mais banal, revela a mão de Baudelaire. Sua técnica é a do *putsch*.

Poucos anos após a morte de Baudelaire, Blanqui coroou sua carreira de conspirador com uma peça de mestre, digna de ser lembrada. Foi depois do assassinato de Victor Noir.[90] Blanqui queria ter uma visão de conjunto do efetivo de suas tropas. De vista conhecia em essência apenas os seus imediatos. Resta saber se todos entre os seus homens o conhece-ram. Entendeu-se com Granger, seu ajudante de ordens, que tomou as providências para uma revista dos blanquistas. Assim a descreve Geffroy: "Blanqui... saiu de casa armado, disse adeus às irmãs e ocupou seu posto nos *Champs-Elysées*. Segundo o ajuste com Granger, ali deveria acontecer o desfile das tropas, cujo misterioso general era ele, Blanqui. Conhecia os chefes e deveria agora ver passar atrás de cada um deles os respectivos comandados, em formações regulares e a passo militar. Tudo se passou conforme o combinado. Blanqui realizou sua inspeção sem que ninguém suspeitasse coisa alguma do estranho espetáculo. No meio da multidão a assistir como ele, o Velho, encostado a uma árvore, viu com atenção seus companheiros chegarem em colunas, se aproximarem mudos sob um murmúrio continuamente interrompido por aclamações".[91] A força que tornava possível algo como isso está conservada na palavra através da poesia de Baudelaire.

Ocasionalmente, Baudelaire quis também reconhecer a imagem do herói moderno no conspirador. "Basta de tragédias!" – escreveu durante as jornadas de Fevereiro em *Le Salut Public* – "Basta de história de Roma! Não seremos hoje maiores do que Brutus?"[92] Ser maior que Brutus significava naturalmente ser ainda menor. Pois quando Napoleão III chegou ao poder, Baudelaire nele não reconheceu o César. Nisto Blanqui lhe foi superior. Porém, mais profundas que a diversidade entre ambos eram suas afinidades – a teimosia e a impaciência, a força de indignação e a do ódio, e também a impotência, quinhão de ambos. Num trecho famoso, Baudelaire, com o coração leve, se despede "deste mundo onde o sonho e a ação vivem a sós".[93] Seu sonho não estava tão só como lhe parecia, a ação de Blanqui foi irmã do sonho de Baudelaire. Ambos se entrelaçam: são as mãos entrelaçadas sobre uma pedra debaixo da qual Napoleão III enterrara as esperanças dos combatentes de Junho.

Notas

1. II, p. 26.
2. II, p. 388.
3. II, p. 531.
4. Cit. Albert Thibaudet, *Intérieurs*, Paris, 1924, p. 15.
5. Cit. André Gide, *Baudelaire et M. Faguet*, in: *Nouvelle revue française*, tomo 4, 1.0 de novembro de 1910, p. 513.
6. Rémy de Gourmont, *Promenades littéraires*, 2ª série, Paris, 1906, p. 86.
7. Charles Baudelaire, *Mon coeur mis à nu et fusées. Journaux intimes*, prefácio de Gustave Kahn, Paris, 1909, p. 5.
8. No texto em francês de Baudelaire se lê *essuyant* (enxugando) e não *essayant* (ensaiando), conforme a tradução de Benjamin. (N. do T.)
9. II, p. 334.
10. Cit. Ernst Raynaud, loc. cit., p. 318.
11. P. 319.
12. I, pp. 405-6.
13. G. K. Chesterton, *Charles Dickens*, trad. Achille Laurent, Paris, 1927, p. 31.
14. Maxime Du Camp, *Souvenirs littéraires*, Paris, 1906, p. 65.
15. Programa de coalizão entre o partido operário social-democrata e a Associação geral dos trabalhadores alemães. Marx criticou suas tendências reformistas e nacionalistas. (N. do T.)
16. Karl Marx, *Randglossen zum Programm der Deutschen Arbeiterpartei*, Berlim, Leipzig, 1922, p. 22.
17. Charles Baudelaire, *Dernières lettres inédites à sa mère*, Paris, 1926, pp. 44-5.
18. Karl Marx, *Der achtzehnte Brumaire des Louis Bonaparte*, loc. cit., pp. 122-3.
19. Marcel Proust, *A propos de Baudelaire*, in: *Nouvelle revue française*, tomo 16, 1." de junho de 1921, p. 646.
20. Pp. 339 e 341.
21. "Os parques, bem no centro da cidade de pedra e de suas classes sociais, abrem um espaço no qual o sonho do citadino é levado por uma nostalgia mitológica, talvez a nostalgia de uma sociedade sem classes". (Cf. W. Benjamin, loc. cit., p. 264.) (N. do T.)
22. II, p. 408.
23. Honoré de Balzac, *L'illustre Gaudissart. Oeuvres completes*. Paris, 1901, p. 5.
24. P. 377.
25. II, p. 239.
26. II, pp. 133-4.
27. Por muito tempo se acreditou que Rousseau tivesse cometido suicídio; hoje se admite que tenha morrido de morte natural. (N. do T.)
28. Charles Benoist, *L'homme de 1848*. II. In: *Revue des deux mondes*, 84º ano, 6º período, tomo 19, 10 de fevereiro de 1914, p. 667.
29. Alfred Rethel (1789-1869), desenhista e gravador alemão. Provavelmente sob a influência da Revolução de 1848, deu início a uma série de gravuras intitulada *A Dança dos Mortos*. (N. do T.)
30. II, pp. 54-5.

31. Indivíduos que acompanhavam, com tocha ou archote, os enterros a pé.

32. II, p. 134.

33. II, p. 136.

34. F. T. Vischer, *Kritische Gange*, Stuttgart, 1861, p. 117.

35. P. 111.

36. F. T. Vischer, loc. cit., p. 111.

37. II, pp. 134-5.

38. Homem mau e perigoso, malfeitor, no linguajar parisiense.

39. Gabriel Bounoure, loc. cit., p. 40.

40. I, pp. 249-50.

41. P. 475.

42. II, p. 336.

43. Gustave Kahn, loc. cit., p. 15.

44. II, p. 580.

45. II, p. 508.

46. II. p. 337.

47. II, p. 363.

48. II, p. 326.

49. P. 327.

50. Emile Verhaeren, *Les Villes Tentaculaires*, Paris, 1904, p. 119.

51. Charles Péguy, *Oeuvres complètes*, obras em prosa, IV: *Notre jeunesse. Victor-Marie, comte Hugo*, Paris, 1916, pp. 388-9.

52. Victor Hugo, Oeuvres complètes, loc. cit., romance, vol. 8: *Les Misérables*, Paris, 1881, pp. 55-6. .

53. Friedrich Von Raumer, *Briefe aus Paris und Frankreich im Jahre 1830*, segunda parte, Leipzig, 1831, p. 127.

54. Victor Hugo, *Oeuvres complètes*, loc. cit., poesia, vol. 3, Paris, 1880, p. 234.

55. Id., ibid., p. 244.

56. Léon Daudet, *Paris vécu. Rive droite*, Paris, 1930, pp. 243-4.

57. Paul Bourget, *Discours académique du 13 juin 1895. Sucession à Maxime Du Camp*, Paris, 1921, vol. 2, pp. 191-3.

58. Maxime Du Camp, *Paris, ses organes, ses fonctions et sa vie dans la seconde moitié du XIX siècle*, Paris, 1886, vol. 6, p. 253.

59. Joseph Joubert, *Pensées*, Paris, 1869, vol. 2, p. 267.

60. Cit. Gustave Geffroy, *Charles Meryon*, Paris, 1926, p. 59.

61. Id., ibid., p. 3.

62. II, p. 293.

63. Marcel Proust, loc. cit., p. 656.

64. P. 201.

65. J.-A. Barbed D'Aurevilly, *Du dandysme et de G. Brummel*, Paris, 1887, p. 30.

66. II, p. 162.

67. Henry-René D'Allemagne, *Les Saint-Simoniens 1827-1837*, Paris, 1930, p. 310.

68. Claire Demar, *Ma loi d'avenir*, Paris, 1834, pp. 58-9.

69. Cit. Maillard, *La légende de la femme emancipée*, Paris, s/d, p. 65.

70. II, p. 445.

71. II, p. 448.

72. P. 501.

73. P. 511.

74. II, p. 534.
75. *Paris sous la République de 1848. Exposition de la Bibliothèque et des travaux historiques de la ville de Paris*, Paris, 1909, p. 28.
76. Jules Lemaître, loc. cit., pp. 28-31.
77. I, p. 67.
78. II, p. 630.
79. II, p. 352.
80. II, p. 351.
81. *Les Petits-Paris. Par les auteurs des Mémoires de Bilboquet*, Paris, 1854, vol. 10, p. 26.
82. P. 331.
83. Cf. Jules Husson, Champfleury, *Souvenirs et portraits de jeunesse*, Paris, 1872, p. 135.
84. Cf. André Gide, loc. cit., p. 512.
85. Cf. Jacques Rivière, *Etudes*, Paris, 1948, p. 15.
86. Cf. Jules Lemaêtre, loc. cit., p. 29.
87. Jules Laforgue, *Mélanges posthumes*, Paris, 1903, p. 113.
88. Charles-Augustin Sainte-Beuve. *Vie, poésies et pensées de Joseph Delorme*, loc. cit., p. 170.
89. I, p. 57.
90. Jornalista morto num duelo com o príncipe Pierre Bonaparte. O seu enterro – 1870 – ocasionou importante manifestação republicana.
91. Gustave Geffroy, L'enfermé, loc. cit., pp. 276-7.
92. Cito Eugène Crépet, loc. cit., p. 81.
93. I. p. 136

SOBRE ALGUNS TEMAS EM BAUDELAIRE

I

Baudelaire teve em mira leitores que se veem em dificuldades ante a leitura da poesia lírica. O poema introdutório de *As Flores do Mal* se dirige a esses leitores. Com sua força de vontade e, consequentemente, seu poder de concentração não se vai longe; esses leitores preferem os prazeres dos sentidos e estão afeitos ao *spleen* (melancolia), que anula o interesse e a receptividade. É surpreendente encontrar um poeta lírico que confie nesse público – de todos, o mais ingrato. É claro que existe uma explicação para isso: Baudelaire pretendia ser compreendido, por isso dedica seu livro àqueles que lhe são semelhantes. O poema dedicado ao leitor termina com a apóstrofe:

"– Hipócrita leitor, meu igual, meu irmão!"[1]

A fórmula se torna mais fecunda quando reestruturada, isto é: Baudelaire escreveu um livro que, *a priori,* tinha poucas perspectivas de êxito imediato junto ao público. Confiava no tipo de leitor descrito no poema introdutório. E aconteceu que esse cálculo se mostrou de grande alcance. O leitor, para quem havia se preparado, ser-lhe-ia oferecido pelo período seguinte. Que seja assim, que, em outras palavras, as condições de receptividade da poesia lírica se tenham tornado mais desfavoráveis, é demonstrado por três fatos, entre outros. Primeiro, porque o lírico deixou de ser considerado como poeta em si. Não é mais "o aedo", como Lamartine ainda o fora; adotou um gênero. (Veriaine nos dá um exemplo concreto desta especialização; Rimbaud, já esotérico, mantém o público, *ex officio,* afastado de sua obra.) Segundo, depois de Baudelaire, nunca mais houve um êxito em massa da poesia lírica. (A lírica de Victor Hugo encontrou ainda forte ressonância, por ocasião de sua publicação. Na Alemanha é o *Buch der Lieder*[2] que estabelece a linha divisória). Uma terceira circunstância, decorrente das duas primeiras: o público se tornara mais esquivo mesmo em relação à poesia lírica que lhe fora transmitida do passado. O período em questão pode ser fixado a partir do meio do século dezenove. Nesta mesma época se propagou, sem cessar, a fama de *As Flores do Mal.* O livro, que contara com leitores sem a mínima inclinação e que, inicialmente, encontrara bem poucos propensos a compreendê-lo, transformou-se, no decorrer das décadas, em um clássico, e foi também um dos mais editados.

Se as condições de receptividade de obras líricas se tornaram menos favoráveis, é natural supor que a poesia lírica, só excepcionalmente, mantém contato com a experiência do leitor. E isso poderia ser atribuído à mudança na estrutura dessa experiência. Talvez aprovemos esse ponto, mas só para ficarmos ainda mais embaraçados em caracterizar essa transformação. Diante disso voltamo-nos para a filosofia e aí nos deparamos com um fato singular. Desde o final do século passado, a filosofia vinha realizando uma série de tentativas para se apropriar da "verdadeira" experiência, em oposição àquela que se manifesta na vida normatizada, desnaturada das massas civilizadas. Costuma-se inscrever tais tentativas sob a rubrica de "filosofia de vida". E, naturalmente, elas não partiam da existência do homem na sociedade; invocavam a literatura, melhor ainda a natureza e, finalmente, a época mítica, de preferência. *Das Erlebnis und die Dichtung* (A Vivência e a Literatura), obra de Dilthey, é das primeiras de uma série que termina com Klages e Jung, este comprometido com o fascismo.[3] *Matière et Mémoire (Matéria e Memória),* uma das primeiras obras de Bergson, destaca-se desta literatura como um monumento imponente, mantendo, mais do que as outras, relações com a investigação científica. Orienta-se pela biologia. Seu título demonstra que a estrutura da memória é considerada como decisiva para a estrutura filosófica da experiência. Na verdade, a experiência é matéria da tradição, tanto na vida privada quanto na coletiva. Forma-se menos com dados isolados e rigorosamente fixados na memória, do que com dados acumulados, e com frequência inconscientes, que afluem à memória. Bergson não tem, por certo, qualquer intenção de especificar historicamente a memória.

Ao contrário, rejeita qualquer determinação histórica da experiência, evitando com isso, acima de tudo, se aproximar daquela experiência, da qual se originou sua própria filosofia, ou melhor, contra a qual ela foi remetida. É a experiência inóspita, ofuscante da época da industrialização em grande escala. Os olhos que se fecham diante desta experiência confrontam outra de natureza complementar na forma por assim dizer de sua reprodução espontânea. A filosofia de Bergson é uma tentativa de detalhar e fixar esta imagem reproduzida. Ela oferece assim indiretamente uma pista sobre a experiência que se apresenta aos olhos de Baudelaire, sem distorções, na figura de seu leitor.

II

Matière et Memoire define o caráter da experiência na *durée* (duração)[4] de tal maneira que o leitor se sente obrigado a concluir que apenas o escritor seria o sujeito adequado de tal experiência. E, de fato, foi também um escritor quem colocou à prova a teoria da experiência de Bergson. Pode-se considerar a obra de Proust, *Em Busca do Tempo Perdido,* como a tentativa de reproduzir artificialmente, sob as condições sociais atuais, a experiência tal como Bergson a imagina, pois cada vez se poderá ter menos esperanças de realizá-la por meios naturais.* Proust, aliás, não se furta ao debate desta questão em sua obra, introduzindo mesmo um elemento novo, que encerra uma crítica imanente a Bergson. Este não deixa de sublinhar o antagonismo existente entre a *vita activa* e a específica *vita contemplativa,* a qual se abre na memória. No entanto, sugere que o recurso à presentificação intuitiva do fluxo da vida seja uma questão de livre escolha. Já de início Proust identifica terminologicamente a sua opinião divergente. A memória pura – a *mémoire pure* – da teoria bergsoniana se transforma, em Proust, na *mémoire involontaire.* Ato contínuo, confronta esta memória involuntária com a voluntária, sujeita à tutela do intelecto. As primeiras páginas de sua grande obra se incumbem de esclarecer esta relação. Nas reflexões que introduzem o termo, Proust fala da forma precária como se apresentou em sua lembrança, durante muitos anos, a cidade de Combray, onde, afinal, havia transcorrido uma

---

* No ensaio freudiano, os conceitos de lembrança e memória não apresentam distinções semânticas relevantes para o presente contexto.

parte de sua infância. Até aquela tarde, em que o sabor da *madeleine* (espécie de bolo pequeno) o houvesse transportado de volta aos velhos tempos – sabor a que se reportará, então, frequentemente –, Proust estaria limitado àquilo que lhe proporcionava uma memória sujeita aos apelos da atenção. Esta seria a *mémoire volontaire*, a memória voluntária; e as informações sobre o passado, por ela transmitidas, não guardam nenhum traço dele. "E é isto que acontece com nosso passado. Em vão buscamos evocá-lo deliberadamente; todos os esforços de nossa inteligência são inúteis."[5] Por isso Proust não hesita em afirmar, concludentemente, que o passado encontrar-se-ia "em um objeto material qualquer, fora do âmbito da inteligência e de seu campo de ação. Em qual objeto, isso não sabemos. E é questão de sorte, se nos deparamos com ele antes de morrermos ou se jamais o encontramos".[6]

Segundo Proust, fica por conta do acaso se cada indivíduo adquire ou não uma imagem de si mesmo, se pode ou não se apossar da própria experiência. Não é de modo algum evidente esse depender do acaso. As inquietações de nossa vida interior não têm, por natureza, esse caráter irremediavelmente privado. Elas só o adquirem depois que se reduziram as chances dos fatos exteriores se integrarem à nossa experiência. Os jornais constituem um dos muitos indícios de tal redução. Se fosse intenção da imprensa fazer com que o leitor incorporasse à própria experiência as informações que lhe fornece, não alcançaria seu objetivo. Seu propósito, no entanto, é o oposto, e ela o atinge. Consiste em isolar os acontecimentos do âmbito no qual pudessem afetar a experiência do leitor.

Os princípios da informação jornalística (novidade, concisão, inteligibilidade e, sobretudo, falta de conexão entre uma notícia e outra) contribuem para esse resultado, do mesmo modo que a paginação e o estilo linguístico. (Karl Kraus não se cansou de demonstrar a que ponto o estilo jornalístico tolhe a imaginação dos leitores.) A exclusão da informação do âmbito da experiência se explica ainda pelo fato de que a primeira não se integra à "tradição". Os jornais são impressos em grandes tiragens. Nenhum leitor dispõe tão facilmente de algo que possa informar a outro.

Há uma rivalidade histórica entre as diversas formas da comunicação. Na substituição da antiga forma narrativa pela informação e da informação pela sensação reflete-se a crescente atrofia da experiência. Todas essas formas, por sua vez, se distinguem da narração, que é uma das mais antigas formas de comunicação. Esta não tem a pretensão de transmitir um acontecimento, pura e simplesmente (como a informação o faz); integra-o à vida do narrador, para passá-lo aos ouvintes como experiência. Nela ficam impressas as marcas do narrador como os vestígios das mãos do oleiro no vaso da argila.

Os oito volumes da obra de Proust nos dão ideia das medidas necessárias à restauração da figura do narrador para a atualidade. Proust empreendeu a missão com extraordinária coerência, deparando-se, desde o início, com uma tarefa elementar: fazer a narração da própria infância. Mensurou toda a dificuldade da tarefa ao apresentar, como questão do acaso, o fato de poder ou não realizá-la. No contexto destas reflexões forja o termo *mémoire involontaire*. Esse conceito traz as marcas da situação em que foi criado e pertence ao inventário do indivíduo multifariamente isolado. Onde há experiência no sentido estrito do termo, entram em conjunção, na memória, certos conteúdos do passado individual com outros do passado coletivo. Os cultos, com seus cerimoniais, suas festas (que, possivelmente, em parte alguma da obra de Proust foram mencionados), produziam reiteradamente a fusão desses dois elementos da memória. Provocavam a rememoração em determinados momentos e davam-lhe pretexto de se reproduzir durante toda a vida. As recordações voluntárias e involuntárias perdem, assim, sua exclusividade recíproca.

III

Na busca de uma definição mais concreta do que parece ser um subproduto da teoria bergsoniana no conceito proustiano de *memória da inteligência*, é aconselhável se reportar a Freud. Em 1921 surgiu o ensaio *Além do Princípio do Prazer*, onde Freud estabelece uma correlação entre a memória (na acepção de *mémoire involontaire)* e o consciente. Esta correlação tem a forma de uma hipótese. As seguintes considerações, nela baseadas, não têm a pretensão de demonstrá-la. Terão que se restringir à comprovação de sua fecundidade para fatos distantes daqueles que Freud tinha em mente ao formulá-la. É mais provável que seus discípulos tenham se deparado com tais fatos. As reflexões, nas quais Reik desenvolve sua teoria da memória, em parte movem-se justamente na linha da diferenciação proustiana entre as lembranças voluntária e involuntária. "A função da memória – prescreve Reik – consiste em proteger as impressões; a lembrança tende a desagregá-las. A memória é essencialmente conservadora; a lembrança é destrutiva."[7]A proposição fundamental de Freud, subjacente a essas explanações, é formulada pela suposição segundo a qual "o consciente surge no lugar de uma impressão mnemônica."[8] O consciente "se caracterizaria, portanto, por uma particularidade: o processo estimulador não deixa nele qualquer modificação duradoura de seus elementos, como acontece em todos os outros sistemas psíquicos, porém como que se esfumaça no fenômeno da conscientização".[9] O axioma desta hipótese é "que a conscientização e a permanência de um traço mnemônico são incompatíveis entre si para um mesmo sistema".[10] Resíduos mnemônicos são, por sua vez, "frequentemente mais intensos e duradouros, se o processo que os imprime jamais chega ao consciente".[11] Traduzido em termos proustianos: só pode se tornar componente da *mémoire involontaire* aquilo que não foi expressa e conscientemente "vivenciado", aquilo que não sucedeu ao sujeito como "vivência".[12] Segundo Freud, a função de acumular "traços permanentes como fundamento da memória" em processos estimuladores está reservada a "outros sistemas", que devem ser entendidos como diversos da consciência.* Ainda segundo Freud, o consciente como tal não registraria absolutamente nenhum traço mnemônico. Teria, isto sim, outra função importante, a de agir como proteção contra estímulos. "Para o organismo vivo, proteger-se contra os estímulos é uma função quase mais importante do que recebê-los; o organismo está dotado de reservas de energia próprias e, acima de tudo, deve estar empenhado em preservar as formas específicas de conversão de energia nele operantes contra a influência uniformizante e, por conseguinte, destrutiva das imensas energias ativas no exterior."[13] A ameaça destas energias se faz sentir através de choques. Quanto mais corrente se tornar o registro desses choques no consciente, tanto menos se deverá esperar deles um efeito traumático. A teoria psicanalítica procura "entender..." a natureza

---

* Proust trata desses "outros sistemas" de maneiras diversas, representando-os, de preferência, por meio dos membros do corpo humano, falando incansavelmente das imagens mnemônicas neles contidas e de como, repentinamente, elas penetram no consciente independentemente de qualquer sinal deste, desde que uma coxa, um braço ou uma omoplata assuma involuntariamente, na cama, uma posição, tal como o fizeram uma vez no passado. A *mémoire involontaire* dos membros do corpo é um dos temas favoritos de Proust. (Cf. Proust, *A la recherche du temps perdu,* tomo I: Du coté de chez Swann, id., ib., 610, I, p. 15.)

do choque traumático "... a partir do rompimento da proteção contra o estímulo". Segundo esta teoria, o sobressalto tem "seu significado" na "falta de predisposição para a angústia".[14]

A investigação de Freud foi ocasionada por um sonho típico dos neuróticos traumáticos, sonho este que reproduz a catástrofe que os atingiu. Segundo Freud, sonhos dessa natureza "procuram recuperar o domínio sobre o estímulo, desenvolvendo a angústia cuja omissão se tornou a causa da neurose traumática".[15] Valéry parece ter em mente algo semelhante. E a coincidência merece registro, pois Valéry é dos que se interessam pela forma especial de funcionamento dos mecanismos psíquicos sob as condições atuais de existência. (Esse interesse, aliás, ele conseguiu conciliar com sua produção poética, que permaneceu puramente lírica. Desta forma, constituiu-se no único autor que se reporta diretamente a Baudelaire.) "Consideradas a rigor – escreve Valéry – as impressões e as sensações humanas pertencem à categoria das surpresas; são o testemunho de uma insuficiência do ser humano... A lembrança é... um fenômeno elementar que pretende nos conceder tempo para organizar" a recepção do estímulo – tempo "que nos faltou inicialmente."[16] A recepção do choque é atenuada por meio de um treinamento no controle dos estímulos, para o qual tanto o sonho quanto a lembrança podem ser empregados, em caso de necessidade. Via de regra, no entanto, esse treinamento – assim supõe Freud – cabe ao consciente desperto, que teria sua sede em uma camada do córtex cerebral, a tal ponto queimada pela ação dos estímulos que proporcionaria "à sua recepção as condições adequadas".[17] O fato de o choque ser assim amortecido e aparado pelo consciente emprestaria ao evento que o provoca o caráter de experiência vivida em sentido restrito. E, incorporando imediatamente esse evento ao acervo das lembranças conscientes, o tornaria estéril para a experiência poética.

Surge uma interrogação: de que modo a poesia lírica poderia estar fundamentada em uma experiência, para a qual o choque se tornou a norma? Uma poesia assim permitiria supor um alto grau de conscientização; evocaria a ideia de um plano atuante em sua composição. Este é, sem dúvida, o caso da poesia de Baudelaire, vinculando-o, entre os seus predecessores, a Poe e, entre os seus sucessores, novamente a Valéry. As considerações feitas por Proust e Valéry sobre Baudelaire se complementam de forma providencial. Proust escreveu um ensaio sobre Baudelaire, já superado em seu alcance, por certas reflexões em seus romances. Em *Situation de Baudelaire (Situação de Baudelaire),* Valéry forneceu a clássica introdução a *As Flores do Mal,* ao escrever: "O problema deve ter-se apresentado a Baudelaire da seguinte forma – tornar-se um grande poeta, sem se tornar um Lamartine, nem um Hugo, nem um Musset. Não estou afirmando que esse propósito fosse consciente em Baudelaire; mas deveria estar presente nele, necessariamente, ou melhor, esse propósito era, na verdade, o próprio Baudelaire. Era a sua razão de Estado".[18] Causa estranheza falar de razão de Estado, com relação a um poeta. Mas implica algo notável: a emancipação com respeito às vivências. A produção poética de Baudelaire está associada a uma missão. Ele entreviu espaços vazios nos quais inseriu sua poesia. Sua obra não só se permite caracterizar como histórica, da mesma forma que qualquer outra, mas também pretendia ser e se entendia como tal.

IV

Quanto maior é a participação do fator do choque em cada uma das impressões, tanto mais constante deve ser a presença do consciente no interesse em proteger contra os estímulos; quanto maior for o êxito com que ele operar, tanto menos essas impressões serão incorporadas à experiência, e tanto mais corresponderão ao conceito de vivência. Afinal, talvez seja possível ver o desempenho característico da resistência ao choque na sua função de indicar ao acontecimento, às custas da integridade de seu conteúdo, uma posição cronológica exata na consciência. Este seria o desempenho máximo da reflexão, que faria do incidente uma vivência. Se não houvesse reflexão, o sobressalto agradável ou (na maioria das vezes) desagradável produzir-se-ia invariavelmente, sobressalto que, segundo Freud, sanciona a falha da resistência ao choque. Baudelaire fixou esta constatação na imagem crua de um duelo, em que o artista, antes de ser vencido, lança um grito de susto.[19] Esse duelo é o próprio processo de criação. Assim, Baudelaire inseriu a experiência do choque no âmago de seu trabalho artístico. Esse depoimento sobre si mesmo, confirmado por declarações de muitos contemporâneos, é da maior importância. Tomado pelo susto, Baudelaire não está longe de suscitá-lo ele próprio. Valles fala de seus gestos excêntricos;[20] baseado em um retrato feito por Nargeot, Pontmartin afirma ser a sua fisionomia confiscada; Claudel enfatiza o tom de voz cortante que utilizava em conversa; Gautier fala das "cesuras" e de como Baudelaire gostava de utilizá-las ao declamar;[21] Nadar descreve o seu andar abrupto.[22]

A psiquiatria registra tipos traumatófilos. Baudelaire abraçou como sua causa aparar os choques, de onde quer que proviessem, com o seu ser espiritual e físico. A esgrima representa a imagem dessa resistência ao choque. Quando descreve seu amigo Constantin Guys, visita-o na hora em que Paris está dormindo: "Ei-lo curvado sobre a mesa, fitando a folha com a mesma acuidade com que, durante o dia, espreita as coisas à sua volta; esgrimindo com seu lápis, sua pena, seu pincel; deixando a água do seu corpo respingar o teto e ensaiando a pena em sua camisa;[23] perseguindo o trabalho, rápido e impetuoso, como se temesse que as imagens lhe fugissem e assim ele luta, mesmo sozinho, e apara os próprios golpes."[24] Envolvido nessa estranha esgrima, Baudelaire se retratou na estrofe inicial do poema O *Sol;* talvez a única passagem de *As Flores do Mal* que o mostra no trabalho poético.

> "Ao longo dos subúrbios, onde nos pardieiros
> Persianas acobertam beijos sorrateiros,
> Quando o impiedoso sol arroja seus punhais
> Sobre a cidade e o campo, os tetos e os trigais,
> Exercerei a sós a minha estranha esgrima,
> Buscando em cada canto os acasos da rima,
> Tropeçando em palavras como nas calçadas,
> Topando imagens desde há muito já sonhadas."[25]

A experiência do choque é uma das que se tornaram determinantes para a estrutura de Baudelaire. Gide trata das intermitências entre a imagem e a ideia, a palavra e o objeto, nas quais a emoção poética de Baudelaire encontraria sua verdadeira sede.[26] Rivière aludiu aos golpes subterrâneos, que abalam o verso baudelairiano. É como se uma palavra se desmoronasse sobre si mesma. Rivière assinalou tais palavras cambaleantes[27]:

> "Et qui sait ces fleurs nouvelles que je rêve
> Trouveront dans ce sol lavé comme une grève
> Le mystique aliment qui *ferait* leur vigueur?"
> ("E quem sabe se as flores que meu sonho ensaia

Não achem nessa gleba aguada como praia
O místico alimento que as fará radiosas?"[28]

Ou ainda:

"Cybèle, qui les aime, *augmente ses verdures.*"
("Cibele, que os adora, o verde faz crescer").[29]

Necessário acrescentar ainda o célebre início do poema:

"La servante au grand coeur dont vous étiez *jalousie.*"
("À ama bondosa de quem tinhas tanto *ciúme*").[30]

Fazer justiça a essas leis ocultas, também fora da poesia – eis o propósito a que Baudelaire se entregou em O *Spleen de Paris,* seus poemas em prosa. Na dedicatória da coletânea a Arsene Houssaye, redator-chefe da *Presse,* ele diz: "Quem dentre nós já não terá sonhado, em dias de ambição, com a maravilha de uma prosa poética? Deveria ser musical, mas sem ritmo ou rima, bastante flexível e resistente para se adaptar às emoções líricas da alma, às ondulações do devaneio, aos choques da consciência. Esse ideal, que se pode tornar ideia fixa, se apossará, sobretudo, daquele que, nas cidades gigantescas, está afeito à tramas de suas inúmeras relações entrecortantes".[31]

A passagem sugere uma dupla constatação. Primeiro nos informa sobre a íntima relação existente em Baudelaire entre a imagem do choque e o contato com as massas urbanas. Além disso, informa o que devemos entender propriamente por tais massas. Não se pode pensar em nenhuma classe, em nenhuma forma de coletivo estruturado. Não se trata de outra coisa senão de uma multidão amorfa de passantes, de simples pessoas nas ruas.* Esta multidão, cuja existência Baudelaire jamais esquece, não foi tomada como modelo para nenhuma de suas obras, mas está impressa em seu processo de criação como uma imagem oculta, da mesma forma que também a representa a imagem oculta do fragmento citado acima. Nela, a imagem do esgrimista pode ser decifrada: os golpes

---

* Emprestar uma alma a esta multidão é o desejo mais íntimo do *flâneur.* Os encontros com ela são para ele a vivência que nunca se cansa de narrar. Certos reflexos dessa ilusão não podem ser abstraídos da obra de Baudelaire – uma ilusão que, de resto, continua atuando até hoje. O unanimismo de Jules Romain é um de seus mais admirados frutos tardios.

que desfere destinam-se a abrir-lhe o caminho através da multidão. É verdade que os subúrbios, através dos quais o poeta de *O Sol* segue abrindo seu caminho, estão desertos. Mas a secreta constelação (onde a beleza da estrofe torna-se transparente até o seu recôndito) deveria ser assim apreendida: é a multidão fantasma das palavras, dos fragmentos, dos inícios de versos com que o poeta, nas ruas abandonadas, trava o combate pela presa poética.

V

A multidão – nenhum tema se impôs com maior autoridade aos literatos do século XIX – começava a se articular como público em amplas camadas sociais, nas quais a leitura havia se tornado hábito. Tornou-se co-mitente, pretendendo se reconhecer no romance contemporâneo, como os mecenas nas pinturas da Idade Média. O autor de maior êxito do século acedeu a esta exigência por imposição íntima. Multidão significava para ele a multidão de clientes, do público, quase no sentido da antiguidade clássica. Hugo é o primeiro a dirigir-se à multidão, em títulos como: *Os Miseráveis, Os Trabalhadores do Mar*. E foi o único, na França, que podia competir com o romance de folhetim. O mestre nesse gênero, que começava a se tornar fonte de uma espécie de revelação para o pequeno burguês, foi, como se sabe, Eugene Sue. Foi eleito em 1850, por grande maioria, para o Parlamento, como representante da cidade de Paris. Não foi, portanto, por acaso, que o jovem Marx encontrou ocasião para censurar severamente os *Mistérios de Paris*. Desde cedo, Marx tinha, como sua missão, extrair daquela massa amorfa, na época bajulada por um socialismo literário, a massa férrea do proletariado. Por essa razão, a descrição que Engels faz desta massa em suas primeiras obras prenuncia, ainda que timidamente, um dos temas marxistas. Na *Situação da Classe Operária na Inglaterra* encontra-se: "Uma cidade como Londres, onde se pode vagar horas a fio sem se chegar sequer ao início do fim, sem se encontrar com o mais ínfimo sinal que permita inferir a proximidade do campo, é algo realmente singular. Essa concentração colossal, esse amontoado de dois milhões e meio de seres humanos num único ponto, centuplicou a força desses dois milhões e meio... Mas os sacrifícios... que isso custou só mais tarde se descobre. Quando se vagou alguns dias pelas calçadas das ruas principais... só então se percebe que esses londrinos tiveram de sacrificar a melhor parte de sua humanidade para realizar todos os prodígios da civilização, com que fervilha sua cidade; que centenas de forças, neles adormecidas, permaneceram inativas, e foram reprimidas... O próprio tumulto das ruas tem algo de repugnante, algo que revolta a natureza humana. Essas centenas de milhares de todas as classes e situações, que se empurram umas às outras, não são todos seres humanos com as mesmas qualidades e aptidões, e com o mesmo interesse em serem felizes?... E no entanto, passam correndo uns pelos outros, como se não tivessem absolutamente nada em comum, nada a ver uns com os outros; e, no entanto, o único acordo tácito entre eles é o de que cada um conserve o lado da calçada à sua direita, para que ambas as correntes da multidão, de sentidos opostos, não se detenham mutuamente; e, no entanto, não ocorre a ninguém conceder ao outro um olhar sequer. Essa indiferença brutal, esse isolamento insensível de cada indivíduo em seus interesses privados, avultam tanto mais repugnantes e ofensivos quanto mais esses indivíduos se comprimem num espaço exíguo".[32]

Essa descrição é notavelmente diversa daquela encontrada nas obras do gênero dos pequenos mestres franceses – um Gozlan, um Delvau ou um Lurine. Faltam-lhe a desenvoltura e a graça com que se move o *flâneur* em meio à multidão e que o folhetinista, zelosamente, apreende com ele. Para Engels, a multidão possui algo de espantoso, suscitando nele uma reação moral; paralelamente, também entra em jogo uma reação estética; a velocidade com que os transeuntes passam precipitados o afeta de forma desagradável. O incorruptível hábito crítico se funde com o tom antiquado e constitui o encanto de suas descrições. O autor provém de uma Alemanha ainda provinciana; talvez não tenha confrontado jamais a tentação de se perder em uma torrente humana. Quando, pouco antes de sua morte, Hegel chegou pela primeira vez a Paris, escreveu à sua mulher: "Quando ando pelas ruas, as pessoas se parecem com as de Berlim – todas vestidas igual, os rostos mais ou menos os mesmos –, a mesma cena, porém numa massa populosa".[33] Mover-se em meio a essa massa era algo natural para o parisiense. Não importa qual fosse a distância que ele, por sua vez, exigisse e mantivesse desta massa, o fato é que ficou marcado por ela; não pôde, como Engels, observá-la de fora. No que diz respeito a Baudelaire, a massa lhe é algo tão pouco exterior que nos permite seguir de perto, em sua obra, o modo como ele resiste ao seu envolvimento e à sua atração.

Em Baudelaire, a massa é de tal forma intrínseca que em vão buscamos nele a sua descrição. Assim, seus mais importantes temas quase nunca são encontrados sob a forma descritiva. Como Desjardins declara com argúcia, a ele "interessa mais imprimir a imagem na memória, do que enfeitá-la e cobri-la".[34] Em vão procurar-se-á, tanto em *As Flores do Mal*, como em *O Spleen de Paris*, um tema equivalente aos afrescos urbanos, em que Victor Hugo era mestre. Baudelaire não descreve nem a população nem a cidade. Ao abrir mão de tais descrições colocou-se em condições de evocar uma na imagem da outra. Sua multidão é sempre a da cidade grande; a sua Paris é invariavelmente superpovoada. Isto é o que o faz bem superior a Barbier, para quem as massas e a cidade se dissociam, por ser o seu um método descritivo.* Nos *Quadros Parisienses* é possível demonstrar, em quase toda parte, a presença secreta da massa. Quando Baudelaire escolhe por tema a alvorada, há nas ruas desertas qualquer coisa do "burburinho silencioso", que Hugo pressente na Paris noturna. Mal o olhar de Baudelaire cai sobre as pranchas dos atlas de anatomia expostos à venda sobre os cais empoeirados do Sena, e já, sobre essas folhas, a massa dos defuntos toma imperceptivelmente o lugar onde antes se viam esqueletos dispersos. Uma massa compacta avança nas imagens

---

* Típico do método de Barbier é o seu poema *Londres*, que descreve a cidade em vinte e quatro linhas, para concluir desajeitadamente com os seguintes versos:

"Enfim, um amontoado de coisas, sombrio, imenso,
Um povo negro, vivendo e morrendo em silêncio.
Seres aos milhares seguindo o instinto fatal,
E correndo atrás do ouro, para o bem e para o mal."

(Auguste Barbier, *Jambes et poèmes*, Paris, 1841, p. 193s.) – Baudelaire foi profundamente influenciado pelos "poemas tendenciosos" de Barbier, em especial pelo ciclo londrino *Lazare* mais do que se quer admitir. O final de *O Crepúsculo Vespertino* baudelairiano diz o seguinte:

"... eles terminam
Seus destinos no horror de um abismo comum;
Seus suspiros inundam o hospital; mais de um
Não mais virá buscar a sopa perfumada,
Junto ao fogo, à tarde, ao pé da bem-amada."

Compare-se este com o final da oitava estrofe de *Mineiros de Newcastle*, de Barbier:

"E mais de um que sonhava no fundo de sua alma
Com as doçuras do lar, com o olho azul de sua mulher.
Encontra no ventre do abismo um túmulo eterno."

(Barbier, op. cit., p. 204s.) – Com alguns poucos retoques magistrais Baudelaire transforma *A Sina do Mineiro* no final banal do homem das metrópoles.

da *Dança Macabra*. Destacar-se desta grande massa com o passo que não pode manter o ritmo, com pensamentos que nada mais sabem do presente – eis o heroísmo das mulheres engelhadas, que o ciclo *As Velhinhas* acompanha em sua caminhada. A massa era o véu agitado através do qual Baudelaire via Paris.* Sua presença caracteriza um dos poemas mais célebres de *As Flores do Mal*.

Nenhuma expressão, nenhuma palavra designa a multidão no soneto *A uma Passante*. No entanto, o seu desenvolvimento repulsa inteiramente nela, do mesmo modo como o curso do veleiro depende do vento.

> "A rua em torno era um frenético alarido.
> Toda de luto, alta e sutil, dor majestosa,
> Uma mulher passou, com sua mão suntuosa
> Erguendo e sacudindo a barra do vestido.
>
> Pernas de estátua, era-lhe a imagem nobre e fina.
> Qual bizarro basbaque, afoito eu lhe bebia
> No olhar, céu lívido onde aflora a ventania,
> A doçura que envolve e o prazer que assassina.
>
> Que luz... e a noite após! – Efêmera beldade
> Cujos olhos me fazem nascer outra vez,
> Não mais hei de te ver senão na eternidade?
> Longe daqui! Tarde demais! *Nunca* talvez!
>
> Pois de ti já me fui, de mim tu já fugiste,
> Tu que eu teria amado, ó tu que bem o viste!"[35]

Envolta no véu de viúva, misteriosa em seu ar taciturno ao ser arrastada pela multidão, uma desconhecida cruza o olhar do poeta. O que o soneto nos dá a entender é captado em uma frase: a visão que fascina o habitante da cidade grande – longe de ele ter na multidão apenas uma rival, apenas um elemento hostil – lhe é trazida pela própria multidão. O encanto desse habitante da metrópole é um amor não tanto à primeira quanto à última vista. É uma despedida para sempre, que coincide, no

---

* A fantasmagoria, onde aquele que espera passa o tempo; a Veneza construída de galeria, que o 2º Império simula aos parisienses como sonho, transporta em seu painel de mosaicos só uns poucos. E por isso galerias não aparecem na obra de Baudelaire.

poema, com o momento do fascínio. Assim, o soneto apresenta a imagem de um choque, quase mesmo a de uma catástrofe. Porém, capturando o sujeito, ela atingiu também o âmago de seu sentimento. Aquilo que contrai o corpo em um espasmo – qual bizarro basbaque – não é a beatitude daquele que é invadido por Eros, em todos os recônditos do seu ser; é, antes, a perplexidade sexual que pode acometer um solitário. Dizer que esses versos "só puderam acontecer numa cidade grande",[36] como julgou Thibaudet, não quer dizer muito. Afinal, eles revelam os estigmas infligidos ao amor pela vida numa cidade grande. Não foi de outra forma que Proust interpretou o soneto e, por isso mesmo, mais tarde deu à imagem da mulher de luto, que lhe surgiu um dia na pessoa de Albertine, o nome significativo de "A Parisiense". "Quando Albertine voltou ao meu quarto, usava um vestido negro de cetim que a empalidecia; e assim se assemelhava ao tipo ardente e, no entanto, pálido da parisiense, da mulher que, desafeita ao ar livre, enfraquecida por seu modo de vida em meio às massas e, talvez, até por influência do vício, pode ser reconhecida por um certo olhar nas faces sem pintura que causa uma sensação de inquietação."[37] Em Proust, ainda, é assim o olhar do objeto de um amor como só o habitante das grandes cidades experimenta na forma em que Baudelaire o captou para a poesia, e desse amor, não raramente, se poderá dizer que frustraram a sua realização, mais do que a negaram.*

VI

Entre as concepções mais antigas do tema da multidão, pode-se considerar clássico um conto de Poe, traduzido por Baudelaire. Ele revela alguns traços notáveis, e basta apenas segui-los para encontrar instâncias sociais tão poderosas, tão ocultas, que poderiam ser incluídas entre as únicas capazes de exercer, por meios vários, uma influência tão profunda quanto sutil sobre a criação artística. A peça é intitulada

---

* O tema do amor à mulher que passa é tratado num dos primeiros poemas de George. O decisivo, porém, lhe escapou: a corrente, na qual a mulher voga, levada pela multidão. Chega-se assim a uma tímida elegia. Os olhares do poeta, como deve confessar à sua dama, "afastam-se úmidos de desejo/ antes de ousarem mergulhar nos teus". (Stefan George, *Hymnen Pilgerfahrten Algabal*, Berlim, 1922, p. 23). Baudelaire não deixa nenhuma dúvida de que tenha olhado fundo nos olhos da mulher que passa.

O Homem da Multidão. Londres é o cenário; e o narrador, um homem que, depois de longa enfermidade, se aventura no burburinho da cidade. As horas avançam na tarde de outono. Ele se instalou atrás da janela de um bar e examina os fregueses à sua volta, bem como os anúncios no jornal; mas, acima de tudo, seu olhar se dirige à multidão que passa aos trancos diante de sua janela. "A rua era das mais movimentadas da cidade; o dia todo estivera cheia de gente. Agora, contudo, ao cair da noite, a multidão aumentava a cada minuto; e, ao serem acesos os bicos de gás, duas densas correntes de transeuntes passavam se empurrando pelo café. Nunca antes me sentira em condições semelhantes, como àquela hora da tarde; e saboreava a nova excitação, que me sobreviera ante o espetáculo de um oceano de cabeças, encapelado. Pouco a pouco deixei de observar o que acontecia no recinto onde me achava. Perdi-me na contemplação da cena de rua."[38] Por mais importante que seja, a história introduzida por esse prelúdio é obrigada a conter o seu curso; a moldura que envolve a cena exige ser contemplada.

A própria multidão londrina aparece a Poe sombria e confusa como a luz a gás na qual se move. Isso vale não só para a gentalha que rasteja com a noite "para fora dos antros".[39] A classe dos altos funcionários é descrita por Poe da seguinte maneira: "Em geral, seu cabelo já estava bastante rarefeito; a orelha direita geralmente um tanto afastada da cabeça, devido a seu emprego como portas-caneta. Todos, por força do hábito, mexiam em seus chapéus, e todos usavam correntes de relógio curtas douradas, de forma antiquada".[40] Ainda mais surpreendente é a descrição da multidão segundo seu modo de movimentar-se. "A maioria dos que passavam parecia gente satisfeita consigo mesma, e bem instalada na vida. Parecia apenas pensar em abrir caminho através da multidão. Franziam o cenho e lançavam olhares para todos os lados. Se recebiam um encontrão de outros transeuntes, não se mostravam mais irritados; ajeitavam a roupa e seguiam apressados. Outros – e também esse grupo era numeroso – tinham movimentos desordenados, rostos rubicundos, falavam consigo mesmo e gesticulavam como se se sentissem sozinhos exatamente por causa da incontável multidão ao redor. Se tivessem de parar no meio do caminho, repentinamente essas pessoas paravam de murmurar, mas sua gesticulação ficava mais veemente, e esperavam – um sorriso forçado – até que as pessoas em seu caminho se desviassem. Se eram empurradas, cumprimentavam graves aqueles que as tinham empurrado e pareciam muito embaraçadas.[41] * Poder-se-ia pensar que se está falando de indivíduos empobrecidos e semiembriagados. Na verdade, trata-se de "gente de boa posição, negociantes, bacharéis e especuladores da Bolsa".[42] **

Não se pode qualificar de realística a cena que Poe projetou. Ela mostra uma imaginação propositalmente desfigurante que distancia o texto daqueles costumeiramente recomendados como padrão de um realismo socialista. Barbier, por exemplo, que é considerado um dos melhores representantes desse socialismo, expõe as coisas de maneira menos estranha, escolhendo mesmo um objeto mais transparente – a massa dos oprimidos, que não é o assunto tratado em Poe. Esse tem a ver com "as pessoas", pura e simplesmente. Como Engels, ele sentia algo de ameaçador no espetáculo que lhe ofereciam. É precisamente esta imagem da multidão das metrópoles que se tornou determinante para Baudelaire. Se sucumbia à violência com que ela o atraía para si, convertendo-o, enquanto *flâneur,* em um dos seus, mesmo assim não o abandonava a sensação de sua natureza inumana. Ele se faz seu cúmplice para, quase no mesmo instante, isolar-se dela. Mistura-se a ela intimamente, para, inopinadamente, arremessá-la no vazio com *um* olhar de desprezo. Esta ambivalência tem algo de cativante, quando ele

---

* Em *Um Dia de Chuva* se encontra um paralelo para essa passagem. Embora assinado por outra mão, deve-se atribuir o poema a Baudelaire, (cf. Charles Baudelaire, *Vers retrouvés*, Ed. Jules Mouquet, Paris, 1929). O último verso, que dá ao poema o caráter invulgarmente sombrio, tem a sua exata correspondência em *O Homem da Multidão.* "O brilho inicialmente fraco dos lampiões a gás – escreve Poe – quando lutava com o crepúsculo, havia vencido; agora, os lampiões lançavam em volta uma luz viva, bruxuleante. Tudo estava escuro, cintilava porém, como ébano, que alguém comparou ao estilo de Tertuliano." (Poe, op. cit., p. 624, p. 94.) O encontro de Baudelaire com Poe é aqui tanto mais surpreendente, porquanto os versos abaixo foram escritos, no máximo, em 1843 – uma época, portanto, em que não conhecia Poe.

> "Cada um, nos acotovelando sobre a calçada escorregadia,
> Egoísta e brutal, passa e nos enlameia,
> Ou, para correr mais rápido, distanciando-se nos empurra.
> Em toda a parte, lama, dilúvio, escuridão do céu:
> Negro quadro com que teria sonhado o negro Ezequiel". (I, p. 211)

** Os homens de negócio têm algo de demoníaco na obra de Poe. Pode-se pensar em Marx ao responsabilizar o "movimento jovem e febril da produção material" nos Estados Unidos por não haver tido "nem tempo, nem oportunidade de suprimir o velho mundo espiritual" (Karl Marx, *Der achtzehnte Brumaire des Louis Bonaparte,* Viena, Berlim, Ed. Rjazanov, 1927, p. 30). Baudelaire descreve como, ao anoitecer "... demônios insepultos no ócio/acordam do estupor, como homens de negócio". (p. 351) Esta passagem de *O Crepúsculo Vespertino* talvez seja uma reminiscência do texto de Poe.

a confessa com reservas. Talvez se deva a ela o charme quase insondável de seu *Crepúsculo Vespertino*.

VII

Baudelaire achou certo equiparar o homem da multidão, em cujas pegadas o narrador do conto de Poe percorre a Londres noturna em todos os sentidos, com o tipo do flâneur.[43] Nisto não podemos concordar: o homem da multidão não é nenhum *flâneur*. Nele o comportamento tranquilo cedeu lugar ao maníaco. Desse comportamento pode-se, antes, inferir o que sucederia ao *flâneur*, quando lhe fosse tomado o ambiente ao qual pertence. Se algum dia esse ambiente lhe foi mostrado por Londres, certamente não foi pela Londres descrita por Poe. Em comparação, a Paris de Baudelaire guarda ainda alguns traços dos velhos bons tempos. Ainda havia balsas cruzando o Sena onde mais tarde deveriam se lançar os arcos das pontes. No ano da morte de Baudelaire, um empresário ainda podia ter a ideia de fazer circular quinhentas liteiras, para comodidade de habitantes abastados. Ainda se apreciavam as galerias, onde o *flâneur* se subtraía da vista dos veículos, que não admitem o pedestre como concorrente.* Havia o transeunte, que se enfia na multidão, mas havia também o *flâneur,* que precisa de espaço livre e não quer perder sua privacidade. Que os outros se ocupem de seus negócios: no fundo, o indivíduo só pode flanar se, como tal, já se afasta da norma. Lá onde a vida privada dá o tom, há tão pouco espaço para o *flâneur* como no trânsito da City. Londres tem seu homem da multidão. Nante, o ocioso das esquinas uma figura popular em Berlim, no período da Restauração – é sua antítese: o *flâneur* parisiense seria o meio-termo.**

A forma como o homem privado vê a multidão nos é esclarecida em um pequeno conto de E. T. A. Hoffmann – o último que escreveu.

---

*   O pedestre sabia ostentar em certas condições sua ociosidade provocativamente. Por algum tempo, em torno de 1840, foi de bom-tom levar tartarugas a passear pelas galerias. De bom grado, o *flâneur* deixava que elas lhe prescrevessem o ritmo de caminhar. Se o tivessem seguido, o progresso deveria ter aprendido esse passo. Não foi ele, contudo, a dar a última palavra, mas sim Taylor, transformando em lema o "Abaixo a *flânerie*".

**   No personagem de Adolf Glassbrener, o ocioso se mostra como um rebento deplorável do cidadão. Nante não encontra qualquer motivo para se mexer. Ele se instala na rua, que obviamente não o conduzirá a parte alguma, tão confortavelmente, quanto o burguês tacanho entre suas quatro paredes.

Intitula-se *A Janela de Esquina do Primo*. Foi escrito quinze anos após o conto de Poe e talvez seja uma das primeiras tentativas para captar a cena de rua de uma cidade grande. As diferenças entre os dois textos merecem ser notadas. O observador de Poe olha através da janela em um recinto público; o primo, ao contrário, está instalado em seu ambiente doméstico. O observador de Poe sofre uma atração que, finalmente, o arrasta no turbilhão da multidão. O primo de Hoffmann na janela de esquina é paralítico; não poderia seguir a corrente, nem mesmo se a sentisse na própria pessoa. Está, antes, acima desta multidão, como sugere seu posto de observação no apartamento. Dali ele examina a multidão; é dia de feira, e ela se sente em seu elemento. O seu binóculo de ópera põe em evidência cenas de gênero. O emprego desse instrumento corresponde inteiramente ao posicionamento íntimo do usuário. Pretende, como ele próprio confessa, iniciar seu visitante nos "princípios da arte de observar",[44] * que consiste na capacidade de se regozijar com quadros vivos, como se buscava fazer na época do *Biedermeier*.[45] A interpretação se faz sob a forma de alíorismos edificantes.** Esse texto pode ser considerado como uma tentativa cuja realização começava a ter contornos. É claro, porém, que esta tentativa foi empreendida em Berlim sob condições que frustraram seu completo êxito. Se algum dia Hoffmann houvesse conhecido Paris ou Londres, se houvesse visado à representação da massa como tal, não se teria fixado, então, em uma feira; não teria colocado as mulheres em primeiro plano; teria, talvez, aproveitado os temas que Poe extrai da multidão movimentando-se à luz dos lampiões a gás. Não teria, de resto, havido necessidade desses temas para salientar os

---

* É notável como se chega a esta confissão. O primo estaria olhando – é o que sua visita pensa – o movimento lá embaixo, apenas porque tem prazer no jogo alternado das cores. A longo prazo, porém, isto deveria ser cansativo. Não muito mais tarde, provavelmente, e de forma semelhante, Gogol escreve por ocasião de uma feira na Ucrânia: "Era tanta gente a caminho que tudo dançava à minha frente". Talvez a visão diária de uma multidão em movimento representasse, alguma vez, um espetáculo ao qual os olhos devessem primeiro se adaptar. Se admitíssemos essa hipótese, então não seria impossível supor que aos olhos teriam sido bem-vindas oportunidades de, uma vez dominada a tarefa, ratificarem a posse de suas novas faculdades. A técnica da pintura expressionista de captar a imagem no tumulto das manchas de tinta seria, então, reflexo das experiências tornadas familiares aos olhos do habitante das grandes cidades. Um quadro como a *Catedral de Chartres*, de Monet, que parece um formigueiro de pedras, poderia ilustrar esta suposição.

** Nesse texto Hoffmann dedica considerações edificantes ao cego (entre outras figuras), que mantém sua cabeça erguida em direção ao céu. Baudelaire, que conhecia esse conto, extrai da observação de Hoffmann uma variante no verso último de *Os Cegos*, desmentindo sua edificação moral: "... que buscam estes cegos ver no céu". (p. 343)

elementos sinistros que outros retratistas da cidade grande perceberam. Aqui seria oportuna uma observação de Heine: "Heine sofria muito dos olhos na primavera" – escreve a Varnhagen um correspondente. "Da última vez, andamos juntos algum tempo pelos bulevares. O esplendor, a vida destas ruas, únicas no gênero, me excitava à incansável admiração; em contrapartida, nessa ocasião, Heine acentuou, significativamente, o horror que se mesclava a este centro cosmopolita."[46]

VIII

A multidão metropolitana despertava medo, repugnância e horror naqueles que a viam pela primeira vez. Em Poe, ela tem algo de bárbaro. A disciplina mal consegue sujeitá-la. Posteriormente, James Ensor não se cansará de nela confrontar disciplina e selvageria; gostava sobretudo de integrar corporações militares às suas bandas carnavalescas. Ambas se combinam de forma exemplar, porquanto exemplo dos Estados totalitários, onde a polícia se mancomuna com os saqueadores. Valéry, possuindo uma acurada visão da síndrome da "civilização", assinala um fato pertinente. "O habitante dos grandes centros urbanos – escreve – incorre novamente no estado de selvageria, isto é, de isolamento. A sensação de dependência em relação aos outros, outrora permanentemente estimulada pela necessidade, embota-se pouco a pouco no curso sem atritos do mecanismo social. Qualquer aperfeiçoamento desse mecanismo elimina certas formas de comportamento, certas emoções...."[47] O conforto isola. Por outro lado, ele aproxima da mecanização os seus beneficiários. Com a invenção do fósforo, em meados do século passado, surge uma série de inovações que têm uma coisa em comum: disparar uma série de processos complexos com um simples gesto. A evolução se produz em muitos setores; fica evidente entre outras coisas, no telefone, onde o movimento habitual da manivela do antigo aparelho cede lugar à retirada do fone do gancho. Entre os inúmeros gestos de comutar, inserir, acionar etc., especialmente o "click" do fotógrafo trouxe consigo muitas consequências. Uma pressão do dedo bastava para fixar um acontecimento por tempo ilimitado. O aparelho como que aplicava ao instante um choque póstumo. Paralelamente às experiências ópticas desta espécie, surgiam outras táteis, como as ocasionadas pela folha de anúncio dos jornais, e mesmo pela circulação na cidade grande. O mover-se através do tráfego implicava uma série de choques e colisões para cada indivíduo. Nos cruzamentos perigosos, inervações fazem-no estremecer em rápidas sequências, como descargas de uma bateria. Baudelaire fala do homem que mergulha na multidão como em um tanque de energia elétrica. E, logo depois, descrevendo a experiência do choque, ele chama esse homem de "um caleidoscópio dotado de consciência".[48] Se, em Poe, os passantes lançam olhares ainda aparentemente despropositados em todas as direções, os pedestres modernos são obrigados a fazê-lo para se orientar pelos sinais de trânsito. A técnica submeteu, assim, o sistema sensorial a um treinamento de natureza complexa. Chegou o dia em que o filme correspondeu a uma nova e urgente necessidade de estímulos. No filme, a percepção sob a forma de choque se impõe como princípio formal. Aquilo que determina o ritmo da produção na esteira rolante está subjacente ao ritmo da receptividade, no filme.

Não é em vão que Marx insiste que, no artesanato, a conexão entre as etapas do trabalho é contínua. Já nas atividades do operário de fábrica na linha de montagem, esta conexão aparece como autônoma e coisificada. A peça entra no raio de ação do operário, independentemente da sua vontade. E escapa dele da mesma forma arbitrária. "Todas as formas de produção capitalista... – escreve Marx – têm em comum o fato de que não é o operário quem utiliza os meios de trabalho, mas, ao contrário, são os meios de trabalho que utilizam o operário; contudo, somente com as máquinas é que esta inversão adquire, tecnicamente, uma realidade concreta."[49] No trato com a máquina, os operários aprendem a coordenar o "próprio movimento ao movimento uniforme, constante, de um autônomo".[50] Com estas palavras obtém-se uma compreensão mais nítida acerca da natureza absurda da uniformidade com que Poe pretende estigmatizar a multidão. Uniformidade da indumentária, do comportamento e, não menos importante, a uniformidade dos gestos. O sorriso – exemplo a dar o que pensar. É, presumivelmente, o que está subentendido no hoje familiar *keep smiling,* que atua no caso como um amortecedor gestual. – "Todo trabalho com a máquina exige – é dito no texto acima – um adestramento prévio do operário".[51] Esse adestramento deve ser diferenciado da prática. Esta, decisiva apenas para o trabalho artesanal, ainda encontrava aplicação na manufatura. Com base na prática, "qualquer setor da produção encontra através da *experiência* uma forma técnica que lhe corresponda; e, *lentamente,* este setor a aperfeiçoa".

É certo que ele a cristaliza rapidamente, "tão logo seja alcançado certo grau de maturidade".[52] Por outro lado, contudo, a mesma manufatura produz "em cada ofício de que se utiliza, uma classe dos chamados operários não especializados, que o funcionamento das corporações excluía rigorosamente. Quando a manufatura eleva a especialização inteiramente limitada a uma única tarefa à categoria de virtuosismo às custas da capacidade total de trabalho, então começa a elevar a falta de qualquer formação à categoria de virtude. Paralelamente à ordem hierárquica, surge a divisão simples dos operários em especializados e não especializados".[53] O operário não especializado é o mais profundamente degradado pelo condicionamento imposto pela máquina. Seu trabalho se torna alheio a qualquer experiência. Nele a prática não serve para nada.* O que o *Lunapark* realiza com seus brinquedos oscilantes, giratórios e diversões similares não é senão uma amostra do condicionamento a que se encontra submetido o operário não especializado na fábrica (uma amostra que lhe substituirá por vezes toda uma programação, pois a arte do cômico, na qual o homem do povo se permitia ser iniciado no Lunapark, prosperava nos períodos de desocupação). O texto de Poe torna inteligível a verdadeira relação entre selvageria e disciplina. Seus transeuntes se comportam como se, adaptados à automatização, só conseguissem se expressar de forma automática. Seu comportamento é uma reação a choques. "Se eram empurrados, cumprimentavam graves aqueles que os tinham empurrado e pareciam muito embaraçados."

IX

À vivência do choque, sentida pelo transeunte na multidão, corresponde a "vivência" do operário com a máquina. Isso ainda não nos permite supor que Poe possuísse uma noção do processo de trabalho industrial. Baudelaire, em todo caso, estava bem longe de tal noção. Estava, porém, fascinado por um processo, em que o mecanismo reflexo e acionado no operário pela máquina pode ser examinado mais de perto no indivíduo ocioso, como em um espelho. Esse processo é representado pelos jogos

---

* Quanto mais curto é o tempo de adestramento do operário industrial, tanto mais longo é o dos militares. Talvez faça parte da preparação da sociedade para uma guerra total essa transferência do adestramento da produção para o da destruição.

de azar. A asserção deve soar paradoxal. Onde haveria um antagonismo mais fidedignamente estabelecido, senão entre o trabalho e os jogos de azar? Alain esclarece: "O conceito... do jogo... encerra em si o traço de que uma partida não depende de qualquer outra precedente... O jogo ignora totalmente qualquer posição conquistada. Méritos adquiridos anteriormente não são levados em consideração, e é nisto que o jogo se distingue do trabalho. O jogo... liquida rapidamente a importância do passado, sobre o qual se apoia o trabalho".[54] Ao dizer estas palavras, Alain tem em mente o trabalho altamente diferenciado (que pôde preservar certos traços do artesanal, da mesma forma que o trabalho intelectual); não é o mesmo dos operários de fábrica, e menos ainda o dos não qualificados. É verdade que falta a este último o traço da aventura, a Fada Morgana que seduz o jogador. Mas o que de modo algum lhe falta é a inutilidade, o vazio, o não poder concluir, inerentes à atividade do trabalhador assalariado na fábrica. Seu gesto, acionado pelo processo de trabalho automatizado, aparece também no jogo, que não dispensa o movimento rápido da mão fazendo a aposta ou recebendo a carta. O arranque está para a máquina, como o lance para o jogo de azar. Cada operação com a máquina não tem qualquer relação com a precedente, exatamente porque constitui a sua repetição rigorosa. Estando cada operação com a máquina isolada de sua precedente, da mesma forma que um lance na partida do jogo de seu precedente imediato, a jornada do operário assalariado representa, a seu modo, um correspondente à féria do jogador. Ambas as ocupações estão igualmente isentas de conteúdo.

Há uma litografia de Senefelder que representa uma casa de jogo. Nenhum dos retratados acompanha o jogo da maneira habitual. Cada um está possuído pela sua paixão: um por uma alegria irreprimida; outro pela desconfiança em relação ao parceiro; um terceiro por um surdo desespero; um quarto, por sua mania de discutir; outro, ainda, se prepara para deixar este mundo. Há algo de comum oculto nos vários comportamentos: as figuras em questão demonstram como o mecanismo, a que se entregam os jogadores dos jogos de azar, se apossa deles, corpo e alma, de tal forma que, mesmo em sua esfera pessoal, não importando quão apaixonados eles possam ser, não podem atuar senão automaticamente. Eles se comportam como os passantes no texto de Poe. Vivem sua existência de autômatos e se assemelham às personagens fictícias de Bergson, que liquidaram completamente a própria memória.

Não parece que Baudelaire fosse adepto do jogo, ainda que haja encontrado palavras de simpatia e até de homenagem para os que a ele se entregavam.[55] O tema tratado por ele no poema noturno *O Jogo* foi previsto em sua visão do modernismo. Escrevê-lo constituía parte de sua tarefa. A figura do jogador se tornou, em Baudelaire, o verdadeiro complemento para a figura arcaica do gladiador. Para ele, tanto um como o outro são figuras históricas. Börne viu através dos olhos de Baudelaire, quando escreveu: "Se reuníssemos toda a força e paixão..., dissipadas a cada ano nas mesas de jogo da Europa... – seria isto suficiente para formar um povo romano e uma história romana? Mas é exatamente isto! Pois se cada homem nasce como um romano, a sociedade burguesa procura 'desromanizá-lo',[56] e por esta razão foram introduzidos os jogos de azar e de salão, os romances, a ópera italiana e os periódicos elegantes...".[57] A burguesia somente se tornou afeita ao jogo de azar no século XIX; no século anterior apenas a aristocracia jogava. O jogo fora propagado pelos exércitos napoleônicos e passou a fazer parte "dos espetáculos da vida mundana e dos milhares de existências desregradas, afeitas aos subterrâneos de uma cidade grande" – um espetáculo, em que Baudelaire pretende ver o heroico, "do modo como nossa época o encerra".[58]

Se examinamos o jogo de azar não tanto sob o ponto de vista técnico quanto pelo psicológico, então a concepção de Baudelaire se mostra ainda mais significativa. O jogador parte do princípio do ganho – isso é o óbvio. Seu empenho em vencer e ganhar dinheiro não poderá ser considerado como um desejo no verdadeiro sentido do termo. Talvez esteja imbuído de avidez, de uma determinação obscura. Em todo caso, ele não se encontra em condições de dar à experiência a devida importância.* O desejo, ao contrário, pertence à categoria da experiência. "Aquilo que desejamos na juventude, recebemos em abundância na idade madura", escreveu Goethe. Na vida, quanto mais cedo alguém formular um desejo, tanto maior será a possibilidade de que se cumpra. Quando se projeta um desejo distante no tempo, tanto mais se pode esperar por sua realização. Contudo, o que

---

* O jogo invalida as ordens da experiência. Talvez seja uma obscura sensação desse fato o que torna bem conhecida, justamente no ambiente de jogadores, o "apelo vulgar à experiência". O jogador diz "meu número" como o libertino diz "meu tipo". No final do Segundo Império era essa atitude que ditava as normas. "Nos bulevares era normal atribuir tudo à sorte". (Gustave Rageot, *Qu'est-ce qu'un événement?*, in: Le temps, 16 de abril de 1939). Essa atitude é favorecida pela aposta. É uma forma de emprestar aos acontecimentos um caráter de choque, de subtraí-los do contexto da experiência. Para a burguesia, mesmo os acontecimentos políticos adquiriam facilmente a forma de eventos à mesa de jogo.

nos leva longe no tempo é a experiência que o preenche e o estrutura. Por isso o desejo realizado é o coroamento da experiência. Na simbólica dos povos, a distância no espaço pode assumir o papel da distância no tempo; esta a razão porque a estrela cadente, precipitando-se na infinita distância do espaço, se transformou no símbolo do desejo realizado. A bolinha de marfim rolando para a *próxima* casa numerada, a *próxima* carta em cima de todas as outras, é a verdadeira antítese da estrela cadente. O tempo contido no instante em que a luz da estrela cadente cintila para uma pessoa é constituído da mesma matéria do tempo definido por Joubert, com a segurança que lhe é peculiar: "O tempo – escreve – se encontra mesmo na eternidade; mas não é o tempo terreno, secular... É um tempo que não destrói; aperfeiçoa, apenas".[59] É o contrário daquele tempo infernal, em que transcorre a existência daqueles a quem nunca é permitido concluir o que foi começado. A má reputação do jogo de azar prende-se, na verdade, ao fato de que é o próprio jogador quem dá as cartas. (Um frequentador incorrigível da Loteria não estará sujeito à mesma condenação como alguém que se dedique aos jogos de azar, em sentido restrito).

O recomeçar sempre é a ideia regulativa do jogo (como a do trabalho assalariado) e adquire, por isso mesmo, o seu exato significado, quando, em Baudelaire, o ponteiro dos segundos – *la Seconde* – entra em cena como coadjuvante do jogador.

> "*Recorda*: o Tempo é sempre um jogador atento
> Que ganha, sem furtar, cada jogada! É a lei."[60]

Em um outro texto é o próprio Satã quem ocupa o lugar do ponteiro dos segundos imaginários.[61] Aos seus domínios também pertence, sem dúvida alguma, o antro taciturno, para onde o poema *O Jogo* relega aqueles que sucumbiram ao jogo de azar.

> "Eis a cena de horror que num sonho noturno
> Ante meu claro olhar eu vi se desdobrando,
> Eu mesmo, posto a um canto do antro taciturno,
> Me vi, sombrio e mudo, imóvel, invejando,
> Invejando a essa gente a pertinaz paixão."[62]

O poeta não toma parte no jogo; está em seu canto, não mais feliz do que eles – os que estão jogando. Também ele é um homem espoliado em sua experiência – um homem moderno. Apenas recusa o entorpecente com que os jogadores procuram embotar o consciente, que os tornou vulneráveis à marcha do ponteiro dos segundos.*

> "E me assustei por invejar essa agonia
> De quem se lança numa goela escancarada,
> E que, já farto de seu sangue, trocaria
> A morte pela dor e o inferno pelo nada!"[63]

Nesses últimos versos Baudelaire faz da impaciência o substrato da paixão lúdica. Ele o encontrou em si próprio em sua condição mais pura. Sua irascibilidade possuía o poder de expressão da *Iracundia* de Giotto, em Pádua.

X

Se damos crédito a Bergson, a presentificação da *durée* (duração) é que libera a alma humana da obsessão do tempo. Proust simpatiza com esta crença e, a partir dela, criou os exercícios, através dos quais, durante toda a sua vida, procurou trazer à luz o passado impregnado com todas as reminiscências que haviam penetrado em seus poros durante sua permanência no inconsciente. Ele foi um leitor incomparável de *As Flores do Mal*, pois sentiu nelas afinidades atuantes. Não existe nenhuma afinidade possível com Baudelaire que a experiência baudelairiana de Proust não abranja. "O tempo – escreve Proust – se desagregou em Baudelaire de uma forma surpreendente; apenas alguns poucos raros dias tomam forma; e são bem significativos. Isso nos faz compreender porque ele se utiliza com frequência de locuções do tipo 'uma noite, quando' e outras análogas."[64]

---

* O efeito entorpecente aqui tratado é cronologicamente especificado, da mesma forma que o sofrimento que ele deve aliviar. O tempo é o tecido no qual as fantasmagorias do jogo são urdidas. Gourdon escreve em seu *Les Faucheurs de Nuit (Ceifeiros noturnos)*: "Afirmo que a paixão pelo jogo é a mais nobre das paixões, pois reúne em si todas as outras. Uma sequencia de cartadas de sorte me proporciona mais prazer do que um homem que não joga pode ter em vários anos... Vocês acreditam que eu veja no ouro a que tenho direito apenas o lucro? Enganam-se. Vejo nele os prazeres que me proporciona e me delicio com eles. Chegam-me por demais velozes para que possam me enfastiar e em variedade grande demais para me enfadar. Vivo cem vidas em uma única vida. Quando viajo, é da forma como viaja a centelha elétrica... Se sou avarento e guardo meu dinheiro para jogar, isso é porque conheço bem demais o valor do tempo, para gastá-lo como as outras pessoas. Um prazer determinado que eu me concedesse me custaria mil outros prazeres... Tenho os prazeres no espírito, e não pretendo outros". (Edouard Gourdon, *Les faucheurs de nuit*. Joueurs et Joueuses, Paris, 1860, p. 14s.) Anatole France, em suas belas notas sobre o jogo, extraídas de *Le Jardin d'Epicure (Jardim de Epicuro)*, apresenta o assunto de forma análoga.

Esses dias significativos são dias do tempo que aperfeiçoa, para citar Joubert. São dias do rememorar. Não são assinalados por qualquer vivência. Não têm qualquer associação com os demais; antes, destacam-se do tempo. O que constitui seu teor, Baudelaire o fixou no conceito de *correspondances*, situado imediatamente contíguo à noção de "beleza moderna".

Colocando de lado a literatura erudita sobre as *correspondances* (que são patrimônio dos místicos; Baudelaire chegou até elas por intermédio de Fourier), Proust não dá muita importância às variações artísticas sobre o tema fornecidas pelas sinestesias. Essencial é que as *correspondances* cristalizam um conceito de experiência que engloba elementos cultuais. Somente ao se apropriar desses elementos é que Baudelaire pôde avaliar inteiramente o verdadeiro significado da derrocada que testemunhou em sua condição de homem moderno. Só assim pôde reconhecê-la como um desafio destinado a ele, exclusivamente, e que aceitou em *As Flores do Mal*. Se existe realmente uma arquitetura secreta nesse livro – tantas foram as especulações em torno disso –, então o ciclo de poemas que inaugura a obra bem poderia estar dedicado a algo irremediavelmente perdido. Entram nesse ciclo dois sonetos, idênticos em seus temas. O primeiro, intitulado *Correspondências,* começa assim:

> "A Natureza é um templo onde vivos pilares
> Deixam filtrar não raro insólitos enredos;
> O homem o cruza em meio a um bosque de segredos
> Que ali o espreitam com seus olhos familiares.
>
> Como ecos longos que à distância se matizam
> Numa vertiginosa e lúgubre unidade,
> Tão vasta quanto a noite e quanto a claridade,
> Os sons, as cores e os perfumes se harmonizam."[65]

O significado que estas *correspondances* têm para Baudelaire pode ser definido como uma experiência que procura se estabelecer ao abrigo de qualquer crise. E somente na esfera do culto ela é possível. Transpondo esse espaço, ela se apresenta como "o belo". Neste, o valor cultual aparece como um valor da arte.*

---

* O belo pode ser definido de dois modos: em suas relações com a história e com a natureza. Em ambas, a aparência, o elemento problemático no belo, irá se impor. (A primeira relação será apenas esboçada. O belo é, segundo a sua existência *histórica*, um apelo à união com aqueles que outrora

As *correspondances* são os dados do "rememorar". Não são dados históricos, mas da pré-história. Aquilo que dá grandeza e importância aos dias de festa é o encontro com uma vida anterior. Isto foi registrado por Baudelaire em um soneto intitulado *A Vida Anterior*. As imagens das grutas e das plantas, das nuvens e das ondas, evocadas no início desse segundo soneto, elevam-se da bruma quente das lágrimas de nostalgia. "O viandante olha estas vastidões envoltas em luto, e em seus olhos afloram lágrimas de histeria – *hysterical tears*"[66] – escreve Baudelaire em sua introdução aos poemas de Marceline Desbordes-Valmore. Aqui não há correspondências simultâneas, como foram cultivadas posteriormente pelos simbolistas. O passado murmura em sincronia nas correspondências baudelairianas, e a experiência canônica destas tem seu espaço numa vida anterior:

> "O mar, que do alto céu a imagem devolvia,
> Fundia em místicos e hieráticos rituais

---

o haviam admirado. O ser capturado pelo belo é um *ad plures ire,* como os romanos chamavam a morte. A aparência no belo consiste, para efeito desta caracterização, em que o objeto idêntico buscado pela admiração não se encontra na obra. Esta admiração recolhe o que gerações anteriores admiraram na obra. Um pensamento de Goethe estabelece aqui a última conclusão de sabedoria: "Tudo aquilo que produziu grande efeito, na verdade não pode mais absolutamente ser julgado".)

Em sua relação com a *natureza,* o belo pode ser definido como aquilo que apenas "permanece essencialmente idêntico a si mesmo quando velado". (Cf. *Neue deutsche Beiträge*, hrsg. von Hugo von Hofmannsthal, Munique, 1925, II, 2, p. 161 ie. Benjamin, *Afinidades Eletivas de Goethe*). As *correspondances* nos dizem o que devemos entender por esse véu. Pode-se considerar este último (para resumir de forma certamente ousada) o elemento "reprodutor" na obra de arte. As *correspondances* representam a instância, diante da qual se descobre o objeto de arte como um objeto fielmente reproduzido e, por conseguinte, inteiramente problemático. Se quiséssemos reproduzir esta aporia com os recursos da língua, chegaríamos a definir o belo como o objeto da experiência no estado da semelhança. Essa definição coincidiria com a formulação de Valéry: "O belo exige talvez a imitação servil do que é indefinível nas coisas". (Valéry, *Autres Rhumbs,* Paris, 1934, p. 167.) Se Proust, tão prontamente, volta a falar sobre esse tema (que aparece em sua obra como o tempo reencontrado), não se pode afirmar que está tagarelando. É antes um dos aspectos desconcertantes de seu proceder, que o conceito de uma obra de arte como cópia, o conceito do belo ou, em breves palavras, o aspecto puro e simplesmente hermético da arte seja por ele colocado de modo contínuo e loquaz no centro de suas considerações. Ele discorre sobre a origem e as intenções de sua obra com a fluência e a urbanidade que ficariam bem a um refinado amador. Isto, sem dúvida, encontra em Bergson o seu equivalente. As frases que se seguem, e nas quais o filósofo insinua tudo o que se poderia esperar de uma presentificação visual do ininterrupto fluxo do devir, têm uma inflexão que lembra Proust. "Podemos deixar nossa existência ser perpassada, dia após dia, por tal visão e, assim, graças à filosofia, gozar uma satisfação semelhante àquela alcançada por intermédio da arte; ela apenas seria mais frequente, mais constante e mais facilmente acessível ao simples moita!". (Henri Bergson, *La pensée et le mouvant.* Essais et conférences, Paris, 1934, p. 198.) Bergson vê ao alcance da mão o que, à melhor compreensão goethiana de Valéry, se apresenta como o "aqui", onde o insuficiente se transforma em evento.

As vibrações de seus acordes orquestrais
À cor do poente que nos olhos meus ardia
Ali foi que vivi..."[67]

Que a vontade restauradora de Proust permaneça cerrada nos limites da existência terrena, e que a de Baudelaire se projete para além deles, pode ser interpretado como indício de que as forças adversas que se anunciaram a Baudelaire eram mais primitivas e poderosas. Dificilmente alcançou êxito mais completo do que quando, subjugado por elas, parece ter-se resignado. O *Recolhimento* reproduz no céu profundo as alegorias dos anos passados,

"... Vem ver curvarem-se os Anos passados
nas varandas do céu, em trajes antiquados."[68]

Nesses versos Baudelaire se resigna a homenagear na forma do antiquado o imemorial que lhe escapou. Quando, no último volume de sua obra, Proust volta a falar da sensação que experimentou ao sentir o sabor da *madeleine,* pensa nos anos que aparecem no terraço como fraternalmente ligados aos de Combray. "Em Baudelaire... estas reminiscências são ainda mais numerosas; e note-se: não é o acaso que as evoca; por isso são decisivas, em minha opinião. Não existe outro como ele, que no odor de uma mulher, por exemplo, no perfume de seus cabelos e de seus seios, persiga – seletiva e, ao mesmo tempo, indolentemente – as correspondências inspiradas, que lhe evocam então 'o azul do céu desmedido e abobadado' ou 'um porto repleto de chamas e mastros'."[69] Estas palavras são uma epígrafe declarada à obra de Proust. Sua obra tem afinidades com a de Baudelaire que reuniu os dias de rememorar em um ano espiritual.

As Flores do Mal não seriam, porém, o que são, fossem regidas apenas por esse êxito. O que as torna inconfundíveis é, antes, o fato de terem extraído poemas à ineficácia do mesmo lenitivo, à insufi-ciência do mesmo ardor, ao fracasso da mesma obra – poemas que nada ficam devendo àqueles em que as *correspondances* celebram suas festas. *Spleen e Idéal* é o primeiro dos ciclos de *As Flores do Mal.* O *idéal* insufla a força do rememorar; o *spleen* lhe opõe a turba dos se-gundos. Ele é seu soberano e senhor, como o demônio é o senhor das moscas. Na série de poesias-spleen encontra-se *O Gosto do Nada,* em que se lê:

"Perdeu a doce primavera o seu odor!"[70]

Nesse verso Baudelaire afirma algo extremo com extrema discrição; e isto o torna inconfundivelmente seu. O desmoronamento da experiência que ele um dia havia compartilhado é confessado na palavra *perdeu*. O odor é o refúgio inacessível da *mémoire involontaire*. Dificilmente ele se associa a uma imagem visual; entre todas as impressões sensoriais, ele apenas se associará ao mesmo odor. Se, mais do que qualquer outra lembrança, o privilégio de confortar é próprio do reconhecer um perfume, é talvez porque embota profundamente a consciência do fluxo do tempo. Um odor desfaz anos inteiros no odor que ele lembra. Isto faz desse verso de Baudelaire um verso insondavelmente inconsolável. Não há nenhum consolo para quem não pode mais fazer qualquer experiência. Porém não é senão esta incapacidade que constitui a essência da ira. O irado "não quer ouvir nada"; seu protótipo Tímon de Atenas se enfurece contra os homens indistintamente; ele não está mais em condições de discernir entre o amigo comprovado e o inimigo mortal. D'Aurevilly reconheceu com enorme perspicácia esta disposição em Baudelaire; "um Tímon com o gênio de Arquíloco",[71][72] é como ele o chama. A ira, com seus arrebatamentos, marca o ritmo dos segundos, à mercê do qual se encontra o melancólico.

"O Tempo dia a dia os ossos me desfruta,
Como a neve que um corpo enrija de torpor;"[73]

Esses versos se seguem imediatamente aos citados acima. No *spleen*, o tempo está reificado; os minutos cobrem o homem como flocos de neve. Esse tempo é sem história, do mesmo modo que o da *mémoire involontaire*. No *spleen*, no entanto, a percepção do tempo está sobrenaturalmente aguçada; cada segundo encontra o consciente pronto para amortecer o seu choque.*

---

* No místico *Diálogo entre Monos e Una*, Poe como que reproduziu na *durée* o curso vazio do tempo, a que o sujeito está abandonado no *spleen*, e parece aceitar como beatitude que os medos do sujeito lhe tenham sido tomados. O "sexto sentido" de que é dotado o morto tem a forma do dom de extrair uma harmonia do fluxo vazio do tempo. Sem dúvida ela será perturbada com facilidade pelo ritmo do ponteiro dos segundos. "Eu tinha a sensação de que alguma coisa havia sucedido em minha cabeça; e eu não me sentia capaz, de forma alguma, de transmitir uma noção, mesmo turva, dessa alguma coisa a uma inteligência humana. Melhor seria falar de uma vibração do pêndulo mental. Tratava-se da personificação espiritual da abstrata representação humana do tempo. O ciclo dos astros está em harmonia absoluta com esse movimento – ou com um análogo. E eu media dessa

A contagem do tempo, que sobrepõe à *durée* a sua uniformidade, não pode contudo evitar que nela persistam a existência de fragmentos desiguais e privilegiados. Legitimar a união de uma qualidade à medição da quantidade foi obra dos calendários que, por meio dos feriados, como que deixavam ao rememorar um espaço vago. O homem, para quem a experiência se perdeu, se sente banido do calendário. O habitante da cidade grande se depara com esse sentimento aos domingos; Baudelaire o tem *avant la lettre* em um dos poemas-spleen.

> "Os sinos dobram, de repente, furibundos
> E lançam contra o céu um uivo horripilante,
> Como os espíritos sem pátria e vagabundos
> Que se põem a gemer com voz recalcitrante."[74]

Os sinos, que outrora anunciavam os dias festivos, foram excluídos do calendário, como os homens. Eles se assemelham às pobres almas que se agitam muito, mas não possuem nenhuma história. Se, no *spleen* e na *vida anterior,* Baudelaire ainda dispõe dos estilhaços da verdadeira experiência histórica, Bergson, por sua vez, em sua concepção da *durée,* se afastou consideravelmente da história. "O metafísico Bergson suprime a morte."[75] O fato de a morte ser eliminada da *durée* de Bergson isola a *durée* da ordem histórica (bem como de uma prédica). O conceito bergsoniano de *action* tem a mesma corte. O "bom senso", mediante o qual o "homem de ação" se distingue, serviu-lhe de padrinho.[76] A *durée,* da qual a morte foi eliminada, tem a mísera eternidade de um arabesco; exclui a possibilidade de acolher a tradição.* É a síntese de uma vivência que se pavoneia nas vestes que toma emprestadas à experiência. O *spleen,* ao contrário, expõe a vivência em sua nudez. O melancólico vê, assombrado, a Terra de volta a um simples estado natural. Não a envolve nenhum sopro de pré-história. Nenhuma aura. É assim que aparece nos versos de *O Gosto do Nada,* que se acrescentam aos outros já citados.

---

forma a irregularidade do carrilhão sobre a lareira e dos relógios de bolso das pessoas presentes. Seus tique-taques me enchiam os ouvidos. Os mínimos desvios do ritmo certo... me afetavam, da mesma maneira que me afronta a violação da verdade abstrata entre os homens." (Poe, op. cit., p. 624, p. 336s.)

* O declínio da experiência se manifesta em Proust no êxito completo do seu objetivo último. Nada mais hábil que o modo acidental, nada mais leal que o modo constante de procurar manter presente ao leitor: a redenção é a minha causa particular.

"Contemplo do alto a terra esférica e sem cor,
E nem procurou mais o abrigo de uma gruta."[77]

XI

Se chamamos de aura as imagens que, sediadas na *mémoire involontaire*, tendem a se agrupar em torno de um objeto de percepção, então esta aura em torno do objeto corresponde à própria experiência que se cristaliza em um objeto de uso sob a forma de exercício. Os dispositivos, com que as câmeras e as aparelhagens análogas posteriores foram equipadas, ampliaram o alcance da *mémoire volontaire;* por meio dessa aparelhagem, eles possibilitam fixar um acontecimento a qualquer momento, em som e imagem, e se transformam assim em uma importante conquista para a sociedade, na qual o exercício se atrofia.

A daguerreotipia possuía para Baudelaire alguma coisa de provocante e assustador; "surpreendente e cruel",[78] é como chama o seu encanto. Ele pressentiu, portanto, a relação mencionada, embora certamente não a tenha aprofundado... Da mesma forma que sempre foi seu propósito reservar um lugar ao moderno, especialmente na arte, também com a fotografia pretendeu o mesmo. Toda vez que a sente ameaçadora, procura responsabilizar por isso "a compreensão errada de seus progressos",[79] admitindo, contudo, que esta compreensão errada era fomentada pela "estupidez da grande massa". "Esta massa ansiava por um ideal que lhe fosse digno e correspondesse à sua natureza... Um deus vingativo ouviu-lhes as preces e Daguerre se tornou seu profeta."[80] Não obstante, Baudelaire se esforçou por ter uma visão mais conciliadora. A fotografia pode se apoderar, sem ser molestada, das coisas transitórias, que têm o direito "a um lugar nos arquivos de nossa memória", desde que se detenha ante os "domínios do abstrato, do imaginário": ante o domínio da arte, na qual só há espaço para aquilo "a que o homem entrega a sua alma".[81] É difícil considerar o veredicto como uma sentença salomônica. A constante disponibilidade da lembrança voluntária, discursiva, favorecida pelas técnicas de reprodução, reduz o âmbito da imaginação. Esta talvez se defina como uma faculdade de formular desejos especiais, que exijam para sua realização "algo belo". O que poderia estar associado a esta realização foi definido mais uma vez por Valéry, minuciosamente: "Reconhecemos uma obra de arte quando nenhuma ideia suscitada, nenhuma forma de comportamento sugerida por ela, pode esgotá-la ou liquidá-la. Pode-se cheirar uma flor agradável ao olfato pelo tempo que se queira; não se pode esgotar esse perfume, que desperta em nós o desejo, e nenhuma lembrança, nenhum pensamento e nenhuma forma de comportamento desfaz seu efeito ou nos liberta do poder que ele exerce sobre nós. Quem se propõe fazer uma obra de arte, persegue o mesmo objetivo".[82] Com base nessas reflexões, uma pintura reproduziria em uma imagem o que os olhos não se fartam de ver. Aquilo com que o quadro satisfaria o desejo, que pode ser projetado retrospectivamente em sua origem, seria alguma coisa que alimenta continuamente esse desejo. O que separa a fotografia da pintura, e o motivo de não haver um princípio único e extensível de criação para ambas, está claro, portanto: para o olhar que não consegue se saciar ao ver uma pintura, uma fotografia significa, antes, o mesmo que o alimento para a fome ou a bebida para a sede.

A crise que assim se delineia na reprodução artística pode ser vista como integrante de uma crise na própria percepção. – O que torna insaciável o prazer do belo é a imagem do mundo primitivo, que Baudelaire chama de velado por lágrimas de nostalgia. "Ó, fostes em idos tempos/ minha irmã ou minha mulher" – esta confissão de Goethe é o tributo que o belo, como tal, pode exigir. Enquanto a arte tiver em mira o belo e o "reproduzir", mesmo que de maneira simples, fá-lo-á ascender das profundezas do tempo (como Fausto o faz com Helena).* Na reprodução técnica isto não mais se verifica. (Nela não há mais lugar para o belo.) No texto, onde consta a pobreza e a falta de profundidade nas imagens que a *mémoire volontaire* lhe oferece de Veneza, Proust escreve que, com a simples menção da palavra "Veneza", esse mundo de imagens lhe teria parecido tão insípido como uma exposição de fotografias.[83] Se consideramos que as imagens emergentes da *mémoire involontaire* se distinguem pela aura que possuem, então a fotografia tem um papel decisivo no fenômeno do "declínio da aura". O que devia ser sentido como elemento inumano, mesmo mortal, por assim dizer, na daguerreotipia, era o olhar para dentro do aparelho (prolongadamente, aliás), já que o aparelho realmente registra a imagem do homem sem lhe devolver o olhar. É, contudo, inerente ao olhar a expectativa de ser correspondido por quem

---

* O momento em que isto sucede, por sua vez, não mais se repete. O alçado arquitetônico da obra de Proust se baseia nisso: cada uma das situações, nas quais o cronista é bafejado com o hálito do tempo perdido, se torna, por isso, incomparável e destacada da sequência do tempo.

o recebe. Onde essa expectativa é correspondida (e ela, no pensamento, tanto pode se ater a um olhar deliberado da atenção como a um olhar na simples acepção da palavra), aí cabe ao olhar a experiência da aura, em toda a sua plenitude. "A perceptibilidade é uma atenção", afirma Novalis.[84] E essa perceptibilidade a que se refere não é outra senão a da aura. A experiência da aura se baseia, portanto, na transferência de uma forma de reação comum na sociedade humana à relação do inanimado ou da natureza com o homem. Quem é visto, ou acredita estar sendo visto, revida o olhar. Perceber a aura de uma coisa significa investi-la do poder de revidar o olhar.* Os achados da *mémoire involontaire* confirmam isso. (E não se repetem, de resto: escapam da lembrança, que procura incorporá-los. Com isto elas corroboram um conceito de aura, que a concebe com o "fenômeno irrepetível de uma distância".[85] Esta definição tem a vantagem de tornar transparente o caráter cultual do fenômeno. O que é essencialmente distância é inacessível em sua essência: de fato, a inacessibilidade é uma qualidade fundamental da imagem do culto). Desnecessário ressaltar o quanto Proust era versado no problema da aura. Ainda assim é digno de nota que ele, ocasionalmente, se refira a conceitos que contêm a teoria da aura: "Alguns amantes de mistérios sentem-se lisonjeados pela ideia de que alguma coisa dos olhares lançados sobre os objetos neles permaneça". (Talvez exatamente a capacidade de retribuí-los). "Eles acreditam que os monumentos e os quadros se mostrem apenas sob o tênue véu tecido à sua volta no decorrer dos séculos pelo amor e pela devoção de tantos admiradores. Esta quimera – conclui Proust evasivo – transformar-se-ia em verdade, se eles a relacionassem com a única realidade existente para o indivíduo, a saber: o mundo de sua sensibilidade."[86] Análoga, mas de maior alcance, por ser orientada objetivamente, é a definição da percepção no sonho, de Valéry, como uma percepção da aura. "Quando digo: vejo isto aqui, com isto não foi estabelecida qualquer equação entre mim e a coisa... No sonho, ao contrário, existe uma equação. As coisas que vejo, me veem tanto quanto

---

* Essa investidura é um manancial da poesia. Quando o homem, o animal ou um ser inanimado, investido assim pelo poeta, ergue o olhar, lança-o na distância; o olhar da natureza, assim despertado, sonha e arrasta o poeta à cata do seu sonho. As palavras também podem ter sua aura. Karl Kraus a descreveu assim: "Quanto mais de perto se olha uma palavra, tanto maior a distância donde ela lança de volta o seu olhar". (Karl Kraus. *Prodomo et mundo*, Munique, 1912, Ausgewählte Schriften. 4º. p. 164.)

eu as vejo".[87] A natureza dos templos é exatamente a mesma da percepção onírica, a que se refere o poeta:

"O homem o cruza em meio a um bosque de segredos
Que ali o espreitam com seus olhos familiares."[88]

Quanto mais consciente disso foi Baudelaire, tanto maior a segurança com que inscreveu em sua obra poética o declínio da aura. Isto aconteceu de forma cifrada; encontra-se em quase todas as passagens de *As Flores do Mal* em que o olhar emerge do olho humano. (Evidentemente Baudelaire não se utilizou de nenhum plano.) Trata-se da expectativa que se impõe ao olhar humano e que em Baudelaire termina frustrada. Ele descreve olhos que haviam por assim dizer perdido a capacidade de olhar. Como tal, porém, são dotados de um encanto que provê grande parte, senão a maioria das necessidades de seus instintos. Fascinado por esses olhos, o sexo, em Baudelaire, se dissociou de Eros. Se os versos de Goethe em *Ânsia bem-aventurada*

"Nenhuma distância te impede
De vir voando, fascinado",

são válidos para a descrição clássica *do* amor, saturado com a experiência da aura, então dificilmente haverá na poesia lírica versos que tão decididamente lhes façam frente quanto os baudelairianos que se seguem:

"Eu te amo como se ama a abóbada noturna,
O taça de tristeza, ó grande taciturna,
E mais ainda te adoro quanto mais te ausentas
E quanto mais pareces, no ermo que ornamentas,
Multiplicar irônica as celestes léguas
Que me separam das imensidões sem trégua."[89]

Um olhar poderia ter efeito tanto mais fascinante quanto mais profunda fosse a distância daquele que olha e que foi superada nesse olhar. Essa distância continua intacta nos olhos que refletem o olhar como um espelho. Esses olhos, por isso mesmo, nada conhecem da distância. Baudelaire incorporou sua brilhantez polida a verso engenhoso:

"Mergulha os olhos nos olhos fixos
Das Satiresas ou das Nixes."[90]

Satiresas e náiades não mais pertencem à família humana. Encontram-se à parte. Baudelaire introduziu na poesia, de forma memorável, o olhar carregado de distância como um olhar familiar.[91] Ele, que não constituiu família, dotou a palavra familiar de uma textura impregnada de promessas e renúncias. Caiu presa de olhos desprovidos de olhar e se abandona, sem ilusões, à sua mercê.

> "Teus olhos, cuja luz recorda a dos lampejos
> E dos rútilos teixos que ardem nos festejos,
> Exibem arrogantes uma vã nobreza."[92]

"A estupidez – escreve Baudelaire em uma de suas primeiras publicações – é frequentemente um ornamento da beleza. É graças a ela que os olhos são tristes e translúcidos como pântanos sombrios, ou têm a calma untuosa dos mares tropicais."[93] Se esses olhos ganham vida, então é a vida da fera espreitando a presa e, simultaneamente, acautelando-se. (Assim também a prostituta, espiando os transeuntes e, ao mesmo tempo, vigilante devido à polícia. O tipo fisionômico produzido por esse modo de vida, Baudelaire o reencontrou nos numerosos desenhos consagrados por Guys às prostitutas. "Ela fixa os olhos no horizonte, como a fera; eles têm a inquietude da fera... e, às vezes, também a espreita tensa e brusca."[94]) É evidente que o olho do habitante das metrópoles está sobrecarregado com funções de segurança. Simmel faz referência a um outro aspecto desgastante, porém menos evidente. "Quem vê sem ouvir, é muito mais... inquieto do que quem ouve sem ver. Eis aí algo característico da... cidade grande. As relações recíprocas dos homens nas grandes cidades... distinguem-se por uma preponderância notável da atividade da visão sobre a audição. O principal motivo para tal são os meios de transporte públicos. Antes da invenção dos ônibus, trens e bondes no século XIX, as pessoas não haviam chegado ao ponto de serem obrigadas a se olharem mutuamente, por longos minutos ou mesmo horas, sem se dirigirem a palavra."[95]

O olhar prudente prescinde do sonho que divaga no longínquo, podendo chegar a sentir algo como prazer na sua degradação. A curiosa citação abaixo deveria talvez ser lida à luz desta concepção.

No *Salão de 1859,* Baudelaire passa em revista os quadros de paisagem para concluir com uma confissão: "Eu gostaria de ter de volta os dioramas com sua magia imensa e grosseira a me impor uma ilusão útil. Prefiro olhar alguns cenários de teatro, nos quais encontro, tratados habilmente em trágica concisão, os meus mais caros sonhos. Essas coisas, porquanto absolutamente falsas, estão por isso mesmo infinitamente mais próximas da verdade; nossos pintores paisagistas, ao contrário, são em sua grande maioria mentirosos, justamente porque descuidaram de mentir".[96] Tendemos a dar menos valor à "ilusão útil" do que à "concisão trágica". Baudelaire insiste no fascínio da distância e avalia uma paisagem diretamente pelo padrão das pinturas expostas nas barracas das feiras. Pretenderia ele ver violado o fascínio da distância, da mesma forma que isso ocorre quando o espectador se aproxima demais de um cenário? O motivo foi tratado em um dos mais bonitos versos de As Flores do mal:

> "Vaporoso, o Prazer fugirá no horizonte
> Como uma sílfide por trás dos bastidores."[97]

XII

As Flores do Mal foram a última obra lírica a exercer influência no âmbito europeu; nenhuma outra posterior ultrapassou as fronteiras mais ou menos restritas de uma língua. A isto se acrescente ainda que Baudelaire concentrou sua força criativa quase inteiramente nesse livro. E, finalmente, não se pode refutar o fato de que alguns dentre os seus temas considerados na presente análise colocam em questão a possibilidade mesma de uma poesia lírica. Esses três fatos determinam Baudelaire historicamente. Eles mostram com que firmeza Baudelaire assumia sua causa. Estava plenamente cônscio de sua missão. E de tal modo que designou como sua meta "criar um padrão"[98]. E via nisso a condição para todo e qualquer lírico futuro. Tinha pouco apreço por aqueles que não se mostravam à altura dela. "Tomais caldo de ambrosia? Comeis costeletas de Paros? Quanto se paga por uma lira na casa de penhores?"[99] O lírico de auréola tornou-se antiquado para Baudelaire.

Reservou-lhe o lugar de figurante em uma prosa intitulada Perda da Auréola. Só mais tarde o texto se tornou conhecido. Por ocasião da primeira classificação das obras póstumas, foi excluído como "impróprio para publicação". E permaneceu até hoje despercebido na literatura sobre Baudelaire.

"Ora, ora, meu caro! O senhor! Aqui! Em um local mal afamado – um homem que sorve essências, que se alimenta de ambrosia! De causar assombro, em verdade. – Meu caro, sabe do medo que me causam cavalos e veículos. Há pouco estava eu atravessando o bulevar com grande pressa, e eis que, ao saltar sobre a lama, em meio a este caos em movimento, onde a morte chega a galope de todos os lados ao mesmo tempo, minha auréola, em um movimento brusco, desliza de minha cabeça e cai no lodo do asfalto. Não tive coragem de apanhá-la. Julguei menos desagradável perder minhas insígnias do que me deixar quebrar os ossos. E agora, então, disse a mim mesmo, o infortúnio sempre serve para alguma coisa. Posso agora passear incógnito, cometer baixezas e entregar-me às infâmias como um simples mortal. Eis-me, pois, aqui, idêntico ao senhor, como vê! – O senhor deveria ao menos mandar registrar a perda desta auréola e pedir ao comissário que a recupere. – Por Deus! Não! Sinto-me bem aqui. Apenas o senhor me reconheceu. De resto, entedia-me a dignidade. Além disso apraz-me o pensamento que um mau poeta qualquer a apanhará e se enfeitará com ela, sem nenhum pudor. Fazer alguém ditoso – que felicidade! Sobretudo alguém que me fará rir! Imagine X ou Y! Não, isto será burlesco!"[100] O mesmo motivo se encontra nos diários, com um final divergente. O poeta retoma rapidamente a auréola. Então, porém, inquieta-o a sensação de que o incidente seja um mau presságio.[101] *

O autor desses escritos não é um *flâneur*. Eles registram ironicamente as mesmas experiências que, de passagem e sem qualquer acabamento, Baudelaire confia à frase: "Perdido neste mundo vil, *acotovelado pelas multidões,* sou como o homem fatigado cujos olhos não veem no passado, na profundidade dos anos nada além do desengano e da amargura, e, à sua frente, senão a tempestade, onde não está contido nada de novo, nem ensinamentos nem dores".[102] Ser objeto dos encontrões da multidão: Baudelaire assinala esta experiência, entre todas as outras que fizeram de sua vida aquilo que ela foi, como o critério verdadeiro e insubstituível. Para ele havia se apagado a ilusão de uma multidão com impulsos próprios, com alma própria, por quem o *flâneur* havia se deslumbrado. Para imprimir em si sua vileza, ele não perde de vista o dia em que até mesmo as mulheres perdidas, as rejeitadas, chegarão ao ponto de ditar preceitos à vida regrada, de condenar a libertinagem e não deixar subsistir nada além do dinheiro. Traído por esses seus últimos aliados, Baudelaire

---

* É bem possível que o motivo para esta prosa tenha sido um choque patogênico. Tanto mais reveladora é a forma que o relaciona à obra de Baudelaire.

se volta contra a multidão; e o faz com a fúria impotente de quem luta contra a chuva e o vento. Tal é a natureza da vivência que Baudelaire pretendeu elevar à categoria de verdadeira experiência. Ele determinou o preço que é preciso pagar para adquirir a sensação do moderno: a desintegração da aura na vivência do choque. A conivência com esta destruição lhe saiu cara. Mas é a lei de sua poesia que paira no céu do Segundo Império como "um astro sem atmosfera".[103]

Notas

1. Charles Baudelaire, *As Flores do Mal*, trad. Ivan Junqueira, Rio de Janeiro, Nova Fronteira, 1985, 2ª edição, p. 100. (Os poemas de *As Flores do Mal* foram extraídos desta edição; doravante só serão indicados os números das páginas.) (N. do T.)

2. O *Buch der Lieder* (Livro de Canções) de Heinrich Heine (179771856) foi um dos maiores sucessos literários de todos os tempos e uma das mais lidas coletâneas de poesia lírica do século XIX. Foi editado doze vezes, antes da morte de Heine, e muitas de suas poesias foram eternizadas por composições de Schubert, Schumann, Mendelssohn, Brahms e Hugo Wolf. (N. do T.)

3. Possivelmente, Benjamin enganou-se a respeito de Jung. Diz Gerhard Wehr em sua biografia de Jung: "... Em 1946, apareceu o volume *Aufsätze zur Zeitgeschichte* (Temas para a História Contemporânea), de grande importância para a avaliação pessoal de Jung de sua postura frente ao fascismo e, indiretamente, frente ao antissemitismo fascista, já que difundiu-se o boato de que Jung, 'ariano' outrora separado do 'judeu' Freud, teria certa simpatia pelo déspota do Terceiro Reich.

   "Porém, nazista ou antissemita, Jung nunca foi. Em fevereiro de 1933, portanto dias após a tomada do poder por Hitler, Jung proferiu conferências em que dá a conhecer, de modo inequívoco, como se apresenta a seus olhos a nova situação ocasionada pelos eventos políticos na Alemanha. Fala de uma reação compensatória ao *Kollektivmensch* (ser humano coletivo). Diz Jung: 'O *Kollektivmensch* ameaça sufocar o indivíduo, aquele indivíduo em cuja responsabilidade repousa, enfim, toda a obra humana. A massa como tal é sempre anônima e irresponsável. Pretensos *Führer* (líderes) são sintomas inevitáveis de um movimento de massas. Os verdadeiros líderes da humanidade são sempre os que pensam por si mesmos e que, pelo menos, aliviam a carga da humanidade de seu próprio peso, mantendo-se distantes, conscientemente, da cega determinação natural das massas em movimento. Este inequívoco comprometimento dos déspotas nacional-socialistas e seu cruel desmascaramento não carecem de mais comentários. Quem viveu e sofreu esse tempo, sabe o que significa." (Nota do Revisor Técnico)

4. Segundo Bergson, para medir o tempo, a ciência fabrica o verdadeiro dado temporal, a *durée*. Ao contrário do tempo da ciência, a *durée* não é quantitativa, mas apenas qualitativa. A mesma hora do relógio pode parecer interminável, se vazia ou se ocupada pelo tédio ou pela espera, e pode parecer um instante, se preenchida por uma vida psicológica intensa. (N. do R. T.)

5. Marcel Proust, *A la recherche du temps perdu*, tomo I: Du coté de chez Swann, Paris, I, p. 69.

6. Id., ib., p. 69.

7. Theodor Reik, *Der überraschte Psychologe*. Über Erraten und Verstehen unbewusster Vorgänge, Leiden, 1935, p. 132.

8. Sigmund Freud, *Jenseits des Lustprinzips*, Viena, 1923, 3ª ed., p. 31.

9. Id., ib., p. 31s.

10. Id., ib., p. 31.

11. Id., ib., p. 612, p. 30.

12. Esse ensaio de Benjamin se baseia na oposição entre Erfahrung e Erlebnis, aqui traduzidas respectivamente como "experiência" (real ou acumulada, sem intervenção da consciência) e "vivência" (experiência vivida, evento assistido pela consciência). Diz ainda Leandro Konder: *"Erfahrung* é o

conhecimento obtido através de uma experiência que se acumula, que se prolonga, que se desdobra, como numa viagem; o sujeito integrado numa comunidade dispõe de critérios que lhe permitem ir sedimentando as coisas com o tempo. *Erlebnis* é a vivência do indivíduo privado, isolado, é a impressão forte, que precisa ser assimilada às pressas, que produz efeitos imediatos. (N. do R. T.)

13. Freud, op. cit., p. 34s.

14. Id., ib., p. 41.

15. Id., ib., 612, p. 42.

16. Paul Valéry, Analecta, Paris, 1935, p. 264s.

17. Freud, op. cit., p. 32.

18. Baudelaire, *As Flores do Mal,* com uma introdução de Paul Valéry, Paris, Ed. Cres, 1928, p.X.

19. Cit. Ernest Raynaud, *Charles Baudelaire,* Paris, 1922, p. 318.

20. Cf. Jules Valles, *Charles Baudelaire,* in André Billy, *Les écrivains de combat* (Le XIXe siècle), Paris, 1931, p. 192.

21. Cf. Eugène Marsan, *Les cannes de M. Paul Bourget et le bon choix de Philinte.* Petit manuel de l'homme élégant, Paris, 1923, p. 239.

22. Cf. Firmin Maillard, *La cité des intellectuels,* Paris, 1905, p. 362.

23. No original francês lê-se: "enxugando a pena em sua camisa", Teria Benjamin se enganado e lido *essayer* em lugar de *essuyer?* (N. do T.)

24. I, p. 334.

25. P. 319.

26. Cf. André Gide, *Baudelaire et M. Faguet,* in: Morceaux choisis, Paris, 1921, p. 128.

27. Cf. Jacques Rivière, Etudes, Paris, 1948, 18ª ed., p. 14.

28. P. 131.

29. P. 137.

30. P. 363.

31. I, p. 405s.

32. Friedrich Engels, *Die Lage der arbeitenden Klass ein England. Nach eigner Anschauung und authentischen Quellen,* Leipzig, 1848, 2ª ed., p.36s.

33. Georg Wilhelm Friedrich Hegel, *Werke.* Vollstëndige Ausg, durch einen Verein von Freunden des Verewigten. Tomo 19: Briefe von und an Hegel. Editado por Kari Hegel. Leipzig, 1887, 2ª parte, p. 257.

34. Paul Desjardins, *Poètes contemporains.* Charies Baudelaire, in: Revue bleue. Revue politique et littéraire (Paris), 3ª série, tomo 14, Ano XXIV, 2a série, nº 1, 2 de julho de 1887, p. 23.

35. P. 345.

36. Albert Thibaudet, *Intérieurs,* Paris, 1924, p. 22.

37. Proust, *A la recherche du temps perdu,* tomo 6: La prisonnière, Paris, 1925, I, p. 138.

38. Edgar Poe, *Nouvelles histoires extraordinaires,* tradução de Charles Baudelaire (Charles Baudelaire, *Oeuvres Complètes,* tomo 6: Traducctions II), Ed. Calmann Lévy, Paris, 1887, p. 88.

39. Id., ib., p. 624, p. 94.

40. Id., ib., p. 90s.

41. Id., ib., p. 89.

42. Poe, op. cit., p. 624, p. 90.

43. Cf. II, p. 328-335.

44. Ernst Theodor Amadeus Hoffmann, *Ausgewählte Schriften,* tomo 14: Leben und Nachlass. Von Julius Eduard Hitzig, tomo 2, 3ª ed., Stuttgart, 1839, p. 205.

45. Estilo burguês da primeira metade do século XIX. (N. do T.)

46. Heinrich Heine, *Gespräche, Briefe, Tagebücher, Berichte seiner Zeitgenossen. Gesammelt und hrsg. von Hugo Bieber,* Berlim, 1926, p. 163.

47. Valéry, Cahier B 1910, Paris, p. 88s.

48. II, p. 333.

49. Karl Marx, *Das Kapital.* Kritik der politischen Ökonomie. Ungeekürzte Ausgabe nach der 2. Aufl. von 1872, Ed. Kari Korsch, tomo 1, Berlim, 1932, p. 404.

50. Id., ib., p. 402.

51. Id., ib., p. 402.

52. Id., ib., p. 459.

53. Id., ib., p. 631, p. 336.

54. Emile Auguste Chartier Alain, *Les idées et les âges,* Paris, 1927, I, p. 183 *(Le jeu).*

55. Cf. p. 353 e II, p. 630.

56. Grifo do tradutor para construção inexistente em português (N. do T.).

57. Ludwig Börne, *Gesammelte Schriften.* Neue vollständige Ausg. tomo 3, Hamburgo, Frankfurt-sobre-o-Meno, 1862, p. 38s.

58. II, p. 135.

59. Joseph Joubert, *Pensées,* Paris, 1883, II, p. 162.

60. P. 313.

61. Cf. I, pp. 455-459.

62. P. 353.

63. P. 353.

64. Proust, *A propos de Baudelaire,* in: Nouvelle revue française, tomo 16, 1º de junho de 1921, p. 652.

65. P.115.

66. II, p. 536.

67. P.135.

68. P.470.

69. Proust, *A la recherche du temps perdu,* tomo 8: Le temps retrouvé, Paris, II, p. 82s.

70. P. 301.

71. Jules-Amédéc Barbey D'Aurevilly, *Les oeuvres et les hommes* (XIXᵉ siecle), 3ª parte: Les poètes, Paris, 1862, p. 381.

72. Tímon: filósofo, também conhecido como o Misantropo; Arquíloco: poeta, famoso pela violência que usava nos poemas contra os inimigos. (N. do R. T.)

73. P. 301.

74. P. 296.

75. Max Horkheimer, *Zu Bergsons Metaphysik der Zeit,* in: Zeitschrift für Sozialforschung 3 (1934), p. 332.

76. Cf. Henri Bergson, *Matière et mémoire.* Essai sur la relation du corps à l'esprit, Paris, 1933, p. 166s.

77. P. 301.

78. II, p. 197.

79. II, p. 224.

80. II, p. 222s.

81. II, p. 224.

82. Valéry, *Avant-propos,* Encyclopédie française, tomo 16: Arts et littératures dans la société contemporaine I, Paris, 1935, fase. 16/04-5/6.

83. Cf. Proust, *A la recherche du temps perdu,* tomo 8: Le temps retrouvé, id. ib.,p. 641, I, p. 236.

84. Friedrich von Hardenberg Novallis, *Schriften.* Kritische Neuaussgabe auf Grund des handschriftlichen Nachlasses von Ernst Heilbron, Berlim. 1901.2ª parte. 1ª metade, p. 293.

85. Cf. Walter Benjamin, *L'oeuvre d'art à l'époque de sa reproduction mécanisée,* in: Zeitschrift für Sozialforschung 5 (1936), p. 43.

86. Proust, *A la recherche du temps perdu,* tomo 8: Le temps retrouvé, id., ib., p. 641, II, p. 33.
87. Valéry, *Analecta,* id. ib., p. 614, p. 1938.
88. P. 115. (N. do T.)
89. P. 161.
90. P. 465.
91. Cf. p. 115.
92. P. 163.
93. II, p. 622.
94. II, p. 359.
95. George Simmel, *Mélanges de philosophie rélativiste.* Contribution à la culture philosophique, tradução de A. Guillain, Paris, 1912, p. 26s.
96. II, p. 273.
97. P. 313.
98. Cf. Jules Lemaitre, *Les contemporains,* Etudes et portraits littéraires, 4ª série, 14ª ed., Paris, 1897, p. 31s.
99. II, p. 422.
100. I, p. 483s.
101. Cf. II, p. 634.
102. II, p. 641.
103. Friedrich Nietzsche. *Unzeitgemässe Betrachtungen,* 2ª ed., Leipzig, 1893. tomo 1. p. 164.

PARQUE CENTRAL

(1)

A hipótese de Laforgue[1] sobre o comportamento de Baudelaire no bordel ilumina toda a consideração psicanalítica que lhe dedica. Essa consideração rima ponto por ponto com a convencional "histórico-literário".

A singular beleza de tantos versos iniciais de poemas de Baudelaire é: o emergir do abismo.

George traduziu *spleen et idéal*[2] por "melancolia e sublimação", acertando assim no significado essencial do ideal em Baudelaire.

Se se pode dizer que, em Baudelaire, a vida moderna é o fundo das imagens dialéticas, nisso se inclui o fato de que Baudelaire se confrontava com a vida moderna do mesmo modo que o século XVII com a antiguidade.

Se tivermos presente o quanto o Baudelaire poeta tinha de respeitar as próprias posições, os próprios juízos e os próprios tabus e como, por outro lado, estavam escrupulosamente delimitadas as tarefas do seu labor poético, então veremos manifestar-se nele um traço heroico.

(2)

O *spleen* como dique contra o pessimismo. Baudelaire não é nenhum pessimista. Não o é, porque sobre ele paira um tabu em relação ao futuro. Isso distingue mais nitidamente o seu heroísmo do de Nietzsche. Em

Baudelaire não se encontra nenhuma espécie de reflexão sobre o futuro da sociedade burguesa, e isso é surpreendente em face do caráter de suas anotações íntimas. Por essa única circunstância pode-se avaliar quão pouco ele contava com a repercussão para a sobrevivência de sua obra e quão monadológica é a estrutura de *As Flores do Mal.*

A estrutura de *As Flores do Mal* não é determinada por uma disposição engenhosa dos poemas qualquer que seja e muito menos por uma chave secreta; repousa na exclusão sem condescendência de todo tema lírico que não estivesse cunhado pela experiência dolorosa e personalíssima de Baudelaire. E precisamente porque sabia que o seu sofrer, o *spleen*, o *taedium vitae*, é ancestral, Baudelaire podia nele distinguir, de maneira mais exata, a assinatura da própria experiência. Se podemos aventar uma hipótese, então diremos que pouca coisa lhe poderia dar conceito tão elevado de sua originalidade quanto a leitura dos satíricos romanos.

(3)

A "apreciação" ou apologia se esforça em encobrir os momentos revolucionários do curso histórico. Ela acalenta no coração o estabelecimento de uma continuidade. Atribui importância apenas àqueles elementos da obra que já repercutiram. Escapam-lhe as escarpas e os ressaltos que oferecem apoio àquele que deseje chegar além.

O frêmito cósmico em Victor Hugo nunca teve o caráter do espanto nu que visitava Baudelaire no *spleen*. Vinha, para o poeta, de um espaço de mundo em harmonia com o interior em que se sentia como em casa. Sentia-se nesse mundo dos espíritos verdadeiramente em casa. Mundo que é o complemento da comodidade de sua vida doméstica, onde também não cabia o espanto.

"No eterno coração que sempre refloresce" – como explicação de *As Flores do Mal* e da esterilidade. *As Vindimas,* a colheita em Baudelaire – seus termos mais melancólicos (*Semper eadem; O Imprevisto*).

Contradição entre a teoria das correspondências naturais e a recusa à natureza. Como resolvê-la?

Invectivas bruscas, tráfico de segredos, decisões surpreendentes fazem parte da razão de Estado do Segundo Império e foram características de Napoleão III. Elas formam o gesto decisivo nas publicações teóricas de Baudelaire.

(4)

O fermento novo e decisivo que, ao penetrar o *taedium vitae,* o transforma em *spleen,* é a autoalienação. Da infinita regressão da reflexão que, no romantismo, ludicamente dilatava o espaço vital em círculos cada vez mais soltos e, ao mesmo tempo, o reduzia em estruturas cada vez mais limitadas, a tristeza em Baudelaire permaneceu apenas o *tetê-à-tête* claro e sombrio do sujeito consigo mesmo. Aqui reside o "sério" específico de Baudelaire. Foi precisamente esse "sério" que impediu ao poeta a assimilação efetiva da visão de mundo católica, concepção esta que só se reconcilia com o poeta das alegorias sob a categoria do jogo. Aqui, a aparência ilusória da alegoria já não é confessada como no barroco.

Baudelaire não foi dominado por nenhum estilo e não pertenceu a nenhuma escola. Isso dificultou muito a sua aceitação.

A introdução da alegoria responde, de modo incomparavelmente mais significativo, à crise comparável da arte a que, por volta de 1852, estava destinada a teoria da *l'art pour farto.* Essa crise da arte tinha suas razões tanto na situação política quanto na técnica.

(5)

Há duas lendas sobre Baudelaire. Uma, ele mesmo a difundiu, e nela ele aparece como inumano e como o terror da burguesia. A outra nasceu com sua morte e consolidou sua fama. Nela aparece como mártir. Esse falso nimbo teológico deve ser, em toda a linha, dissipado. Para esse nimbo, a fórmula de Adrienne Monnier.[3]

Pode-se dizer: a felicidade o arrepiava; da infelicidade, não se pode dizer nada de análogo. A infelicidade não pode penetrar em nós em estado natural.

O *spleen* é o sentimento que corresponde à catástrofe em permanência.

O curso da história como se apresenta sob o conceito da catástrofe não pode dar ao pensador mais ocupação que o caleidoscópio nas mãos de uma criança; para a qual, a cada giro, toda a ordenação sucumbe ante uma nova ordem. Essa imagem tem uma bem fundada razão de ser. Os conceitos dos dominantes foram sempre o espelho graças ao qual se realizava a imagem de uma "ordem". – O caleidoscópio deve ser destroçado.

O túmulo como a câmara secreta onde Eros e Sexus confrontam sua velha rixa.

As estrelas representam em Baudelaire a imagem ardilosa da mercadoria. São o sempre igual em grandes massas.

A depreciação do mundo das coisas na alegoria é sobrepujada dentro desse próprio mundo pela mercadoria.

(6)

Deve-se descrever o *art nouveau* como a segunda tentativa de a arte se entender com a técnica. A primeira foi o realismo, para o qual o problema existia mais ou menos na consciência dos artistas inquietos com os novos processos da técnica de reprodução (cf. notas do trabalho *A Obra de Arte na Era de sua Reprodutibilidade Técnica*).

Devido ao seu deslocamento, o problema em si já estava vencido no *art nouveau*, que já não se sentia ameaçado pela técnica concorrente. Tanto mais abrangente e agressiva foi a crítica à técnica que nele se ocultava. No fundo, visava a deter o desenvolvimento técnico. Seu recurso a temas técnicos resulta desse intento...

O que era alegoria em Baudelaire se degradou em gênero em Rollinat.[4]

O tema da *perte d'auréole* deve ser salientado como o contraste mais decisivo aos temas do *art noveau*.

Essência como tema do *art nouveau*.

Escrever a história significa dar às datas sua fisiognomonia. Prostituição do espaço no haxixe, onde ele se põe a serviço de tudo o que foi (*spleen*).

Para o *spleen* o homem enterrado é o "sujeito transcendente" da consciência histórica.

O *art nouveau* acalentava, no coração, a auréola. Nunca o Sol se deleitara tanto com sua coroa de raios; nunca o olho do ser humano fora mais brilhante do que em Fidus.[5]

(7)

O tema do andrógino, da lésbica, da mulher estéril, deve-se tratar em conexão com a violência destrutiva da intenção alegórica.

A rejeição ao "natural", deve-se tratar antes de tudo em conexão com a cidade grande como tema do poeta.

Meryon: o mar das casas, as ruínas, as nuvens, a majestade e a fragilidade de Paris.

O contraste entre antigo e moderno deve ser transferido do contexto pragmático em que aparece em Baudelaire para o alegórico.

O *spleen* põe séculos entre o presente e o momento que acaba de ser vivido. É ele que, incansavelmente, estabelece "antiguidade".

Em Baudelaire, a "modernidade" não se baseia única e primordialmente na sensibilidade. Nela se exprime uma espontaneidade suprema; a modernidade em Baudelaire é uma conquista; possui uma armadura. Parece que só Jules Laforgue o viu, quando falou do "americanismo" de Baudelaire.

(8)

Baudelaire não tinha o idealismo humanitário de um Victor Hugo ou de um Lamartine. Não estava predestinado à felicidade sentimental de um Musset. Não viu, como Gautier, graça em sua época, nem como Leconte de Lisle pôde iludir-se com ela. Não era dado como Verlaine a se refugiar na devoção, nem como Rimbaud a intensificar a força juvenil do elã lírico mediante a traição da virilidade. Quanto mais o poeta for rico em recursos em sua arte, tanto mais será desprovido de subterfúgios perante a sua época. A própria "modernidade" que tanto se orgulhava de haver descoberto, para que servia!? Os poderosos do Segundo Império não se pareciam com os modelos da classe burguesa que Balzac tinha descrito. E, por fim, a modernidade se tornou um papel que talvez só pudesse ser desempenhado pelo próprio Baudelaire. Um papel trágico em que o diletante, que tinha de assumi-lo por falta de outras forças, fazia amiúde uma figura cômica como os heróis saídos da mão de Daumier sob o aplauso de Baudelaire. Sem dúvida Baudelaire sabia disso tudo. As excentricidades com que se comprazia eram o seu modo de manifestá-lo. Com toda a certeza, não era, portanto, nenhum salvador, nenhum mártir, nem mesmo um herói. Porém tinha em si algo do ator que deve representar o papel do "poeta" diante de uma plateia e de uma sociedade que já não precisa do autêntico poeta e que só lhe dava, ainda, espaço como ator.

(9)

A neurose produz o artigo de massa na economia psíquica. Ele tem aí a forma da obsessão. Esta aparece na organização do neurótico em incontáveis espécimes sempre como a mesma. Inversamente, a ideia do eterno retorno tem no próprio Blanqui a forma de uma obsessão.

A ideia do eterno retorno transforma o próprio evento histórico em artigo de massa. Mas essa concepção mostra também em outro sentido – no reverso, por assim dizer – o rastro das circunstâncias econômicas às quais deve sua súbita atualidade. Esta se anunciou no momento em que as condições de vida se tornaram acentuadamente instáveis devido à acelerada sucessão de crises. A ideia do eterno retorno derivava seu esplendor de já não se poder contar, em todas as circunstâncias, com o retorno da estabilidade em prazos mais curtos que os oferecidos pela eternidade. O retomo das constelações cotidianas se tornou gradativamente mais raro e com isso o surdo pressentimento de que nos deveríamos contentar com as constelações cósmicas pôde despertar. Em suma, o hábito se preparava para renunciar a alguns dos seus direitos. Diz Nietzsche: "Amo os hábitos de curta duração", e já Baudelaire foi incapaz de desenvolver hábitos estáveis durante a vida inteira.

(10)

Na *via-crúcis* do melancólico. as alegorias são as estações. O lugar do esqueleto na erotologia de Baudelaire, "A anônima elegância da humana ossatura".

A impotência é a base da *via-crúcis* da sexualidade masculina, índice histórico dessa impotência. Dessa impotência provêm tanto a sua ligação à imagem seráfica da mulher quanto o seu fetichismo. Deve-se assinalar a nitidez e a precisão da imagem feminina em Baudelaire. O "pecado poético" de Keller ("Doces figuras femininas inventar/Como a amarga Terra não as tem") certamente não é o seu. As imagens femininas de Keller têm a doçura das quimeras, porque nelas imaginou a própria impotência. Nas suas imagens femininas, Baudelaire permanece mais preciso e, numa palavra, mais francês, pois nele o elemento fetichista e o seráfico quase nunca coincidem, como em Keller.

Causas sociais da impotência: a fantasia da classe burguesa deixou de se ocupar com o futuro das forças produtivas que ela mesmo havia liberado. (Confronto entre suas utopias clássicas e as da metade do século XIX.) Para poder ocupar-se mais tarde desse futuro, a classe burguesa deveria de fato ter renunciado, em primeiro lugar, à ideia da renda. No trabalho sobre Fuchs[6] demonstrei como a "comodidade" específica da metade do século se relaciona com esse bem fundado entorpecimento da fantasia social. No confronto com as imagens do futuro dessa fantasia social, o desejo de ter filhos é talvez apenas um estímulo mais débil da potência. Em todo o caso, a teoria baudelairiana de serem as crianças o mais próximos do *péché* original é bastante reveladora.

(11)

Comportamento de Baudelaire no mercado literário. Graças à sua profunda experiência da natureza da mercadoria, Baudelaire estava capacitado, ou obrigado, a reconhecer o mercado como instância objetiva (cf. os seus *Conseils auxjeunes Littérateurs*). Graças às suas negociações com redações, permanecia em contato ininterrupto com o mercado. Seus procedimentos – a difamação (Musset), a contrafação (Hugo). Talvez Baudelaire tenha sido o primeiro a fazer uma representação justa da originalidade do mercado que, exatamente por isso, era mais original que qualquer outra (criar um padrão). Essa *création* encerrava certa intolerância. Baudelaire queria abrir espaço para os seus poemas e para esse fim precisava suplantar outros. Desvalorizou certas liberdades poéticas dos românticos através do seu manejo clássico do verso alexandrino e a poética classicista através de suas típicas rupturas e deficiências no próprio verso clássico. Em suma, os seus poemas continham precauções especiais para o cerceamento de seus concorrentes.

(12)

A figura de Baudelaire penetra, num sentido decisivo, sua fama. Para a massa de leitores pequeno-burguesa, sua história foi uma imagem de Epinal,[7] a ilustração da "carreira de um libertino". Essa imagem muito contribuiu para a fama de Baudelaire, mesmo se aqueles que a difundiram mal se pudessem contar entre seus amigos. A essa imagem se sobrepôs outra de influência menor, mas talvez mais durável ao longo do tempo, em que Baudelaire aparece como defensor de uma paixão estética semelhante à que, na mesma época, Kierkegaard concebeu em *Aut Aut*.[8] A rigor, não pode haver análise penetrante de Baudelaire que não se confronte com a imagem de sua vida. Em verdade, essa imagem é determinada por ter sido ele o primeiro a perceber, de modo mais consequente, que a burguesia estava prestes a retomar a missão que atribuíra ao poeta. Que missão social poderia entrar no seu lugar? A classe nenhuma cabia perguntar; seria melhor deduzi-la do mercado e de suas crises. Interessava a Baudelaire não a demanda manifesta e a curto prazo, mas a latente e a longo prazo. *As Flores do Mal* prova que ele a avaliava certo. Porém, o mercado no qual essa demanda se manifestava condicionava um modo de produção e também um modo de vida muito diferentes daqueles dos primeiros poetas. Baudelaire era obrigado a reivindicar a dignidade do poeta numa sociedade que já não tinha nenhuma espécie de dignidade a conceder. Daí a bufonaria do seu comportamento.

(13)

Em Baudelaire, o poeta declara pela primeira vez seu direito a um valor de exposição. Baudelaire foi o seu próprio empresário. A *perte d'auréole* afeta antes de tudo o poeta. Daí sua mitomania.

Os circunstanciados teoremas com que a *l'art pour l'art* foi pensada, não só por seus defensores da época, mas, acima de tudo, pela história da literatura (para não falar de seus defensores atuais), acabam simples e diretamente na afirmativa: a sensibilidade é o verdadeiro tema da poesia. A sensibilidade por natureza é sofredora. Se experimenta a sua mais elevada concreção, sua mais substanciosa determinação no erotismo, encontra sua perfeição absoluta, que coincide com sua apoteose, na paixão. A poética da "arte pela arte" penetrou intacta a paixão poética de *As Flores do Mal*.

Flores adornam cada estação desse Calvário. São as flores do mal.

Aquilo que é atingido pela intenção alegórica permanece separado dos nexos da vida; é, ao mesmo tempo, destruído e conservado. A alegoria se fixa às ruínas. Oferece a imagem da inquietação entorpecida. Ao impulso destrutivo de Baudelaire não interessa, nenhures, abolir o que lhe cabe.

A descrição do confuso não é o mesmo que uma descrição confusa.

O *"Attendre c'est la vie"* de Victor Hugo – a sabedoria do exílio.

A nova *desolação* de Paris (cf. o trecho sobre os gatos-pingados) se insere como elemento essencial na imagem da modernidade (cf. Veuillot).

(14)

A figura da mulher lésbica pertence, no sentido estrito, às heroicas "imagens-guias" de Baudelaire. Na linguagem de seu satanismo, ele mesmo o exprime. Isso fica igualmente compreensível numa linguagem não metafísica, crítica, que sua crença na "modernidade" assume em sua acepção política. O século XIX começou a incorporar, sem reservas, a mulher no processo de produção mercantil. Todos os teóricos eram unânimes em que sua feminilidade específica se achava tão ameaçada que, com o passar do tempo, traços masculinos deveriam necessariamente manifestar-se. Baudelaire confirma esses traços, mas simultaneamente quer subtraí-los à tutela econômica. E assim vem a dar um acento puramente sexual a essa tendência de evolução da mulher. A "imagem-guia" da mulher lésbica representa o protesto da modernidade contra a evolução técnica. (Seria importante averiguar como sua aversão a George Sand se fundamenta nesse contexto).

A mulher em Baudelaire: a presa mais valiosa no "triunfo da alegoria" – a vida que significa a morte. Essa qualidade convém, incondicional-mente, à puta. É a única que não se lhe pode negar, e, para Baudelaire, apenas isso conta.

(15)

Interromper o curso do mundo – esse era o desejo mais profundo em Baudelaire. O desejo de Josué. Não tanto o profético, pois ele não pensava em retorno. Desse desejo nasciam sua violência, sua impaciência e sua ira; dele também nasciam as tentativas sempre renovadas de atingir o mundo no coração ou de fazê-lo dormir, cantando. É por causa desse desejo que, em suas obras, ele faz com que a morte esteja acompanhada de suas exortações.

Deve-se presumir que os objetos que formam o miolo da poesia de Baudelaire não eram acessíveis a um esforço enérgico e sistemático: aqueles objetos decisivamente novos – a cidade grande, a multidão – tampouco são visados por ele como tais. Não são eles a melodia que tem em mente. É, antes, o satanismo, o *spleen* e o erotismo desviante. Os verdadeiros objetos de *As Flores do Mal* se encontram em lugares mais invisíveis. São – a fim de permanecermos na imagem – as cordas jamais tocadas do instrumento inaudível em que Baudelaire devaneia.

(16)

O labirinto é o caminho certo para aquele que sempre chega a tempo à sua meta. Essa meta é o mercado.

Os jogos de azar, o flanar, o colecionar – atividades que se contrapõem ao *spleen*.

Baudelaire mostra como a burguesia em decadência já não pode integrar os elementos antissociais. Quando foi dissolvida a *garde nationale*?[9]

Com os novos métodos de produção que levam a imitações, a aparência se precipita sobre as mercadorias.

Para os homens de hoje, só há uma nova radical – e esta é sempre a mesma: a morte. Inquietude entorpecida é também a fórmula para a imagem biográfica de Baudelaire, imagem que não conhece nenhuma evolução.

(17)

Um dos arcanos que só com a cidade grande foi revelado à prostituição é a massa. A prostituição inaugura a possibilidade de uma comunhão mística com a massa. O surgimento da massa é, contudo, simultâneo ao da produção em massa. A prostituição parece conter ao mesmo tempo a possibilidade de sobreviver num espaço vital, onde mais e mais os objetos de nosso uso mais íntimo se tornaram artigos de massa. Na prostituição das grandes cidades, a mulher se torna artigo de massa. Essa assinatura totalmente nova da vida das cidades grandes confere real significação à retomada por Baudelaire do dogma do pecado original. O conceito anterior parecia a Baudelaire gasto demais para dominar um assunto totalmente novo e desconcertante.

O labirinto é a pátria do hesitante. O caminho daquele que teme chegar à meta facilmente traçará um labirinto. Assim age a pulsão sexual nos episódios que antecedem a sua satisfação. Mas assim também procede a humanidade (a classe) que não quer saber até onde vai.

Se é a fantasia que oferece à memória as correspondências, então é o pensamento que lhe dedica as alegorias. A memória conduz umas às outras.

(18)

A atração magnética que algumas poucas situações básicas repetidamente exerceram sobre o poeta pertence à síndrome da melancolia.

A fantasia de Baudelaire conhece imagens estereotipadas. Em geral, ele parece ter-se submetido à compulsão de voltar, ao menos uma vez, a cada um de seus temas. Pode-se realmente comparar isso à compulsão que sempre arrasta de novo o criminoso ao local do crime. As alegorias são lugares onde Baudelaire expiava seu impulso destrutivo. Assim talvez se explique a correspondência singular entre tantos de seus textos em prosa com os poemas de *As Flores do Mal*.

Querer julgar a força do pensamento de Baudelaire segundo suas digressões filosóficas (Lemaitre) seria um grande erro. Baudelaire era um mau filósofo, um bom teórico, mas como cismador estava incomparavelmente sozinho. Do cismador tem a estereotipia dos temas, a firmeza em rejeitar todo estorvo, a disposição de pôr a qualquer hora a imagem a serviço do pensamento. O cismador, como tipo historicamente definido, é aquele que é familiar com as alegorias.

Em Baudelaire, a prostituição é o fermento que, em sua fantasia, faz crescer a massa das cidades grandes.

(19)

Majestade da intenção alegórica: destruição do orgânico e do vivente – destruição da ilusão. Deve ser consultada a passagem marcante na qual Baudelaire se pronuncia sobre a fascinação que exerce sobre ele o cenário pintado dos teatros. A renúncia ao encantamento do distante é um elemento decisivo na lírica de Baudelaire. Ele encontrou na primeira estrofe de *A Viagem* sua suprema formulação.

Quanto à extinção da ilusão: *O Amor à Mentira*.

Mártir e *A Morte dos Amantes*: interior estilo Makart e *art noveau*.

O arrancar as coisas de seu contexto habitual – normal com as mercadorias no estádio de sua exibição – é um procedimento bastante característico em Baudelaire. Pertence à destruição dos contextos orgânicos na intenção alegórica. Cf. *Mártir*, estrofes 3 e 5, nos temas sobre a natureza, ou a primeira estrofe de *Madrigal triste*.

Definição da aura como projeção na natureza de uma experiência social entre seres humanos: o olhar é retribuído.

A desilusão e o declínio da aura são fenômenos idênticos. Baudelaire coloca o artifício da alegoria a serviço de ambos.

É coerente com a *via-crúcis* da sexualidade masculina o fato de Baudelaire sentir, até certo ponto, a gravidez como uma injusta concorrência.

As estrelas que Baudelaire bane do seu mundo são justamente aquelas que, em Blanqui, se tornam o cenário do eterno retorno.

(20)

O ambiente objetivo do homem adota, cada vez mais brutalmente, a fisionomia da mercadoria. Ao mesmo tempo, a propaganda se põe a ofuscar o caráter mercantil das coisas. À enganadora transfiguração do mundo das mercadorias se contrapõe sua desfiguração no alegórico. A mercadoria procura olhar-se a si mesma na face, ver a si própria no rosto. Celebra sua humanização na puta.

Deve-se situar a mudança na função da alegoria na economia mercantil. O empreendimento de Baudelaire foi o de trazer à luz, na mercadoria, a aura que lhe é própria. Procurou, de uma maneira heroica, humanizar a mercadoria. Esse intento tem sua contrapartida na tentativa burguesa simultânea de humanizar a mercadoria de uma maneira sentimental: dar à mercadoria, como ao homem, uma casa. Isso era o que, naquela época, se esperava dos estojos, das capas e dos forros com que se cobriam os objetos caseiros dos burgueses.

A alegoria de Baudelaire traz, ao contrário da barroca, as marcas da cólera, indispensável para invadir esse mundo e arruinar suas criações harmônicas.

O heroico em Baudelaire é a forma sublime em que aparece o demoníaco, o *spleen* sua forma infame. Naturalmente essas categorias de sua "estética" devem ser decifradas. Não podem ficar nisso. – Anexação do heroico à latinidade antiga.

(21)

O choque como princípio poético de Baudelaire: a *estranha esgrima* da cidade dos *Quadros Parisienses* já não é pátria. É palco e país estrangeiro.

Qual pode ser a imagem da cidade grande se o registro de seus perigos físicos é ainda tão incompleto como em Baudelaire?

A imigração como uma chave da cidade grande.

Baudelaire nunca escreveu um poema sobre putas a partir de uma puta (cf. *Cartilha para o Citadino*).[10]

A solidão de Baudelaire e a solidão de Blanqui. A fisiognomonia de Baudelaire como a do ator.

Representar a miséria de Baudelaire diante do pano de fundo de sua "paixão estética".

A irascibilidade de Baudelaire faz parte de sua predisposição destrutiva. Chega-se mais perto da coisa quando, nesses acessos, se reconhece igualmente um "estranho secionamento do tempo".[11]

O tema básico do *art nouveau* é a transfiguração da esterilidade. O corpo é, de preferência, desenhado nas formas que precedem a puberdade. Essa ideia deve ser ligada à da interpretação regressiva da técnica.

O amor lésbico leva a sublimação até o colo feminino e planta o pendão de lírios do amor "puro", que não conhece nem gravidez nem família.

O título "Os Limbos" talvez deva ser tratado na primeira parte, de modo que a cada parte caiba o comentário de um título; a segunda "As Lésbicas", a terceira "As Flores do Mal".

(22)

A glória de Baudelaire, ao contrário, por exemplo, da mais recente de Rimbaud, até agora não conheceu nenhuma queda. A dificuldade incomum de se chegar perto do cerne da poesia de Baudelaire é que, para usar uma fórmula, nessa poesia nada envelheceu.

A assinatura do heroísmo em Baudelaire: viver no coração da irrealidade (da ilusão). A isso se soma o fato de que Baudelaire não conheceu a nostalgia. Kierkegaard!

A poesia de Baudelaire faz aparecer o novo no sempre igual e o sempre igual no novo.

Deve ser mostrado energicamente como a ideia do eterno retorno penetra mais ou menos ao mesmo tempo o mundo de Baudelaire, o de Blanqui e o de Nietzsche. Em Baudelaire, o acento recai sobre o novo que, com esforço heroico, é extraído do "sempre igual"; em Nietzsche, sobre o "sempre igual" que o homem afronta com calma heroica. Blanqui está muito mais próximo de Nietzsche que de Baudelaire, mas nele predomina a resignação. Em Nietzsche, essa experiência se projeta cosmologicamente na tese: já não acontece nada de novo.

(23)

Baudelaire não teria escrito poemas se só tivesse tido os temas poéticos que os poetas habitualmente têm.

Esse trabalho tem de fornecer a projeção histórica das experiências que fundamentam *As Flores do Mal.*

Observações muito precisas de Adrienne Monnier: o especificamente francês nele: *la rogne* (a cólera). Vê nele o revoltado: compara-o a Fargue:[12] "maníaco, revoltado contra a própria impotência, e sabe-se lá o quê". Ela cita também Céline. A *gadoiserie* (descaramento) é o que há de francês em Baudelaire.

Mais uma observação de Adrienne Monnier: os leitores de Baudelaire são os homens. As mulheres não o amam. Para os homens ele significa a representação e o transcender do *lado obsceno* em sua vida impulsiva. Se avançarmos, a paixão de Baudelaire, sob essa luz, será para muitos de seus leitores o resgate de certos aspectos de suas vidas impulsivas.

Para o dialético, o que importa é ter o vento da história universal em suas velas. Para ele pensar significa: içar velas. Como estão dispostas, isso importa. Para ele, palavras são apenas velas. O modo como são dispostas é o que as transforma em conceito.

(24)

A ressonância ininterrupta que *As Flores do Mal* até hoje encontra se liga profundamente a um aspecto definido que a cidade grande tomou quando, aqui, pela primeira vez, penetrou o verso. É o que menos se podia esperar. Ressoam em Baudelaire, quando ele evoca Paris em seus versos, a caducidade e a fragilidade dessa cidade grande, algo talvez nunca mais completamente indicado do que em *O Crepúsculo Matinal;* mas esse aspecto é mais ou menos comum a todos os *Quadros Parisienses;* ele se manifesta tanto na transparência da cidade quanto o sol a torna encantada, quanto no efeito de contraste de *Sonho Parisiense.*

O fundamento decisivo da produção de Baudelaire é uma relação de tensão em que, nele, se liga uma sensibilidade extremamente elevada a uma contemplação extremamente concentrada. Teoricamente, essa relação se reflete na doutrina das *correspondances* e na doutrina da alegoria. Baudelaire nunca fez a menor tentativa de estabelecer uma relação qualquer entre essas suas especulações. A sua poesia nasce da cooperação dessas duas tendências nele encarnadas. O que foi em primeiro lugar assimilado (Pechméja) e continuou atuando na *poésie pure* foi o lado sensitivo do seu gênio.

(25)

O silêncio como aura. Maeterlinck impede o desenvolvimento de aurático até a desordem.

Uma observação de Brecht: nos povos latinos o refinamento do sensorial não diminui o poder de compreensão. Para os germânicos, o refinamento, a crescente cultura do prazer, é sempre adquirido com uma redução do poder de compreensão. A aptidão para o prazer perde em densidade à medida que ganha sensibilidade. Essa observação a propósito de "... a trescalar do vinho as escorralhas", de *O Vinho dos Trapeiros*.

Ainda mais importante a seguinte observação: o eminente refinamento sensual de um Baudelaire se mantém totalmente livre de comodidade. A incompatibilidade fundamental entre o prazer sensorial e a comodidade é a marca decisiva de uma legítima cultura dos sentidos. O esnobismo de Baudelaire é a fórmula excêntrica dessa renúncia absoluta à comodidade, e o seu "satanismo" nada mais que a constante disposição de perturbar aquela comodidade, onde e quando ela se pudesse apresentar.

(26)

Em *As Flores do Mal* não há o menor indício de uma descrição de Paris. Isso bastaria para distingui-lo decisivamente da "lírica da cidade grande", mais tardia. Baudelaire fala na efervescência de Paris como alguém que falasse na ressaca. Seu discurso soa nítido enquanto é perceptível. Mas algo que o dificulta se mistura a ele. E ele permanece misturado a essa efervescência, que o leva adiante e lhe confere um significado obscuro.

Os fatos do dia são o fermento que, na fantasia de Baudelaire, fazem crescer a massa da cidade grande.

O que prendia Baudelaire de modo tão exclusivo à literatura latina e sobretudo à do latim tardio talvez se devesse ao uso, não tanto abstrato quanto alegórico, que a literatura latina tardia fazia dos nomes dos deuses. Nisso Baudelaire podia reconhecer um processo aparentado ao seu.

Na declarada oposição de Baudelaire à natureza se esconde, antes de mais nada, um profundo protesto contra o "orgânico". Em comparação com o inorgânico, a qualidade "instrumental" do orgânico é inteiramente limitada, possui menos disponibilidade. Cf. o testemunho de Coubert de que a cada dia Baudelaire parecia outro.

(27)

O comportamento heroico de Baudelaire poderia, talvez, aparentar-se ao máximo com o de Nietzsche. Mesmo que Baudelaire persevere no catolicismo, sua experiência do universo está ligada precisamente à experiência que Nietzsche captou na frase: Deus está morto.

As fontes das quais se alimenta o comportamento heroico de Baudelaire irrompem dos mais profundos fundamentos da ordem social incipiente em meados do século. Não compreendem senão as experiências que instruíram Baudelaire sobre as mudanças radicais da produção artística. Essas mudanças consistiam em que, na obra de arte, a forma da mercadoria e, no público, a forma da massa, se manifestavam de um modo imediato e veemente como nunca. Essas mudanças, mais tarde, a par de outras mudanças no domínio da arte, levaram, sobretudo, à decadência da poesia lírica. Que Baudelaire tenha respondido a essas mudanças com um livro de poesias confere a As *Flores do Mal* uma assinatura única. Esse é, ao mesmo tempo, o exemplo mais extraordinário de comportamento heroico a se encontrar em sua existência.

"L'appareil sanglant de la Destruction" – é o mobiliário disperso que – na mais íntima câmara da poesia de Baudelaire – jaz aos pés da puta, herdeira dos poderes plenos da alegoria barroca.

(28)

O cismador, cujo olhar, assustado, cai sobre o fragmento em sua mão, transforma-se em alegórico.

Uma construção interrogativa para o final: como é possível que uma maneira de agir ao menos na aparência completamente "anacrônica", como a do alegórico, tenha um lugar de primeira ordem na obra poética do século?

Deve-se mostrar a alegoria como o antídoto contra o mito. O mito era a via cômoda de que Baudelaire se privou. Um poema como *A Vida*

Anterior, cujo título sugere todos os comprometimentos, mostra quanto Baudelaire estava afastado do mito.

A citação de Blanqui "Homens do Século Dezenove", ao final.

A compreensão segura, aparentemente brutal, pertence à imagem da "salvação".

A imagem dialética é a forma do objeto histórico que satisfaz as exigências de Goethe quanto a um objeto sintético.

(29)

Na atitude de mendicante, Baudelaire submeteu a uma prova ininterrupta o espécime dessa sociedade. Sua dependência da mãe, mantida artificialmente, não tem apenas a causa assinalada pela psicanálise, mas também uma causa social.

Para a ideia do eterno retorno tem importância o fato de que a burguesia não mais ousa olhar nos olhos o iminente desenvolvimento da ordem produtiva que ela mesma havia desencadeado. A ideia de Zaratustra sobre o eterno retorno e a inscrição na fronha – "Só mais um quartinho de hora" – são complementos.

A moda é o eterno retorno do novo. – Será que, apesar disso, existem precisamente na moda temas da salvação?

O interior dos poemas baudelairianos se inspira, em certo número de poemas, no lado noturno do interior burguês. O contrário deste é o interior transfigurado do *art nouveau.* Em suas observações, Proust apenas menciona o primeiro.

A aversão de Baudelaire às viagens torna tanto mais digno de menção o reiterado domínio das imagens exóticas em sua lírica. Nesse domínio, se faz justiça a sua melancolia. Além disso, ele é uma alusão à força com que, em sua sensibilidade, se faz justiça ao elemento da aura. *Le Voyage* é uma recusa a viajar.

A correspondência entre antiguidade e modernidade é em Baudelaire a única concepção construtiva da história. Ela excluía uma concepção dialética, mais do que a incluía.

(30)

Observação de Leyris: a palavra "familier" seria, em Baudelaire, toda segredo e inquietação; designaria algo que antes nunca designara.

Um dos anagramas escondidos de Paris no *Spleen I* é a palavra *mortalité*.[13]

A primeira linha de *A Ama Bondosa* – sobre as palavras "de quem tinha tanto ciúme" não cai o acento que se devia esperar. A partir de *ciúme* a voz, de algum modo, se retrai. E esse refluxo da voz é algo sumamente característico de Baudelaire.

Observação de Leyris: nos versos de Baudelaire, o ruído de Paris, em múltiplas passagens, não se revelaria nas palavras (carroções pesados[14]), mas sim ritmicamente.

O lugar "onde até mesmo o horror se enfeita de esplendores"[15] dificilmente poderia encontrar melhor exemplo que na descrição da multidão em Poe.

A observação de Leyris – as *Fleurs du mal* seria *le livre de poésie le plus irredutible* – talvez possamos entender se pensarmos que a experiência que o fundamenta é resgatada em grau mínimo.

(31)

Impotência masculina – figura-chave da solidão – sob o seu signo se consuma a paralisação das forças produtivas – um abismo separa os seres humanos de seus semelhantes.

O nevoeiro como consolo da solidão.

A Vida Anterior inaugura o abismo temporal nas coisas; a solidão abre o abismo espacial diante do ser humano.

Deve-se confrontar o "tempo" do *flâneur* com o "tempo" da multidão descrita por Poe. Aquele representa um protesto contra este. Cf. a moda das tartarugas, de 1839.

A monotonia no processo de produção nasce com o seu aceleramento (através das máquinas). Com sua ostensiva serenidade, o *flâneur* protesta contra o processo de produção.

Encontra-se em Baudelaire uma abundância de estereótipos, como nos poetas barrocos.

Uma série de tipos, desde o guarda nacional Mayeux, passando por Viroloque e o trapeiro de Baudelaire, até Gavroche e o lumpemproletário Ratapoil.

Descobrir uma invectiva contra Cupido, em conexão com as invectivas do alegórico contra a mitologia, que correspondem precisamente àquelas dos clérigos da alta Idade Média. No caso, Cupido poderia receber o epíteto "bochechudo". A aversão de Baudelaire a ele tem as mesmas raízes que seu ódio contra Béranger.

A candidatura de Baudelaire à Academia foi um experimento sociológico.

A teoria do eterno retorno como um sonho sobre as monstruosas descobertas iminentes no terreno da técnica de reprodução.

(32)

Se parece certo que a nostalgia do homem por uma existência mais pura, mais inocente e mais espiritual do que lhe coube busca necessariamente uma garantia na natureza, ela a encontra mais vezes em criaturas do reino vegetal ou do mundo animal. Com Baudelaire é diferente. Seu sonho de uma existência semelhante repele a comunidade com qualquer natureza terrestre e só se inclina para as nuvens. Isso se expressa na primeira parte do *Spleen de Paris*. Muitos poemas acolhem temas sobre nuvens. A profanação das nuvens *(A Beatriz)* é o mais terrível.

Uma secreta analogia entre *As Flores do Mal* e Dante reside na ênfase com que o livro delineia os contornos de uma existência criativa. Não se pode imaginar nenhum livro de poesia em que o poeta se mostre menos vaidoso e mais vigoroso. A pátria do engenho criativo é, segundo a experiência de Baudelaire, o outono. O grande poeta é, por assim dizer, a criatura do outono. *O Inimigo, O Sol*.

L'Essence du rire nada mais contém que a teoria da gargalhada satânica. Nela Baudelaire chega ao ponto de avaliar o sorriso sob a perspectiva da gargalhada satânica. Contemporâneos, com frequência, indicaram o pavoroso que havia no seu modo de rir.

Dialética da produção de mercadorias: a novidade do produto adquire (como estimulante da demanda) um significado até então desconhecido; pela primeira vez, o sempre igual aparece de modo evidente na produção de massa.

(32a)

A lembrança é a relíquia secularizada.

A lembrança é o complemento da "vivência", nela se sedimenta a crescente autoalienação do ser humano que inventariou seu passado como propriedade morta. No século XIX, a alegoria saiu do mundo exterior para se estabelecer no mundo interior. A relíquia provém do cadáver, a lembrança, da experiência morta, que, eufemisticamente, se intitula vivência.

As Flores do Mal é o último livro de poesia a ter impacto sobre todos os europeus. Talvez antes dele: Ossian,[16] *o Livro de Cantos*?

Os emblemas retomam como mercadorias.

A alegoria é a armadura da modernidade.

Existe em Baudelaire um receio de despertar o eco – seja na alma, seja no espaço. Ele é às vezes crasso, nunca é sonoro. O seu modo de falar se destaca tão exiguamente de sua experiência como o gesto de um prelado perfeito de sua pessoa.

(33)

O *art nouveau* aparece como o mal-entendido produtivo, graças ao qual o "novo" se transformou em "moderno". Naturalmente, Baudelaire urde esse mal-entendido.

O moderno se opõe ao antigo, o novo se opõe ao sempre igual. (A modernidade: a massa; a antiguidade: a cidade de Paris).

As ruas de Paris segundo Meryon: abismos por cima dos quais, bem no alto, passam as nuvens.

A imagem dialética é como um relâmpago. Portanto deve-se reter a imagem do passado, neste caso, de Baudelaire, como uma imagem fulgurante no agora do cognoscível. A salvação, que só desse modo, e de nenhum outro, se consuma, só se deixa sempre ganhar através da percepção daquilo que se perde irremediavelmente. Cabe aqui aludir à passagem metafórica da introdução sobre Jochmann.

(34)

Na época de Baudelaire, o conceito de contribuição literária original não era nem de longe tão corrente e determinante como hoje. Várias vezes Baudelaire entregou suas poesias para uma segunda ou terceira impressão, sem que ninguém se escandalizasse. Só no final de sua vida se deparou com dificuldades, com os *Pequenos Poemas em Prosa*.

A inspiração de Hugo: as palavras, como as imagens, se oferecem a ele, como uma massa ondulante. A inspiração de Baudelaire: quando surgem, as palavras, graças a um processo muito elaborado, parecem encantadas. Nesse processo, a imagem desempenha um papel decisivo.

É mister esclarecer o significado da melancolia heroica para o êxtase e a inspiração imaginativa.

Ao bocejar, o próprio homem se abre como um abismo; e se faz semelhante ao tédio que o circunda.

Para que falar de progresso a um mundo que afunda na rigidez cadavérica? A experiência de um mundo assumindo a rigidez cadavérica, Baudelaire encontrou-a fixada por Poe com força incomparável. Isso fazia Poe insubstituível para ele: ele descrevia o mundo onde as poesias e os interesses de Baudelaire encontravam suas razões. Compare a cabeça da Medusa em Nietzsche.

(35)

O eterno retorno é uma tentativa de unir os dois princípios antinômicos da felicidade: ou seja, o da eternidade e o do "mais uma vez ainda". – A ideia do eterno retorno faz surgir por encanto, da miséria do tempo, a ideia especulativa (ou a fantasmagoria) da felicidade. O heroísmo de Nietzsche é uma contrapartida do heroísmo de Baudelaire que faz aparecer, como por mágica, da miséria da existência dos filisteus, a fantasmagoria da modernidade.

Deve-se fundar o conceito de progresso na ideia da catástrofe. Que tudo "continue assim", isto é a catástrofe. Ela não é o sempre iminente, mas sim o sempre dado. O pensamento de Strindberg: o inferno não é nada a nos acontecer, mas sim *esta vida aqui*.

A salvação se apega à pequena fissura na catástrofe contínua. A tentativa reacionária de converter formas tecnicamente condicionadas, ou seja, variáveis dependentes, em constantes, se apresenta tanto no *art nouveau* como no futurismo.

A evolução que levou Maeterlinck, no correr de uma longa vida, a uma atitude extremamente reacionária, é lógica.

Deve-se pesquisar a questão: até que ponto os extremos compreendidos na salvação são os do "cedo demais" e do "tarde demais"?

Que Baudelaire se tenha colocado hostilmente perante o progresso foi a condição *sine qua non* para que pudesse dominar Paris em sua poesia.

Comparada com a sua, a poesia posterior sobre a cidade grande vem sob o signo da fraqueza e não menos quando vê, na cidade grande, o trono do progresso. Mas Walt Whitman?

(36)

São as sólidas razões sociais da impotência masculina que, de fato, fazem da *via-crúcis* seguida por Baudelaire um caminho socialmente traçado. Só assim se pode compreender que, no caminho, tenha recebido como viático uma antiga moeda preciosa oriunda do tesouro acumulado dessa sociedade europeia. A cara dessa moeda exibia um esqueleto e o reverso, a Melancolia, imersa em meditação. Essa moeda era a alegoria.

A paixão de Baudelaire como imagem de Epinal no estilo da literatura corrente sobre Baudelaire.

O *Sonho Parisiense* – a fantasia das forças produtivas paralisadas.

Em Baudelaire, a maquinaria se torna a cifra das forças destrutivas. Uma tal maquinaria é, não pouco, o esqueleto humano.

A constituição das primeiras fábricas, semelhante à de uma casa, tem com toda sua barbárie e impropriedade a peculiaridade de que o dono da fábrica, a ser pensado como uma figura decorativa, sonha, quando perdido na contemplação de suas máquinas, não só com a própria grandeza futura, mas também com a das máquinas. Cinquenta anos após a morte de Baudelaire, esse sonho se esgotara.

A alegoria barroca vê o cadáver apenas de fora. Baudelaire o vê também de dentro.

Que em Baudelaire faltem as estrelas, dá a ideia mais concludente da tendência de sua lírica para a ausência de ilusões.

(37)

Que Baudelaire se sinta atraído pelo latim tardio, deveria relacionar-se com a força de sua intenção alegórica.

Em face da importância das manifestações proscritas da sexualidade na vida, e na obra de Baudelaire, é notável que o bordel não desempenhe o mínimo papel nem nos seus documentos privados nem em sua obra. Nessa esfera não existe nenhuma contrapartida para um poema como *O Jogo*. (Compare, porém, *As Duas Boas Irmãs*.)

Deve-se inferir a introdução da alegoria da situação da arte condicionada pelo desenvolvimento técnico; interpretar a tonalidade melancólica dessa poesia apenas sob o signo da primeira.

No *flâneur*, poder-se-ia dizer, retoma o ocioso, tal como o escolheu Sócrates para interlocutor na feira ateniense. Só que já não existe nenhum Sócrates, e portanto ninguém lhe dirige a palavra. E mesmo o trabalho escravo, que lhe garantia a ociosidade, foi extinto.

Deve-se procurar a chave do relacionamento de Baudelaire com Gautier na consciência mais ou menos nítida, do mais jovem, de que seu impulso destrutivo tampouco na arte conhece limites incondicionais. Realmente, para a intenção alegórica esses limites não são nunca absolutos. As reações de Baudelaire contra a *école néo païenne* deixam clara essa correlação. Dificilmente ele poderia ter escrito seu ensaio sobre Dupont, se à crítica radical deste sobre o conceito de arte não tivesse correspondido uma crítica própria e não menos radical. Baudelaire procurou, com sucesso, disfarçar essas tendências através do apelo a Gautier.[17]

(38)

Não se pode negar que as peculiaridades da fé no progresso e do panteísmo de Hugo se afinam com a mensagem das mesas dos espíritas. A estranheza dessa situação, porém, cede terreno diante da comunicação contínua de sua poesia com o mundo dos espíritas. Pois, de fato, o peculiar está menos em que sua poesia adote, ou pareça adotar, temas da revelação espírita, do que em que ele, por assim dizer, a exponha ao mundo dos espíritas. Dificilmente esse espetáculo é compatível com a atitude de outros poetas.

Em Hugo, é com a multidão que a natureza exerce seu direito mais elementar sobre a cidade.

Sobre o conceito de multitude e a relação entre "multidão" e "massa".

O interesse original pela alegoria não é linguístico, mas ótico. *"Les images, ma grande ma primitive passion"*.

Pergunta: quando começou a mercadoria a se evidenciar na imagem da cidade? Seria decisivo estar informado estatisticamente sobre a introdução das vitrinas nas fachadas.

(39)

Em Baudelaire, a mistificação é um encanto apotropaico[18] semelhante à mentira entre as prostitutas.

Muitos de seus poemas têm seu trecho mais incomparável no começo, onde, por assim dizer, eles são novos. Com frequência se tem assinalado isso.

Baudelaire pôs o artigo de massa como modelo diante dos olhos. Aí tem seu "americanismo" seu mais sólido fundamento. Ele quis fazer um padrão. Lemaitre lhe confirma que o conseguiu.

A mercadoria tomou o lugar da forma alegórica da intuição. Na forma que a prostituição assumiu nas cidades grandes, a mulher não aparece apenas como mercadoria, mas, em sentido expressivo, como artigo de massa. Isso se indica por meio do disfarce artificial da expressão individual a favor da profissional, que acontece por obra da maquilagem. Que esse aspecto da puta tenha se tornado sexualmente determinante para Baudelaire, o testemunha, enfim, que suas múltiplas evocações da puta nunca têm o bordel como pano de fundo, mas, ao contrário, a rua.

(40)

É muito importante que o "novo" em Baudelaire não preste nenhuma contribuição ao progresso. Aliás, em Baudelaire, praticamente não se encontra nenhuma tentativa de entender-se a sério a noção de progresso. É sobretudo a "crença no progresso" que ele persegue com seu ódio como se ela fosse uma heresia, uma falsa doutrina e não um erro habitual. Por seu turno, Blanqui não mostra nenhum ódio contra a crença no progresso, mas a cobre, em silêncio, com o seu desprezo. Nada indica que assim ele se torne infiel ao seu credo político. A atividade do conspirador profissional, como foi Blanqui, não pressupõe absolutamente a crença no progresso, mas, antes de tudo, a determinação de liquidar com a injustiça presente. Tal determinação de, na última hora, salvar a humanidade da catástrofe sempre iminente foi precisamente, para Blanqui, o decisivo, mais que para qualquer outro político revolucionário dessa época. Ele sempre se recusou a elaborar planos para aquilo que viria "mais tarde". O comportamento de Baudelaire em 1848 se ajusta muito bem a isso.

(41)

Em vista do sucesso medíocre que teve sua obra, Baudelaire, por fim, se pôs à venda. Lançando-se atrás de sua obra, confirmou a si mesmo, até o fim, o que pensava sobre a necessidade inevitável da prostituição para o poeta.

Uma das questões decisivas para a compreensão da poesia de Baudelaire é como se alterou o vulto da prostituição com o surgimento das grandes cidades. Pois isto é certo: Baudelaire dá expressão a essa alteração, ela é um dos objetos principais de sua poesia. Com o surgimento dos grandes centros, a prostituição entra na posse de novos arcanos. Um destes é, antes de tudo, o caráter labiríntico da própria cidade. O labirinto, cuja imagem penetrou na carne e no sangue do *flâneur,* aparece, graças à prostituição, como que diferentemente colorido. O primeiro arcano que se abre a ela é, assim, o aspecto mítico da cidade grande como labirinto, evidentemente com a imagem do minotauro no centro. Que ele traga a morte ao indivíduo não é decisivo. Decisiva é a imagem das forças mortíferas que ele encarna. E também esta imagem é nova para o habitante da cidade grande.

(42)

As *Flores do Mal* como arsenal; Baudelaire escreveu alguns de seus poemas a fim de destruir outros, escritos antes. Assim se pode desenvolver a conhecida reflexão de Valéry.[19]

É extraordinariamente importante – deve-se dizer em complemento à nota de Valéry – que Baudelaire se tenha deparado com a relação de concorrência na produção poética. Naturalmente, as rivalidades pessoais entre poetas são antiquíssimas. Porém, aqui se trata da transposição desta rivalidade para a esfera da concorrência no mercado livre. Este, e não a proteção de um soberano, se deve cativar. Mas nesse sentido foi uma real descoberta de Baudelaire ver que estava diante de "indivíduos". A desorganização das escolas poéticas, do "estilo", é o complemento do mercado livre que se oferece ao poeta como público. Pela primeira vez, o público como tal penetra o campo de visão de Baudelaire – eis a premissa pela qual ele já não cai vítima da "ilusão" das escolas poéticas. E inversamente: já que as escolas se apresentavam aos seus olhos como simples formações superficiais, o público assume uma realidade mais plausível ante seus olhos.

(43)

Diferença entre alegoria e metáfora.

Baudelaire e Juvenal. O decisivo é: toda vez que Baudelaire descreve a depravação e o vício, sempre se inclui. Ele não conhece o gesto do satírico. Contudo, isso diz respeito apenas a *As Flores do Mal* que, nesse caso, se mostra totalmente distinto dos textos em prosa.

Considerações fundamentais sobre a relação que existe nos poetas entre seus textos em prosa e suas poesias. Nas poesias, eles abrem um domínio da intimidade normalmente inacessível à sua reflexão. Deve-se mostrar isso, em Baudelaire, com referência a outros, como Kafka e Hamsun.

A duração da influência de uma poesia está na relação inversa da transparência do seu conteúdo factual. (Conteúdo da verdade? Ver trabalho das *Afinidades Eletivas*).

As Flores do Mal ganhou em peso certamente graças à circunstância de que Baudelaire não deixou nenhum romance.

(44)

A expressão de Melanchton (*Melancolia illa heroica*) é a mais perfeita descrição do engenho de Baudelaire. No entanto, no século XIX a melancolia contém um caráter diferente daquele do século XVII. A figura-chave da alegoria anterior é o cadáver. A figura-chave da alegoria posterior é a "lembrança". A "lembrança" é o esquema da metamorfose da mercadoria em objeto do colecionador. As *Correspondances* são as ressonâncias infinitamente múltiplas de cada lembrança em contato com as outras. *"J'ai plus de souvenirs que si j'avais mille ans"*.

O teor heroico da inspiração baudelairiana consiste em que nele a memória desaparece completamente em favor da lembrança. Nele existem estranhamente poucas "memórias da infância".

A peculiaridade excêntrica de Baudelaire era uma máscara sob a qual, pode-se dizer que por pudor, procurava esconder a necessidade superindividual de sua forma de vida e, em certo grau, também do destino de sua vida.

A partir dos 17 anos, Baudelaire leva uma vida de literato. Não se pode dizer que se tenha definido alguma vez como "intelectual" ou que tenha tomado partido do "intelecto". Ainda não tinha sido descoberto o rótulo da produção artística.

(45)

Sobre essa truncada conclusão das investigações materialistas (em oposição ao final do livro sobre o Barroco).

A visão alegórica que, no século XVII, fora estilizadora, não o foi mais no século XIX. Baudelaire esteve isolado como alegórico; seu isolamento foi, em certo sentido, o de um retardatário. (Suas teorias enfatizam esse atraso às vezes de maneira provocante). Se a força estilizadora da alegoria foi ínfima no século XIX, não menor foi sua sedução pela rotina que, na poesia do século XVII, deixou tão múltiplos rastros. Essa rotina prejudicou em certo grau a tendência destrutiva da alegoria, sua ênfase no fragmentário na obra de arte.

Notas

1. Trata-se do livro do Dr. René Laforgue, *L'échec de Baudelaire. Étude psychanalytique sur la névrose de Charles Baudelaire*. (O Fracasso de Baudelaire. Estudo psicanalítico sobre a neurose de Charles Baudelaire). Paris, Denoël et Steele, 1931. Laforgue analisa em particular um sonho de Baudelaire: "Como podemos ver, a censura mascara a Baudelaire o fato de que, neste sonho e nesta casa de prostituição, ele procura simplesmente realizar o incesto". (Cf. Walter Benjamin, Charles Baudelaire, *Un Poète Lyrique à l'Apogée du Capitalisme*, tradução e notas de Tean Lacoste, Paris, Petite Payot, 1982, p. 273).

2. Título da primeira parte de *As Flores do Mal*.

3. Famosa livreira cuja amizade foi muito importante para Benjamin. Teve papel decisivo no resgate de Benjamin, prisioneiro de um campo em Nevers em 1938. (Cf. Walter Benjamin, loc. cit., p. 274).

4. Poeta francês (1846-1903). Sensível aos aspectos macabros e satânicos da obra de Baudelaire e de Poe, escreveu *Les Névroses* (As Neuroses), poemas cuja inspiração dominante é o mórbido.

5. Hugo Hoppener (1868-1948), desenhista e ilustrador alemão. Sua arte, bastante diversificada, foi estilisticamente influenciada pelo *art nouveau*.

6. Trata-se do ensaio *Eduard Fuchs, der Sammler und der Historiker* (E. F., o Colecionador e o Historiador).

7. Museu internacional de estamparia internacional; fábrica de imagens.

8. Título de uma das primeiras obras de Kierkegaard, título que exprime a alternativa que se oferece à existência humana entre duas formas de vida: a vida estética e a vida moral. (Nicola Abbagnano, loc. cit., p. 90).

9. Milícia vigente entre 1789 e 1871, convocada em caso de necessidade.

10. Série de poemas de Bertold Brecht.

11. Citação de Proust: "O mundo de Baudelaire é um estranho seccionamento do tempo onde apenas raros dias notáveis aparecem". (Cf. Walter Benjamin, loc. cit., p. 277).

12. Poeta francês (1876-1947). Confiou ao poema em prosa, ou ao verso livre, o encargo de exprimir, com um lirismo contido, sua fantasia, sua fidelidade à lembrança, sua melancolia. Reivindicou para o poeta o direito à solidão.

13. P. 291.

14. P. 331.

15. P. 335.

16. Cantos épicos escoceses.

17. Baudelaire dedicou *As Flores do Mal* a Gautier.
18. Relativo a amuleto (N. do R. T.)
19. Cf. *Sobre Alguns Temas Baudelairianos* – III.

II
O FLÂNEUR JOGO E PROSTITUIÇÃO

O FLÂNEUR

"Uma paisagem encantada, intensa como o ópio."
Mallarmé

"Ler aquilo que nunca foi escrito."
Hofmannstahl

"E eu viajo para conhecer a minha geografia."
Un folle (Marcel Réja, *L'art chez les fous,* Paris, 1907, p. 131)

"Tudo aquilo que está algures está em Paris."
Victor Hugo, *Les misérables (Oeuvres complètes,* Paris, 1881, Romance 7, p. 30, do capítulo *Ecce Paris ecce homo).*

Mas as grandes reminiscências, o frêmito histórico são uma esmola com a qual ele (o *flâneur*) deixa para o viajante, que então crê poder acercar-se, com uma senha militar, do *genius loci*."[1] Nosso amigo pode calar-se. Com a proximidade de seus passos, o local já se anima; sem fala e sem espírito, sua simples e íntima aproximação já sugere e indica. Ele está parado diante da *Notre Dame de Lorette,* e suas solas recordam: eis o local onde, outrora, o cavalo suplementar – o *cheval de renfort* – era atrelado ao ônibus[2] que subia a *rue des Martyrs* em direção de Montmartre. Quantas vezes não sacrificaria todo seu saber sobre o domicílio de Balzac ou de Gavarni, sobre o local de um assalto, ou mesmo de uma barricada, pela capacidade de farejar uma soleira ou de reconhecer pelo tato um calçamento, como o faria qualquer cão doméstico.

A rua conduz o flanador a um tempo desaparecido. Para ele, todas são íngremes. Conduzem para baixo, se não para as mães,[3] para um passado que pode ser tanto mais enfeitiçante na medida em que não é o seu próprio, o particular. Contudo, este permanece sempre o tempo de uma infância. Mas por que o de sua vida vivida? No asfalto sobre o qual caminha, seus passos despertam uma surpreendente ressonância.

O lampião a gás que resplandece sobre o calçamento projeta uma luz ambígua sobre esse fundo duplo.

Uma embriaguez acomete aquele que longamente vagou sem rumo pelas ruas. A cada passo, o andar ganha uma potência crescente; sempre menor se torna a sedução das lojas, dos bistrôs, das mulheres sorridentes, e sempre mais irresistível o magnetismo da próxima esquina, de uma massa de folhas distantes, de um nome de rua. Então vem a fome. Mas ele não quer saber das mil e uma maneiras de aplacá-la. Como um animal ascético, vagueia através de bairros desconhecidos até que, no mais profundo esgotamento, afunda em seu quarto, que o recebe estranho e frio.

O *flâneur* como tipo o criou Paris. É estranho que não tenha sido Roma. Qual a razão? Acaso, na própria Roma, não encontra o sonho vias trilháveis? E não está a cidade mais do que repleta de templos, praças cercadas, santuários nacionais, para poder penetrar indivisa, com cada paralelepípedo, com cada tabuleta, com cada degrau, com cada pórtico, no sonho do transeunte? Muito também se pode atribuir ao caráter nacional dos italianos. Pois não foram os forasteiros, mas eles, os próprios parisienses, que fizeram de Paris a Terra Prometida do *flâneur*, "a paisagem construída puramente de vida", como a chamou certa vez Hoffmannstahl. Paisagem – eis no que se transforma a cidade para o *flâneur*. Melhor ainda, para ele, a cidade se cinde em seus polos dialéticos. Abre-se para ele como paisagem e, como quarto, cinge-o.

Aquela embriaguez anamnéstica[4] em que vagueia o *flâneur* pela cidade não se nutre apenas daquilo que, sensorialmente, lhe atinge o olhar; com frequência também se apossa do simples saber, ou seja, de dados mortos, como de algo experimentado e vivido. Esse saber sentido se transmite sobretudo por notícias orais. Mas, no decurso do século XIX, sedimentou-se igualmente numa literatura quase interminável. Já antes de Lefeuve, que retratara Paris "rue par rue, maison par Maison", o cenário paisagístico do ocioso sonhador fora repetidamente pintado. O estudo desses livros constituía uma segunda existência já toda preparada para o sonhador, e o que ele extraía deles ganhava forma no passeio vespertino antes do aperitivo. Com efeito, não devia ele sentir sob os pés mais intensa a íngreme subida atrás da igreja de *Notre Dame de Lorette,* se sabia que, quando Paris ganhou seus primeiros ônibus, era aqui que se atrelava o terceiro, o cavalo de reforço, na frente do veículo?

Deve-se tentar compreender a constituição moral absolutamente fascinante do *flâneur* apaixonado. A polícia, que aqui, como em tantos outros objetos de que tratamos, aparece como verdadeira perita, fornece, no relatório de um agente secreto parisiense de outubro de 1798 (?), a seguinte indicação: "É quase impossível recordar e manter os bons costumes numa população amontoada, na qual cada um é, por assim dizer, desconhecido de todos os demais, e não precisa enrubescer diante dos olhos de ninguém". Citado em Adolf Schmidt, *Pariser Zustände während der Revolution (Condições Parisienses Durante a Revolução)*, III, Iena, 1876. O caso em que o flâneur se distancia por completo do tipo do filósofo que passeia e em que assume as feições do lobisomem irrequieto a vagar na selva social foi fixado, primeiro e para sempre, no conto *O Homem da Multidão*, de Poe.

É preciso compreender, segundo o conceito da semelhança, as manifestações de superposição, de sobreposição que aparecem sob o efeito do haxixe. Quando dizemos que um rosto se assemelha a outro, isso significa que certos traços desse segundo rosto, para nós, se mostram no primeiro, sem que este deixe de ser o que era. Mas as possibilidades de tal manifestação não se sujeitam a nenhum critério, sendo portanto, ilimitadas. A categoria da semelhança que, para a consciência desperta, tem apenas uma significação muito restrita, ganha no mundo do haxixe uma irrestrita. Nele tudo é, de fato, rosto; todas as coisas têm o grau da presença encarnada que permite perseguir em tudo, como num rosto, os traços manifestos. Mesmo uma frase em tais circunstâncias ganha um rosto (para não falar de uma palavra isolada), e esse rosto se parece com o da frase contraposta. Assim, cada verdade aponta evidente para o seu contrário e a partir dessa situação se esclarece a dúvida. A verdade se torna alguma coisa viva, ela vive apenas no ritmo em que a frase e seu oposto trocam de lugar a fim de serem pensados.

Valéry Larbaud escreve sobre o "clima moral da rua parinse": "As relações começam sempre na ficção da igualdade, da fraternidade cristã. No meio dessa multidão, o inferior está disfarçado em superior, e o superior em inferior. Um e outro oralmente disfarçados. Em outras capitais, o disfarce mal ultrapassa a aparência, e as pessoas insistem, visivelmente, em suas diferenças, fazem um esforço de pagãos e de bárbaros para se parar. Aqui, as pessoas as suprimem o mais que podem. É daí te provém essa doçura do clima moral da rua parisiense, o *larme* que faz

167

esquecer a vulgaridade, o *laissez-aller,* a monotonia dessa multidão. É a graça de Paris, a sua virtude: a caridade. Multidão virtuosa...". Valéry Larbaud, *Rues et visages de Paris (Ruas e Rostos de Paris),* para o álbum de Chas-Laborde, *Commerce,* VIII, verão de 1926, pp. 367. Estaria correto inscrever essa manifestação inteiramente na virtude cristã ou, por acaso, não estará aqui em ação a embriaguez de assemelhar, de sobrepor, de igualar, que, nas ruas dessa cidade, se sobrepõe ao tento social de se fazer valer? Teríamos de recorrer à experiência "Dante e Petrarca"[5] no haxixe e precisaríamos medir o impacto da experiência embriagante na proclamação dos Direitos Humanos. Tudo isso muito além da cristandade.

O "fenômeno da banalização do espaço" é a experiência fundamental do *flâneur.* Como ele também se mostra, sob outra perspectiva, nos interiores da metade do século, não se deve rejeitar a hipótese de que o florescimento da *flânerie* ocorra na mesma época. Por força desse fenômeno, tudo o que acontece potencialmente nesse espaço é percebido simultaneamente. O paço pisca ao *flâneur:* o que terá acontecido em mim? Fica nada por esclarecer, decerto, como esse fenômeno se relaciona com a banalização.

Um verdadeiro baile de máscaras do espaço deve ter sido o que a embaixada inglesa promoveu em 17 de maio de 1839. "Haviam-se encomendado para os ornamentos da festa, além das flores de jardim e estufa, magníficas, de mil a mil e duzentas roseiras; diz-se que só oitocentas puderam ser colocadas nos apontos; mas isso nos pode dar a ideia dessas magnificências realmente mitológicas. O jardim, coberto por uma tenda, foi arrumado como salão de conversas. Mas que salão! As leves platibandas repletas de flores eram jardineiras monstruosas que todo mundo vinha admirar; a areia das aleias estava oculta sob telas frescas, cheias de atenção para com os sapatos brancos de cetim; grandes canapés de seda e de damasco substituíam os bancos de ferro oco; sobre uma mesa redonda estavam livros e álbuns, e um deleite vir respirar naquele imenso *boudoir,* de onde se ouvia, como um canto mágico, o som da orquestra, de onde se viam passar como sombras felizes, nas três galerias que o circundam, tanto as moças travessas que iam dançar como as que iam cear..." H. d'Almeras, *La vie parisienne sous le règne de Louis-Philippe (A Vida Parisiense sob o Reinado de Luís Felipe),* (Paris, 1925), pp. 446-7. Esse relato provém da senhora de Girardin. Hoje o lema não é enredamento, mas transparência. (Corbusier!)

O princípio da banalização da ilustração se estendendo até a grande pintura. "Ao relato sobre os combates e batalhas que, no catálogo, deveria servir como elucidação dos momentos escolhidos pelo pintor na representação de trechos de batalha, mas que alcança esse objetivo, habitualmente se anexam citações das obras das quais está transcrito o relato. Assim, muitas vezes, se acham entre parênteses: Campanhas da Espanha pelo marechal Suchet. – Boletim do Grande Exército e relatórios oficiais. – *Gazette de France – Histoire de la révolution française*, de Thiers, – Vitórias e conquistas, t.p. – etc. etc." Ferdinand von Gall, *Paris und seine Salons* (Paris e seus salões), Oldenburg, 4, I, pp. 198-9.

Categoria da visão ilustrativa fundamental para o *flâneur*. Tal como Kubin ao produzir *Andere Seite,* ele escreve seus sonhos à guisa de texto para as imagens.

Haxixe. Imitam-se certas coisas que se conhecem da pintura: cárcere, ponte dos suspiros, escadaria como uma cauda.

É sabido que, na *flânerie*, as distâncias dos países e dos tempos irrompem na paisagem e no momento. Quando se inicia a fase propriamente inebriante desse estado, batem os vasos do afortunado, seu coração assume a cadência de um relógio e, tanto interna como externamente, se passa aquilo que podemos visualizar numa daquelas "pinturas mecânicas" que, no século XIX (e decerto também antes), se apreciou tanto, em que vemos, em primeiro plano, um pastor a tocar flauta, junto a ele duas crianças a se embalarem ao ritmo, mais atrás dois caçadores na caça a um leão e, por fim, bem ao fundo, um trem a atravessar uma ponte ferroviária. (Chapuis e Gélis, *Le monde des automates,* Paris, 1928, I, p. 330).

A atitude do *flâneur* – uma abreviatura da atitude política da classe média sob o Segundo Império.

Com o tráfego das ruas a crescer permanentemente, era afinal graças apenas à macadamização das ruas que se podia conversar nos terraços dos cafés sem precisar gritar nos ouvidos uns dos outros.

O *laissez-faire* do *flâneur* tem sua contrapartida até nos filosofemas revolucionários da época. "Sorrimos da pretensão quimérica (por exemplo, em Saint-Simon) de reconduzir todos os fenômenos físicos e morais à lei da atração universal. Contudo, esquecemos muito fácil que tal pretensão não estava isolada e que, antes, sob o influxo das revolucionárias leis naturais da física mecânica, podia surgir uma corrente de filosofia natural que visse no mecanismo da natureza a demonstração de um mecanismo idêntico na vida social e, até mesmo, em todos eventos." (Willy) Spühler, *Der Saint-Simonismus (O Saint-Simonismo),* Zurique, 1926, p. 29.

Dialética da *flânerie*: por um lado, o homem que se sente olhado por tudo e por todos, simplesmente o suspeito; por outro, o totalmente insondável, o escondido. Provavelmente é essa dialética que *O homem da multidão* desenvolve.

"A teoria da transmutação da cidade em zona rural: era... a tese principal do meu trabalho inacabado sobre Maupassant... Nela se tratava a cidade como zona de caça, mas nela, sobretudo, o conceito de caçador desempenhava um papel relevante (por exemplo, para uma teoria da uniformidade: todos os caçadores se assemelham)." Carta de Wiesengrund de 5 de junho de 1935.

Princípio da *flânerie* em Proust: "Então, fora de todas essas preocupações literárias e sem estabelecer nenhum vínculo com elas, de repente, um telhado, o reflexo de sol sobre uma pedra, o cheiro de um caminho, me faziam parar por um prazer especial que me davam e também porque pareciam esconder, para além daquilo que eu via, alguma coisa que me convidavam a vir apanhar e que, apesar de todos os meus esforços, eu não chegava a descobrir". *Du côté de chez Swann,* I, Paris, 1939, p. 256. Esta passagem permite entender claramente que o antigo sentimento romântico da paisagem se dissolve e que se origina uma nova visão romântica da paisagem, a qual parece ser, antes, uma paisagem urbana, se, em verdade, a cidade é o autêntico chão sagrado da *flânerie*. Mas isso deve estar sendo descrito aqui pela primeira vez desde Baudelaire (que não faz referência às galerias, embora fossem tantas em sua época).

E assim o *flâneur* passeia em seu quarto: "Quando Johannes, às vezes, pedia licença para sair, o mais das vezes lhe era negada; todavia, seu pai às vezes, como compensação, lhe propunha passear pelo assoalho, segurando-o pela mão. À primeira vista, era uma compensação mesquinha e, contudo, ... ali se ocultava algo totalmente distinto. A proposta era aceita e ficava a critério de Johannes definir aonde iriam. Saíam então pelo portão rumo a um palacete vizinho, ou então rumo à praia, ou ainda iam e vinham pelas ruas, exatamente como desejava Johannes; pois o pai era capaz de tudo. Enquanto iam e vinham no assoalho, o pai relatava tudo o que viam; cumprimentavam os transeuntes; veículos ruidosos passavam junto a eles, sobrepondo-se à voz do pai; as frutas cara meladas da doceira ficavam mais convidativas do que nunca...". Segundo Eduardo Geismar, um texto juvenil de Kierkegaard, em *Soren Kierkegaard*, Gottingen, 1929, pp. 12-3. Esta é a chave para o esquema do *voyage autour de ma chambre* (viagem ao redor do meu quarto).

"O industrial passa sobre o asfalto apreciando-lhe a qualidade; o ancião o examina com atenção, segue-o tanto tempo quanto pode e, com prazer, faz ressoar a bengala, lembrando-se com orgulho de que viu colocarem as primeiras calçadas; o poeta... anda, indiferente e pensativo, a mastigar versos; o especulador da Bolsa nele passa a calcular as perspectivas do último aumento da farinha; e o desatento, escorrega." Alexis Martin, *Physiologie de l'asphalte* (*Le Bohème*, I, 3, 15 de abril de 1855, Charles Pradier, redator-chefe).

Sobre a técnica dos parisienses de *habitar* em suas ruas: "No caminho de volta, pela rua Saint-Honoré, encontramos um exemplo eloquente da indústria de rua parisiense, que se vale de tudo. Em certo trecho estavam restaurando o pavimento e colocando canos e, portanto, surgira no meio da rua, como entrave, um trecho do solo aterrado e coberto de pedras. No centro desse terreno se estabelecera imediatamente uma indústria de rua, e cinco a seis vendedores punham à venda objetos para escrever, livros de bolso, artigos de aço, abajures, colarinhos bordados, ligas e toda sorte de quinquilharias; e mesmo um autêntico Belchior estabelecera ali uma comandita, expondo sobre as pedras seu bricabraque de velhas xícaras, pratos, copos e similares, de modo que aquele intercâmbio lucrava com o breve estorvo, ao invés de se prejudicar. Eles são virtuoses em fazer da necessidade uma virtude". Adolf Stahr, *Nach fünf Jahren*, Oldenburg, 1857, I, p. 29.

Ainda setenta anos depois, tive a mesma experiência na esquina do bulevar Saint-Germain com o bulevar Raspail. Os parisienses transformam as ruas em interiores.

"É fascinante que, na própria Paris, se possa deveras andar no campo." Karl Gutzkow, *Briefe aus Paris* (*Cartas de Paris*), Leipzig, 1842, I, p. 61. Com isso se chega ao outro lado do argumento. Pois assim como a *flânerie* pode transformar toda a Paris num interior, numa moradia cujos aposentos são os quarteirões, não divididos nitidamente por soleiras como os aposentos de verdade, por outro lado, também, a cidade pode abrir-se diante do transeunte como uma paisagem sem soleiras.

Mas, em conclusão, só a revolução cria o ar livre da cidade. O ar pleno das revoluções. A revolução desencanta a cidade. A Comuna em *L'éducation Sentimentale*. A imagem da rua na guerra civil.

A rua como interior. Vistas da galeria do Pont-Neuf (entre a rua Guénegaud e a rua de Seine), "as butiques parecem armários". *Nouveaux tableaux de Paris* ou *Observations sur les mœurs et usages des Parisiens au commencement du XIXe siècle*, Paris, 1828, I, p. 34.

O pátio das Tulherias, "imensa savana plantada com bicos de gás no lugar de bananeiras". Paul-Ernest de Rattier, *Paris n'existe pas*, Paris, 1857.

Galeria Colbert: "O candelabro que a ilumina parece um coqueiro no meio de uma savana". *Le livre des Cent-et-Un*, X, p. 57, Paris, 1833. (Amédée Kermel, *Les passages de Paris*).

A iluminação na galeria Colbert: "Admiro a série regular desses globos de cristal de onde emana uma claridade viva e doce ao mesmo tempo. Acaso, não seriam eles outros tantos cometas em ordem de batalha, aguardando o sinal de partida para ir vagar no espaço?" *Le livre des Cent-et-Un*, X, p. 57.

A essa metamorfose da cidade num mundo astral se deve comparar *Un autre monde*, de Grandville.

Em 1839, era elegante levar consigo uma tartaruga ao passear. Isso dá uma noção do ritmo do flanar nas galerias.

Gustave Claudin deve ter dito: "O dia em que um filé deixou de ser filé para se tornar um medalhão, dizia ele, em que um guisado de carneiro foi chamado de *navarin*, em que o garçom gritou: – *Moniteur*, pêndulo! – para indicar que esse jornal tinha sido pedido pelo cliente colocado debaixo do pêndulo, nesse dia Paris foi verdadeiramente descoroada!" Jules Claretie, *La vie à Paris 1896*, Paris, 1897, p. 100.

"Eis... o *Jardin d'Hiver* estabelecido desde 1845 – avenida des Champs Elysées – uma estufa colossal com um imenso espaço para reuniões sociais, para bailes e concertos, que não faz jus ao nome de jardim de inverno pois também abre suas portas no verão." Quando a ordem planificada cria tais entrecruzamentos de aposentos e natureza livre, ela vem ao encontro da profunda inclinação do ser humano para a fantasia, que talvez constitua sua verdadeira força em face da indolência. Woldemar Seyffarth, *Wahrnehmungen in Paris 1853 u. 1854* (Observações em Paris em 1853 e 1854), Gotha, 1855, p. 130.

O cardápio em "*Les trois frères provençaux*": "36 páginas para a cozinha, 4 páginas para a adega – mas páginas muito extensas, in-fólio pequeno, com texto conciso e muitas anotações miúdas". O volume está encadernado em veludo. 20 entradas e 33 sopas. "46 pratos de carne de vaca, entre os quais 7 de bifes diversos e 8 filés." "34 pratos de caça, 47 pratos de legumes e 71 taças de compotas." Julius Rodenberg, *Paris bei Sonnenschein und Lampenlicht (Paris à Luz do Sol e dos Lampiões)*, Leipzig, 1867, pp. 43-4. A flanância do programa gastronômico.

O melhor artifício para capturar, sonhando, a tarde nas malhas da noite é fazer planos. O *flâneur* a fazer planos.

"Os prédios de Corbusier não são nem espaçosos nem plásticos: o ar sopra através deles! O ar se torna fator constituinte! Para tal, não conta nem espaço nem plástica, apenas relação e penetração. Existe apenas um único e indivisível espaço. Caem as cascas entre o interior e o exterior." Sigfried Giedion, *Bauen in Frankreich (Arquitetura na França)*, (Berlim, 1928), p. 85.

As ruas são a morada do coletivo. O coletivo é um ser eternamente inquieto, eternamente agitado, que, entre os muros dos prédios, vive, experimenta, reconhece e inventa tanto quanto os indivíduos ao abrigo de suas quatro paredes. Para esse ser coletivo, as tabuletas das firmas, brilhantes e esmaltadas, constituem decoração mural tão boa ou melhor que o quadro a óleo no salão do burguês; os muros com "*défense d'afficher*" (proibido colocar cartazes) são sua escrivaninha, as bancas de jornal, suas bibliotecas, as caixas de correspondência, seus bronzes, os bancos, seus móveis do quarto de dormir, e o terraço do café, a sacada de onde observa o ambiente. O gradil, onde os operários do asfalto penduram a jaqueta, isso é o vestíbulo, e o portão que, da linha dos pátios, leva ao ar livre, o longo corredor, que assusta o burguês, é para ele o acesso aos aposentos da cidade. A galeria é o seu salão. Nela, mais do que em qualquer outro lugar, a rua se dá a conhecer como o interior mobiliado e habitado pelas massas.

A inebriante interpenetração da rua e da moradia que se consuma na Paris do século XIX – e sobretudo na experiência do *flâneur* – tem valor profético. Pois essa interpenetração permite à nova arquitetura tornar-se uma sóbria realidade. Assim, Giedion observa oportunamente: "Um detalhe de uma criação anônima de engenharia – uma passagem de nível – se torna, numa *villa,* elemento arquitetônico". Giedion, *Bauen in Frankreich,* (Berlim, 1928), p. 89.

"Victor Hugo, em *Os Miseráveis,* fornece uma descrição surpreendente do subúrbio Saint-Marceau: 'Não era a solidão, havia transeuntes; não era o campo, havia casas; não era uma cidade, as ruas tinham sulcos como as rodovias do interior e nelas crescia o mato; não era uma aldeia, os prédios eram altos demais. O que era então? Um lugar habitado onde não havia ninguém, um lugar deserto onde havia alguém, a noite mais selvagem que uma selva, o dia mais sombrio que um cemitério." Dubech-D'Espezel, *Histoire de Paris,* Paris, 1926, p. 366.

"O último ônibus a cavalo funcionou na linha La Villette Saint-Sulpice em janeiro de 1913, o último bonde a cavalo na linha Pantin-Opéra em abril do mesmo ano." Dubech-D'Espezel, loc. cit., p. 463.

"Em 30 de janeiro de 1828 funcionou o primeiro ônibus na linha dos bulevares, da Bastilha à Madeleine. O percurso custava vinte e cinco ou trinta *centimes,* a viatura parava onde se quisesse. Continha de dezoito a vinte lugares, seu trajeto era dividido em duas etapas, sendo a *porte Saint-Martin* o ponto divisório. A voga da invenção foi extraordinária. Em 1829, a Companhia explorava quinze linhas, e companhias rivais lhe faziam concorrência: *Tricycles, Ecossaises, Béarnaises, Dames Blanches."* Dubech-D'Espezel, loc. cit., pp. 358-9.

"Depois de uma da madrugada, os companheiros se separaram, e pela primeira vez vi as ruas de Paris praticamente desertas. Nos bulevares encontrei apenas pessoas sozinhas; na rua Vivienne, na praça da Bolsa, onde, durante o dia, precisa-se forçar a passagem, não havia vivalma. Eu nada percebia a não ser os meus próprios passos e o rumor de algum chafariz, de cujo ruído ensurdecedor não sabemos como escapar durante o dia. Nas proximidades do *Palais Royal,* encontrei uma patrulha. Os soldados caminhavam de ambos os lados da rua, rentes às casas, isolados, um atrás do outro, à distância de 5 ou 6 passos, para não serem atacados ao mesmo tempo e poderem socorrer-se mutuamente. Isso me fez lembrar que, já no início de minha estadia aqui, me haviam aconselhado a andar em Paris, à noite, só com uma companhia, e a tomar, sem falta, um fiacre, se tivesse de voltar para casa sozinho." Eduard Devrient, *Briefe aus Paris* (Cartas de Paris), Berlim, 1840, p. 248.

Sobre os ônibus: "O cocheiro para, sobem-se os poucos degraus de uma escadinha cômoda e se procura um lugar no carro, onde os assentos, para

14 a 16 pessoas, correm longitudinalmente, à esquerda e à direita. Mal se puseram os pés no veículo, este já começa a rodar; o condutor tornou a puxar o cordel e, com um golpe sonoro no mostrador transparente, indica, através do avanço do ponteiro, que uma pessoa subiu; é o controle da arrecadação. No trajeto, tira-se com calma a carteira e se paga. Quando se está sentado longe do condutor, então o dinheiro passa de mão em mão entre os passageiros; a dama bem vestida o toma do operário de macacão azul e o passa adiante; tudo se passa fácil como por hábito, e sem alarde. Para a descida, o condutor torna a puxar o cordel e faz o carro parar. Se o veículo sobe alguma ladeira, o que não é raro em Paris, movendo-se portanto mais lentamente, os senhores costumam subir e descer mesmo sem que o carro pare". Eduard Devrient, *Briefe aus Paris*, Berlim, 1840, pp. 61-2.

"Após a exposição de 1867 começaram a aparecer os velocípedes,[6] que, alguns anos mais tarde, deveriam obter sucesso tão grande quanto fugaz. Digamos para começar que, sob o Diretório, viu-se que os *incroyables* (janotas) se serviam de *vélocifères,* que eram velocípedes pesados e mal construídos; em 19 de maio de 1804 apresentou-se no Vaudeville uma peça intitulada *Les vélocifères,* onde se cantava a seguinte cantiga:

> Vocês, adeptos do pequeno trote,
> Cocheiros que raramente se apressam,
> Querem chegar mais cedo
> Que o mais rápido velocípede?
> Saibam substituir hoje
> A rapidez pela destreza.

Mas desde o começo de 1868 os velocípedes circularam, e logo os passeios públicos estavam sulcados por eles; o *velocemen* substituiu o *canotier.* Estabeleceram-se ginásios, círculos de velocipedistas, e abriram-se concursos para estimular a destreza dos amadores... Hoje, o velocípede está acabado, esquecido." H. Gourdon de Genouillac, *Paris à travers les siècles,* V, Paris. 1882, p. 288.

A irresolução típica do flanador. Assim como a espera parece ser o estado próprio do contemplador impassível, a dúvida parece ser o do flanador. Numa elegia de Schiller se diz: "*Des Schmetter(L)ings zweifelnder Flügel*" (a asa incerta da borboleta). Isso indica o mesmo nexo entre euforia e sentimento de dúvida, tão característico da embriaguez produzida pelo haxixe.

E. T. A. Hoffmann como arquétipo do *flâneur;* seu testamento é o conto *A Janela de Esquina do Primo*. Daí o grande sucesso de Hoffmann na França, onde se tinha uma compreensão particular para com esse tipo. Nas notas biográficas que acompanham a edição em cinco volumes de seus últimos escritos (Brodhag?) se lê: "Hoffmann nunca foi amigo especial da natureza. O ser humano – comunicar-se com ele, observá-lo, apenas ver o homem – para ele valia mais que tudo. Se fosse passear no verão, o que, com bom tempo, acontecia diariamente ao entardecer... então não era fácil encontrar uma taverna, uma confeitaria, onde não tivesse aparecido para ver se lá havia gente, e de que espécie".

Ménilmontant.[7] "Nesse imenso bairro cujos magros salários consagraram a eternas privações as crianças e as mulheres, a rue de la Chine e as que a ela se juntam e a cortam, tais como a rue des Partants e essa surpreendente rua Orfila, tão fantástica com seus circuitos e suas voltas bruscas, com seus tapumes de madeira mal esquadrada, seus caramanchões desabitados, seus jardins desertos que regressaram ao estado de pura natureza e onde crescem arbustos selvagens e ervas daninhas, dão uma nota de sossego e de calma única... É, sob um grande céu, uma vereda do campo, onde a maioria das pessoas que passam parece ter comido e ter bebido." J.-K. Huysmans, *Croquis Parisiens,* Paris, 1886, p. 95, *La rue de la Chine.*

Dickens. "Em suas cartas... ele sempre se queixa, quando está de viagem, mesmo que nas montanhas suíças, ...da falta do barulho das ruas, indispensável para a sua produção literária. 'Não saberia dizer como as ruas me fazem falta' – escreve em 1846, de Lausanne, onde produziu um de seus maiores romances (Dombeye filho). – 'É como se elas me dessem ao cérebro algo de que não pode prescindir se quiser trabalhar. Uma semana, quatorze dias, posso escrever maravilhosamente num sítio afastado; mas um dia em Londres basta para me reerguer e me inspirar de novo. E a fadiga e o trabalho de escrever, dia após dia, sem essa lanterna mágica são monstruosos... Os meus personagens parecem querer paralisar-se, se não têm uma multidão ao redor... Em Gênova, porém, eu tinha ao menos duas milhas de ruas iluminadas onde podia vagar altas horas, e um grande teatro todas as noites." (Franz Mehring), *Charles Dickens, Die Neue Zeit,* Stuttgart, 1912, XXX, I, pp. 621-2.

O retrato da miséria; provavelmente sob as pontes do Sena: "Uma boêmia dorme com a cabeça inclinada para frente, a bolsa vazia entre as pernas. Seu corpete está coberto de alfinetes que o sol faz brilhar e todos seus acessórios domésticos e de toalete, duas escovas, a faca aberta, a marmita fechada, tão bem arrumados que essa impressão de ordem cria quase uma intimidade, a sombra de um interior em volta dela". Marcel Jouhandeau, *Images de Paris,* Paris, 1934, p. 62.

"*Mon beau navire* causou sensação... Foi o ponto de partida de toda uma série de canções de marinheiros que pareceram ter transformado todos os parisienses em gente do mar, fazendo-os imaginar que praticavam a canoagem... Na rica Veneza, onde o luxo cintila / Onde brilham na água os pórticos dourados / Onde estão os grandes palácios cujo mármore revela / Obras-primas da arte, tesouros adorados! / Só tenho a minha gôndola, viva como um pássaro / Que se balança e voa / Apenas tocando a água."[8] H. Gourdon de Genouillac, *Les refrains de la rue de 1830 à 1870,* Paris, 1879, pp. 21-2.

"O que é mesmo essa boia horrível que cheira tão mal e que esquenta nesse caldeirão? – diz uma espécie de provinciano a uma velha alcoviteira. – Isso, moço, que se cozinha, são pedras de calçamento para pavimentar o nosso bulevar que muito bem passaria sem elas! ...Só me pergunte se passear não era muito mais galante quando a gente pisava a terra como num jardim." *La grande ville, Nouveau tableau de Paris,* Paris, 1844, I, p. 334 *(Le bitume).*

Sobre os primeiros ônibus: "Acaba de se criar uma concorrência, '*les dames blanches*"... Essas viaturas são inteiramente pintadas de branco, e os condutores, vestidos de... branco, tocam com os pés num fole a ária de *La Dame blanche: 'La Dame blanche vous regarde* (A *Dame blanche* vos olha...)". Nadar, *Quand j'étais photographe* (Quando eu era fotógrafo), Paris (900), pp. 301-2 *(1830 et environs)* (Por volta de 1830).

Uma vez Musset chamou a parte dos bulevares que fica atrás do *théâtre des Variétés,* não frequentada pelos *flâneurs,* de *les grandes Indes.*

O *flâneur* é um observador do mercado. O seu saber é vizinho à ciência oculta da conjuntura. Ele é, no reino dos consumidores, o emissário do capitalista.

O *flâneur* e a massa: aqui o *rêve parisien* (sonho parisiense) de Baudelaire poderia ser muito instrutivo.

A ociosidade do *flâneur* é uma demonstração contra a divisão do trabalho.

"Uma cidade como Londres, onde se pode vagar horas a fio sem se chegar sequer ao início do fim, sem se encontrar o mais ínfimo sinal que permita inferir a proximidade do campo, é algo realmente singular. Essa concentração colossal, esse amontoado de dois milhões e meio de seres humanos num único ponto, centuplicou a força desses dois milhões e meio; elevou Londres à categoria de capital comercial do mundo, criou as gigantescas docas e reuniu os milhares de navios que sempre recobrem o Tâmisa. Mas os sacrifícios que isso custou, só mais tarde se descobre. Quando se vagou alguns dias pelas calçadas das ruas principais, só então se percebe que esses londrinos tiveram de sacrificar a melhor parte de sua humanidade para realizar todos os prodígios da civilização... O próprio tumulto das ruas tem algo de repugnante, algo que revolta a natureza humana. Essas centenas de milhares de pessoas de todas as classes e situações, que se empurram umas às outras, não são todas seres humanos com as mesmas qualidades e aptidões, e com o mesmo interesse em serem felizes? E afinal, não terão todas elas que se esforçar pela própria felicidade através das mesmas vias e meios? E, no entanto, passam correndo uns pelos outros, como se não tivessem absolutamente nada em comum, nada a ver uns com os outros; e, no entanto, o único acordo tácito entre eles é o de que cada um conserve o lado da calçada à sua direita, para que ambas as correntes da multidão, de sentidos opostos, não se detenham mutuamente; e, no entanto, não ocorre a ninguém conceder ao outro um olhar sequer. Essa indiferença brutal, esse isolamento insensível de cada indivíduo em seus interesses privados, avultam tanto mais repugnantes e ofensivos quanto mais esses indivíduos se comprimem num espaço exíguo; e mesmo que saibamos que esse isolamento do indivíduo, esse egoísmo tacanho é em toda parte o princípio básico de nossa sociedade hodierna, ele não se revela nenhures tão desavergonhadamente, tão autoconsciente como justamente no tumulto da cidade grande." Friedrich Engels, *Die Lage der arbeitenden Klasse in England (A Situação da Classe Trabalhadora na Inglaterra)*, segunda edição, Leipzig, 1848, pp. 36-7 *(Die grossen Städte)* (As cidades grandes).

"Entendo por boêmios essa classe de indivíduos cuja existência é um problema, cuja condição é um mito, cuja fortuna é um enigma, que não têm nenhuma moradia estável, nenhum abrigo reconhecido, que não se acham em parte alguma e que encontramos por toda parte! Que não têm uma só situação e que exercem cinquenta profissões; cuja maioria se levanta de manhã sem saber onde irá jantar à noite; ricos hoje, esfaimados amanhã; prontos a viver honestamente se o puderem e de outro modo se não o puderem." Adolphe D'Ennery et Grangé, *Les bohémiens de Paris (Os Ciganos de Paris)* (L'Ambigu-Comique de 27 de setembro de 1843), Paris (Magasin Théatral), pp. 8-9.

> Então de Saint-Martin atravessando o pórtico
> Passou como um raio um ônibus romântico.
> (Léon Gozlan), *Le triomphe des Omnibus, Poème héroï-comique,* Paris, 1828, p. 15.

"Quando estava para ser construída a primeira linha alemã na Baviera, a faculdade de medicina de Erlangen deu o seu parecer...: o movimento rápido gera... doenças cerebrais, já a simples visão do veloz trem sibilante pode provocá-las; por isso se requer, no mínimo, em ambos os lados da plataforma, um tabique de 5 pés de altura." Egon Friedell, *Kulturgeschichte der Neuzeit* (História cultural da era moderna), III, Munique, 1931, p. 91.

"Cerca de 1845... já havia por toda a Europa ferrovias e navios a vapor; enalteciam-se os novos veículos... Ilustrações, cartas e relatos de viagem eram o gênero preferido dos autores e leitores." Egon Friedell, *Kulturgeschichte der Neuzeit,* III, Munique, 1931, p. 92.

A observação seguinte é típica dos questionamentos da época: "Quando embarcamos num rio ou num lago, o corpo fica sem movimento ativo... a pele não experimenta nenhuma contração, seus poros ficam abertos e suscetíveis de absorver todas as emanações e vapores no meio dos quais nos encontramos. O sangue... fica... concentrado nas cavidades do peito e do abdômen e alcança com dificuldade as extremidades". J.-F. Dancel, *De l'influence des voyages sur l'homme et sur ses maladies (Da Influência das Viagens Sobre o Homem e Sobre Suas Doenças), Ouvrage spécialement destiné aux gens du monde (Obra Especialmente Destinada às Pessoas da Sociedade),* Paris, 1846, p. 92, *Des promenades en bateau sur les lacs et les rivières (Passeios de Barco nos Lagos e Rios).*

Notável diferença entre *flâneur* e *badaud* (basbaque): "Não vamos, todavia, confundir o flanador com o *badaud:* há uma nuance... O simples flanador está sempre em plena posse de sua individualidade; a do *badaud,* ao contrário, desaparece absorvida pelo mundo exterior... que o impressiona até à embriaguez e ao êxtase. Sob a influência do espetáculo que se oferece a ele, o *badaud* se torna um ser impessoal; já não é um ser humano; é o público, é a multidão. Natureza à parte, alma ardente e cândida, propensa ao devaneio... o verdadeiro *badaud* é digno da admiração de todos os corações retos e sinceros". Victor Fournel, *Ce qu'on voit dans les rues de Paris* (O Que se Vê nas Ruas de Paris), Paris, 1858, p. 263, (*L'odyssée d'un flâneur dans les rues de Paris*).

A fantasmagoria do *flâneur*: a partir dos rostos, fazer a leitura da profissão, da origem e do caráter.

Ainda em 1851, havia um coche postal regular a ligar Paris e Veneza.

Sobre o fenômeno da banalização do espaço: "O senso do mistério – escreveu Odilon Redon, cujo segredo o aprendera em Da Vinci – é estar o tempo inteiro no equívoco, nos aspectos duplos, triplos, na suspeição do aspecto (imagens dentro de imagens), formas que vão ser ou que serão, segundo o estado de espírito do observador. Todas coisas mais que sugestivas, já que aparecem". Cit. em Raymond Escholier, *Artiste* (in *Arts et métiers graphiques*, 1º de junho de 1935, nº 47, p. 7)

O *flâneur* da noite. "Amanhã, talvez... o noctambulismo terá chegado ao fim. Mas, pelo menos, terá vivido bem durante os trinta ou quarenta anos que terá durado... O ser humano pode, de tempos em tempos, repousar; paradas e estações lhe são permitidas; não tem o direito de dormir." Alfred Delvau, *Les heures parisiennes*, Paris, 1866, pp. 200 e 206, *Deux heurs du matin (Duas Horas da Manhã)* – Segundo Delvau (p. 163), a vida noturna tinha uma extensão significativa pelo fato de as lojas fecharem às 22 horas.

Na opereta de Barré, Radet e Desfontaines, *M. Durelief ou petite revue des embelissements de Paris* (Sr. Durelief ou pequena revista dos embelezamentos de Paris) (*Théatre du Vaudeville*, Paris, 9 de junho de 1810), Paris, na forma de uma reprodução do sr. Durelief, entrou na paisagem. O coro declara "como é agradável ter em nossa posse Paris inteira num salão!" (p. 20). O enredo da peça é uma aposta entre o arquiteto Durelief e o pintor Ferdinand; se o primeiro tivesse esquecido em sua escultura de Paris um só *embelissement*, Ferdinand tomaria imediatamente como esposa sua filha Victorine; caso contrário, só após dois anos. Verifica-se que o escultor SM esqueceu *l'impératrice* Marie Louise, "*le plus bel ornement* de Paris".

A cidade é a realização do antigo sonho humano do labirinto. O *flâneur*, sem o saber, persegue essa realidade. Sem o saber – por outro lado, nada é mais insensato que a tese convencional que racionaliza sua conduta e é a base incontestável da literatura ilimitada que persegue o comportamento ou a figura do flâneur; a tese de que ele estude a aparência fisionômica das pessoas para ler-lhes a nacionalidade e a posição, o caráter e o destino, pelo seu modo de andar, pela sua constituição corporal, pela sua mímica facial. Como devia ser urgente o interesse em dissimular seus motivos, para dar curso a teses tão desgastadas.

O *flâneur* usa os trajes dos viajantes em *Le voyager*, de Maxime du Camp:

> – Tenho medo de parar; é o instinto de minha vida;
>
> ...
>
> O amor me amedronta muito; não quero amar.
> – Anda então! Anda então! Ó pobre miserável,
> Retoma tua triste rota e persegue teus destinos.
> Maxine Du Camp, *Les chants modernes*, Paris, 1855, p. 104.
> Litografia. "Os cocheiros de fiacres em rixas com os dos ônibus".
> *Cabinet des Estampes.*

Já em 1853 havia estatísticas oficiais sobre o tráfico de veículos em certos pontos principais de Paris: "Em 1853, trinta e uma linhas de ônibus serviam Paris, e deve-se observar que, por pouca diferença, essas linhas eram designadas pelas mesmas letras que os nossos ônibus atuais. Assim, 'Madeleine-Bastille" já era a linha E". Paul D'Ariste, *La vie et le monde du boulevard* (1830-1870), Paris (1930), p. 196.

Nos pontos de baldeação dos ônibus, os passageiros eram chamados pelo número de ordem, quando deviam se apresentar, para não perder o seu direito a um lugar (1855).

"A hora do absinto... data do florescimento da *petite presse*. Outrora, quando só havia os grandes e sérios jornais, não se conhecia a hora do absinto. A hora do absinto é a consequência lógica dos ecos de Paris e da crônica." Gabrièl Guillemot, *Le bohême (Physionomies Parisiennes)*, Paris, 1869, p. 72.

Louis Lurine, *Le treizième arrondissement de Paris (O Décimo Terceiro arrondissement de Paris)*, Paris, 1850, é um dos testemunhos mais marcantes da fisiognomonia própria do bairro. Esse livro tem particularidades estilísticas significativas. Personifica o bairro; não são raros fraseados como: "O décimo terceiro *arronndissement* não se dedica ao amor de um homem senão quando lhe proporciona vícios para amar".

A frase de Diderot "É bela a rua!" é benquista pelos cronistas da *flânerie*.

Sobre a legenda do *flâneur:* "Com a ajuda de uma palavra que escuto ao passar, refaço toda uma conversa, toda uma vida; basta-me o tom de uma voz para ligar o nome de um pecado capital ao homem com quem acabo de cruzar e cujo perfil entrevi". Victor Foumel, *Ce qu'on voit dans les rues de Paris (O Que se Vê nas Ruas de Paris),* Paris, 1858, p. 270.

Ainda no ano de 1857, partia às 6 da manhã, rua Pavée-Saint André, um coche para Veneza, que levava seis semanas. Cf. Victor Fournel, *Ce qu'on voit dans les rues de Paris,* Paris, 1858, p. 273.

Nos ônibus, um mostrador que indicava o número dos passageiros. Com que finalidade? Como *avertissement* (lembrete) ao cobrador que distribuía os bilhetes.

"Deve-se observar... que o ônibus parece extinguir e petrificar todos os que se aproximam dele. As pessoas que vivem os passageiros... são de ordinário reconhecidas por uma turbulência grosseira..., da qual os empregados do ônibus são praticamente os únicos que não oferecem traços. Dir-se-ia que, dessa pesada máquina, se evade uma influência plácida e soporífica, semelhante àquela que, no começo do inverno, faz adormecer as marmotas e as tartarugas." Victor Fournel, *Ce qu'on voit dans les rues de Paris,* Paris, 1858, p. 283, *Cochers de fiacres, cochers de remise et cochers d'omnibus (Cocheiros de Fiacres, Cocheiros de Aluguel e Cocheiros de Ônibus).*

"No momento da publicação de *Les Mystères de Paris,* ninguém, em certos bairros da cidade, duvidava da existência de Tortillard, da Chouette e do príncipe Rodolphe." Charles Louandre, *Les idées subversives de notre temps,* Paris, 1872, p. 44.

O primeiro impulso para os ônibus provém de Pascal e se realizou sob Luís XIV, decerto com a significativa restrição segundo a qual "os soldados, pajens, lacaios e outras pessoas de libré, incluindo serventes e trabalhadores braçais, não poderão subir nas ditas carruagens". Em 1828, a implantação dos ônibus, sobre os quais avisa um cartaz: "Esses veículos... anunciam sua passagem através de um mecanismo de trombetas de invenção recente". Eugene D'Auriac, *Histoire anecdotique de l'industrie française,* Paris, 1861, pp. 250 e 281.

Entre os espectros urbanos se inclui "Lambert" – uma personagem inventada, um *flâneur* talvez. Seja como for, recebe o bulevar como palco de seu aparecimento. Havia uma famosa canção com o refrão "Eh, Lambert!". Delvau lhe dedica um capítulo (p. 228) do seu *Les lions du jour* (Paris, 1867).

Uma personagem provinciana no cenário urbano é descrita por Delvau em *Les lions du jour*, no capítulo *Le pauvre à cheval*. "Esse cavaleiro era um pobre diabo cujos meios impediam-no de andar a pé e que pedia esmola como outro teria pedido informação sobre o caminho... Esse mendigo..., com seu rocim de crinas grosseiras, de pelo áspero como o de um asno do campo, ficou-me muito tempo no espírito e diante dos olhos... Ele morreu – arrendatário." Alfred Delvau, *Les lions du jour*, Paris, 1867, pp. 116/117, *Le pauvre à cheval*.

Com o fim de acentuar o novo sentimento da natureza do parisiense, que está acima de qualquer tentação gastronômica, escreve Rattier: "Um faisão faria cintilar, diante de seu abrigo de folhas, suas plumas de ouro e de rubis de seu penacho e de sua cauda..., que ele saudaria... como a um nababo da floresta". Paul-Ernest de Rattier, *Paris n 'existe pas*, Paris, 1857, pp. 71-2, Grandville.

"Não é de modo algum a falsa Paris que fará o *badaud* (basbaque)... De *flâneur*, andando nas calçadas e diante das vitrines, homem nulo, insignificante, insaciável de saltimbancos, de emoções a dez *centimes;* alheio a tudo que não é pedra, fiacre, lampião a gás... transformou-se em lavrador, vinhateiro, industrial da lã, do açúcar e do ferro. Já não se acabrunha diante dos hábitos da natureza. A germinação da planta já não lhe parece distante dos processos de fabricação usados no bairro Saint-Denis." Paul-Ernest de Rattier, *Paris n'existe pas*, Paris, 1857, pp. 74-5.

Em seu panfleto *Le siècle maudit (O Século Maldito)*, Paris, 1843, que se dirige contra a corrupção da sociedade contemporânea, Alexis Dumesnil emprega a ficção de Juvenal: a multidão no bulevar de súbito se paralisa e nesse momento se faria um registro dos pensamentos e objetivos de cada indivíduo (pp. 103-4).

"O contraste entre cidade e campo... é a expressão mais crassa da subsunção[9] do indivíduo na divisão do trabalho e numa atividade a ele imposta, uma subsunção que transforma um num obtuso animal urbano, e, o outro, num obtuso animal rural." [Karl Marx e Friedrich Engels, *Die deutsche Ideologie (A Ideologia Alemã)*, *Marx-Engels Archiv*, D. Rjazanov, I, Frankfurt a/M, 1928, pp. 271-2].

No arco do Triunfo: "Ininterruptamente, os cabriolés, ônibus, *hirondelles*, velocíferos, *citadines, Dames blanches* e, como quer que se chamem os veículos públicos, rodam para cima e para baixo nessas ruas; e a eles se somam os incontáveis *whiskys,* berlinas, carroças, cavaleiros

183

e amazonas". L. Rellstab, *Paris im Frühling* 1843 (*Paris na Primavera de 1843)*, Leipzig, 1844, I, p. 212. O autor informa também sobre um ônibus que trazia seu destino escrito numa bandeira.

Por volta de 1857 (cf. H. de Pène, *Paris intime,* Paris, 1859, p. 224), a *impériale* (piso superior) dos ônibus era proibida às mulheres.

"O genial Vautrin, escondido sob a capa do abade Carlos Herrera, tinha previsto o engasgamento dos parisienses pelos transportes coletivos, quando pôs todos os seus fundos nessas empresas a fim de constituir um dote a Lucien de Rubempré." *Une promenade à travers Paris au temps des romantiques,* Exposição da Biblioteca e dos Trabalhos históricos da cidade de Paris (1908, Verf: *Poete, Beaurepaire, Clouzot, Henriot),* p. 28.

"Aquele que vê sem ouvir fica muito mais... inquieto que aquele que ouve sem ver. Deve haver aí um fator significativo para a sociologia da cidade grande. As relações entre os seres humanos nas cidades grandes... são caracterizadas por uma preponderância marcada da atividade da visão sobre a da audição. E isso... antes de tudo, por causa dos meios públicos de comunicação. Antes do desenvolvimento que, no século XIX, tomaram os ônibus, as estradas de ferro e os bondes, as pessoas não tinham a ocasião de poder ou de dever se olhar reciprocamente durante minutos ou horas seguidas sem se falarem." G. Simmel, *Mélanges de philosophie rélativiste (Miscelâneas de Filosofia Relativista), Contribuition à la culture philosophique,* Paris, 1912, pp. 26-7, *Essai sur la sociologie des sens (Ensaio sobre a Sociologia dos Sentidos).* O fato que Simmel relaciona com esse estado inquieto e lábil tem a ver, em parte, com a fisiognomonia vulgar. Deve-se estudar a diferença entre essa fisiognomonia e a do século XVIII.

"Paris... veste um espectro com inúmeros artigos de *Le Constitutionnel* e faz Chodruc Duelos." Victor Hugo, *Oeuvres complètes,* Romance 7, Paris, 1881, p. 32 *(Les Misérables III)*.

Sobre Victor Hugo: "A manhã, para ele, constituía o trabalho imóvel; a tarde, o trabalho errante. Adorava as *impériales* dos ônibus, esses *balcons roulants,* como ele as chamava, donde podia estudar à vontade os aspectos diversos da cidade gigante. Sustentava que o rebuliço atordoante de Paris produzia sobre ele o mesmo efeito do mar". Édouard Drumont, *Figures de bronze ou statues de neige,* Paris (1900), p. 25, (*Victor Hugo).*

Singular existência dos bairros: por volta da metade do século ainda se dizia da *Ile Saint-Louis* que, se uma garota de lá não tivesse boa reputação, deveria procurar seu futuro marido fora do bairro.

"Ó noite! Ó refrescantes trevas!... nos labirintos pétreos de uma capital, cintilação das estrelas, explosão dos lampiões, sois o fogo de artifício da deusa Liberdade!" Charles Baudelaire, *Le spleen de Paris*, éd. Hilsum, Paris, p. 203 (XXII, *Le crépuscule du soir*).

Nomes de ônibus por volta de 1840, em Gaetan Niépovié, *Etudes physiologiques sur les grandes metrópoles de l'Europe occidentale*, Paris, 1840, p. 113: *Parisiennes, Hirondelles, Citadines, Vigilantes, Aglaés, Deltas.*

Paris como paisagem à disposição dos pintores: "Erguei a cabeça atravessando a *rue Notre-Dame-de-Lorette* e dirigi o vosso olhar para qualquer uma das plataformas que coroam as casas, à moda italiana. Então, será impossível não perceberdes desenhar-se, a sete andares acima do nível das calçadas, qualquer coisa semelhante a esses manequins colocados no campo para servir de espantalho... – É antes de tudo, um roupão, no qual se fundem, sem harmonia, todas as cores do arco-íris, pantalonas com pés de forma desconhecida e pantufas impossíveis de descrever. Sob esses apetrechos burlescos se oculta um jovem pintor". *Paris chez soi (Paris em Casa)*, Paris (1854), pp. 1912. (Albéric Second, *Rue Notre-Dame-de-Lorette*.)

Geffroy, sob a impressão das obras de Meryon: "São as coisas representadas que trazem, àquele que as vê, a possibilidade de sonhá-las". Gustave Geffroy, *Charles Meryon*, Paris, 1926, p. 4.

"O ônibus, esse Leviatã da carroceria, e essas viaturas tão numerosas se entrecortando com a rapidez do raio!" Théophile Gautier *(in* Edouard Fournier, *Paris démoli*, 2ª edição, com um prefácio de Théophile Gautier, Paris, 1855, p. IV). (Esse prefácio apareceu – sem dúvida, como crítica da 1ª edição – em *Le Moniteur universel* de 21 de janeiro de 1854. Ele deveria ser total ou parcialmente idêntico ao *Mosaique de ruines,* de Gautier, *in Paris et les parisiens au XIX siècle,* Paris, 1856).

"Os elementos temporais mais heterogêneos se encontram, portanto, na cidade, lado a lado. Quando, saindo de um prédio do século XVIII, entramos em outro do século XVI, precipitamo-nos numa vertente do tempo; se logo ao lado está uma igreja da época do gótico, atingimos o abismo; se a alguns passos à frente nos achamos numa rua dos anos básicos (da revolução industrial na Alemanha)..., subimos a rampa do tempo. Quem entra numa cidade, sente-se como numa tessitura de sonhos, onde o evento de hoje se junta ao mais remoto. Um prédio se associa a outro, independente das camadas de tempo a que pertence; assim surge uma rua. E adiante, no fim essa rua, seja ela do período de Goethe, desemboca noutra, seja esta do período do imperador Guilherme, surge o bairro... Os pontos culminantes da cidade são as suas praças, onde desembocam radialmente muitas ruas, mas também as correntes de sua história. Mal acorrem e já são cercadas; as bordas da praça são as margens, de modo que já a forma exterior da praça orienta sobre a história que nela se passa... Coisas que, nos eventos políticos, mal, ou nem, chegam a se expressar, se desenrolam nas cidades, um instrumento finíssimo e, malgrado seu peso de pedra, sensível como uma harpa eólica às vivas oscilações atmosféricas da história." Ferdinand Lion, *Geschichte biologisch gesehen (A História Vista Biologicamente)*, Zurique e Leipzig [1935, pp. 125-6, 128, Notiz über Städte *(Nota sobre as Cidades)*].

Delvau pretende distinguir na *flânerie* as camadas sociais da sociedade parisiense, tão fácil quanto um geólogo as camadas do subsolo.

O homem de letras – "Para ele, as realidades mais pungentes não são espetáculos; são estudos". Alfred Delvau, *Les dessous de Paris (Os Segredos de Paris)*, Paris, 1860, p. 121.

"Um homem que passeia não se devia preocupar com os riscos que corre, ou com as regras de uma cidade. Se uma ideia divertido lhe vem à mente, se uma loja curiosa se oferece à sua visão, é natural que, sem ter de afrontar perigos tais como nossos avós nem mesmo puderam supor, ele queira atravessar a via. Ora, hoje ele não pode fazê-lo sem tomar mil precauções, sem interrogar o horizonte, sem pedir conselho à delegacia de polícia, sem se misturar a uma turba aturdida e acotovelada, cujo caminho está traçado de antemão por pedaços de metal brilhante. Se ele tenta juntar os pensamentos fantásticos que lhe ocorrem, e que as visões da rua devem excitar, é ensurdecido pelas buzinas, entontecido pelos alto-falantes... desmoralizado pelos trechos dos diálogos, dos informes políticos e do jazz que se insinuam pelas janelas. Outrora, seus irmãos, os *badauds*, que caminhavam docemente nas calçadas e paravam um pouco em toda parte, davam à vaga humana uma doçura e uma tranquilidade que ela perdeu. Agora, ela é uma torrente, onde somos rolados, acotovelados, empurrados, levados para um lado e para o outro." Edmond Jaloux, *Le dernier flâneur (O Último Flanador)*, (*Le Temps* de 22 de maio de 1936).

"Sair quando nada nos força a fazê-lo e seguir a nossa inspiração como se o simples fato de dobrar à direita ou à esquerda já constituísse um ato essencialmente poético." Edmond Jaloux, *Le dernier flâneur* (*Le Temps* de 22 de maio de 1936).

"Dickens... não conseguia viver em Lausanne porque, para compor os seus romances, precisava do imenso labirinto das ruas de Londres, onde vagueava sem parar... Thomas de Quincy ... Baudelaire nos diz que ele era 'uma espécie de peripatético, um filósofo da rua, meditando sem cessar através do turbilhão da cidade grande." Edmond Jaloux, *Le dernier flâneur* (*Le Temps* de 22 de maio de 1936).

"A obsessão de Taylor, de seus colaboradores e sucessores, é a 'guerra à flânerie." Georges Friedmann, *La crise du progrès*, Paris (1936), p. 76.

O urbano em Balzac: "A natureza lhe surge mágica, como o arcano da matéria. Surge-lhe simbólica como o reverso das forças e aspirações humanas: no rebentar da onda do mar ele percebe, 'l'exaltation des forces humaines', no fausto dos odores e das cores das flores a escrita cifrada da ânsia de amor. Para ele, a natureza sempre significa outra coisa, uma alusão ao espírito. Não conhece o movimento inverso: a reimersão do ser humano na natureza, a resgatada harmonia com estrelas, nuvens e ventos. A tensão da existência humana o impregnava por demais". Ernst Robert Curtius, *Balzac*, Bonn, 1923, pp. 468-9.

"Balzac viveu a vida... da pressa desenfreada e do fracasso prematuro que a luta pela existência na sociedade moderna impôs ao habitante da cidade grande... A existência de Balzac é o primeiro exemplo de que o gênio participa dessa vida e que a vive como sua". Ernst Robert Curtius, *Balzac*, Bonn, 1923, pp. 464-5. Quanto à questão do ritmo, deve-se recorrer ao seguinte: "Poesia e arte... resultam de 'uma visão rápida das coisas'... Em *Séraphita*, a rapidez é citada como um indício da intuição artística: 'essa visão interior cujas percepções velozes conduzem, alternadamente, à alma, como a uma tela, as paisagens mais contrastantes do globo." Ernst Robert Curtius, *Balzac*, Bonn, 1923, p. 445.

"Se Deus imprimiu... o destino de cada homem na sua fisionomia... por que a mão não resumiria a fisionomia, já que a mão é a ação humana inteira e seu único meio de manifestação? Daí a quiromancia... Predizer a um homem os acontecimentos de sua vida pelo aspecto de sua mão não é fato mais extraordinário que dizer a um soldado que ele combaterá, a um advogado que ele discursará, a um sapateiro que ele fará sapatos e botas ou a um agricultor que ele adubará e lavrará a terra. Escolhamos um exemplo eloquente? O gênio é de tal modo visível no ser humano que, ao passearem em Paris, as pessoas mais ignorantes adivinham um grande artista quando ele passa... A maior parte dos observadores da natureza social e parisiense pode dizer a profissão de um transeunte ao vê-lo aproximar-se." Honoré de Balzac, *Le cousin Pons* (O *Primo Pons*), *(Oeuvres compètes*, XVIII, *Scènes de la vie parisienne*, VI, Paris, 1914, p. 130).

"Aquilo que os homens chamam de amor é bem pequeno, bem restrito, bem débil, se comparado a essa inefável orgia, a essa santa prostituição da alma, que se dá inteiramente, poesia e caridade, ao imprevisto que se mostra, ao desconhecido que passa." Charles Baudelaire, *Le spleen de Paris* (éd. R. Simon), p. 26, *Les foules (As Multidões).*

"Quem dentre nós já não terá sonhado, em dias de ambição, com a maravilha de uma prosa poética, musical, mas sem ritmo e sem rima, bastante flexível e resistente para se adaptar às emoções líricas da alma, às ondulações do devaneio, aos choques da consciência? / É sobretudo da frequentação das cidades gigantescas, do crescimento de suas inúmeras relações, que nasce esse ideal obsessivo." Charles Baudelaire, *Le spleen de Paris* (éd. R. Simon), pp. 1-2, a Arsène Houssaye.

"Não há objeto mais profundo, mais misterioso, mais fecundo, mais tenebroso, mais deslumbrante que uma janela iluminada por uma candeia." Charles Baudelaire, *Le spleen de Paris* (ed. R. Simon), p. 62, *Les fenêtres (As Janelas).*

"O artista busca a verdade eterna e ignora a eternidade que continua à sua volta. Admira a coluna do templo babilônico e despreza a chaminé da usina. Qual é a diferença das linhas? Quando a era da força motriz pela combustão do carvão estiver finda, admirar-se-ão os vestígios das últimas chaminés como hoje se admiram os destroços das colunas dos templos... O vapor tão amaldiçoado pelos escritores lhes permite transferir sua admiração... Ao invés de esperar chegar ao golfo de Bengala para aí procurar temas de êxtase, eles poderiam cultivar uma curiosidade cotidiana em relação àquilo que os toca. Um carregador da *gare de l'Est* é tão pitoresco quanto um moço de fretes da ilha de Colombo... Sair de casa como se viesse de longe; descobrir um mundo, que é aquele no qual se vive; começar o dia como se desembarcasse de Cingapura, como se jamais tivesse visto o capacho da própria porta nem o rosto dos vizinhos do mesmo andar...; eis o que revela a humanidade presente e ignorada." Pierre Hamp, *La littérature, image de la societé (Encyclopédie française*, XVI, *Arts et littératures dans la societé contemporaine*, I, p. 64, I).

Chesterton se refere a uma locução da gramática inglesa para caracterizar o relacionamento de Dickens com a rua. "Ele tem as chaves da rua" se diz de alguém que está defronte a uma porta fechada. "Dickens bem que tinha, no sentido mais consagrado e mais sério, *a chave da rua*... O seu chão eram os paralelepípedos; os lampiões de rua eram as suas estrelas; o transeunte, o seu herói. Ele podia abrir a porta mais oculta de sua casa, a porta que dava para a passagem secreta que, ladeada de casas, tinha como teto os astros!". G. K. Chesterton, *Dickens (Vidas de Homens Ilustres)*.

Dickens quando criança: "Quando concluía o trabalho, não lhe restava senão andar à solta, e então vagava por meia Londres. Quando criança, foi um sonhador; seu triste destino o preocupava mais que o resto... Não aspirava a observar como fazem os pedantes; não olhava Charing Cross para se instruir; não contava os lampiões de Holborn para aprender aritmética; mas, inconscientemente, colocava nesses lugares as cenas do drama monstruoso que se elaborava na sua pequena alma oprimida. Ele se sentia no escuro mesmo sob os lampiões de Holborn e em Charing Cross padecia o martírio. Mais tarde, todos aqueles bairros retiveram para ele o interesse que só pertence aos campos de batalha". G. K. Chesterton, *Dickens (Vidas de Homens Ilustres)*.

Sobre a psicologia do *flâneur*: "As cenas inapagáveis que todos nós podemos rever fechando os olhos não são aquelas que contemplamos com um guia nas mãos, mas sim aquelas a que não prestamos atenção, que atravessamos pensando noutra coisa, num pecado, num namorico ou num dissabor pueril. Se vemos agora o pano de fundo é porque não o víamos então. Do mesmo modo, Dickens não recolhia em seu espírito a impressão das coisas; era ele quem imprimia o seu espírito nas coisas". G. K. Chesterton, *Dickens* (*Vidas de Homens Ilustres*).

Dickens: "Em maio de 1846, dá uma escapada para a Suíça e tenta escrever *Dombey e filho* em Lausanne... A obra não progride. Atribui esse fato sobretudo ao seu amor por Londres, que lhe faz falta, à 'ausência das ruas, do grande número de personagens... Meus personagens parecem entorpecidos se não têm uma multidão ao redor'". G. K. Chesterton, *Dickens* (*Vidas de Homens Ilustres*).

"Em... *Le Voyage de MM. Dunanan père et fils*, faz acreditar a dois provincianos que Paris é Veneza, para onde, efetivamente, queriam ir. Paris como local da embriaguez onde todos os sentidos se confundem." S.

Kracauer, *Jacques Offenbach und das Paris seiner Zeit (Jacques Offenbach e a Paris do seu Tempo)*, Amsterdam, 1937, p. 283.

Segundo uma observação de Musset, além dos limites do bulevar começa "a Grande índia". (Não deveria chamar-se, antes, o Extremo Oriente?) (Cf. S. Kracauer, *Offenbach*, Amsterrdam, 1937, p. 105.)

Kracauer opina que "no bulevar, vinha-se ao encontro da natureza com uma acentuada hostilidade... A natureza era vulcânica como o povo". S. Kracauer, *Offenbach*, Amsterdam, 1937, p. 107.

Sobre o romance policial: "É preciso aceitar como certo que essa metamorfose da *Cité* contém, na transposição do seu cenário, algo da *savana* e da floresta de Fenimore Cooper, onde cada galho oculto significa uma inquietude ou uma esperança, onde cada tronco dissimula o fuzil de um inimigo ou o arco de um vingador invisível e silencioso. Todos os escritores, Balzac em primeiro, notaram claramente esse empréstimo e devolveram fielmente a Cooper o que lhe deviam. As obras do tipo *Les Mohicanos de Paris*, de A. Dumas, com o título significativo entre todos, são as mais frequentes". Roger Caillois, *Paris, mythe moderne (Nouvelle Revue Française*, XXV, 284, 1º de maio de 1937, pp. 685-6).

Na trilha da influência de Cooper, abre-se para o romancista (Dumas) a possibilidade de criar espaço para as experiências do caçador no cenário urbano. Isso tem sua importância para o estabelecimento do conto policial.

"Parecerá, sem dúvida, aceitável afirmar que existe... uma representação fantasmagórica de Paris, mais geralmente da cidade grande, com poder suficiente sobre as imaginações para que, na prática, jamais seja questionada a sua exatidão, representação criada peça por peça pelo livro e bastante difusa, contudo, para fazer... parte da atmosfera mental coletiva." Roger Caillois, *Paris, mythe moderne*.

"O subúrbio de Saint-Jacques é um dos mais primitivos de Paris. A que se deve isso? Será porque, cercado por quatro hospitais como uma cidadela é cercada por quatro bastiões, esses quatro hospitais afastam do bairro o turista? Será porque, por não levar a nenhuma rodovia importante, por não confinar com nenhum centro, ...a passagem de veículos é por aí muito rara? Assim, desde que um veículo surge ao longe, o moleque privilegiado que o percebe primeiro transforma suas mãos num porta-voz, e o anuncia a todos os habitantes do bairro, exatamente como no litoral se aponta para uma vela tão logo é percebida no horizonte." A. Dumas, *Les Mohicans de Paris*, I, Paris, p. 102 (XXV, *Ou il est question des sauvages du faubourg Saint-Jacques) (Onde se Trata dos Selvagens do Subúrbio Saint-Jacques).* Esse capítulo descreve nada mais do que a chegada de um piano à porta de uma casa do subúrbio. Ninguém suspeita de que se trata de um instrumento, mas todos estão deslumbrados pela visão de "uma enorme peça de madeira acaju" (p. 103); pois, no bairro, praticamente não se conheciam móveis de mogno.

Do prospecto de *Les Mohicans de Paris,* as primeiras palavras: "Paris – Os Moicanos!... esses dois nomes se embatem como o 'quem vem lá?' de dois desconhecidos gigantescos à beira de um precipício atravessado por essa luz elétrica que tem seu foco em A. Dumas".

Ilustração da capa do terceiro volume de *Les Mohicans de Paris,* Paris, 1863: "A floresta virgem" (da rue d'Enfer).

"Quantas precauções maravilhosas! Quantos cuidados, quantas combinações engenhosas, quantas sutis indústrias! O selvagem da América que, ao caminhar, apaga os vestígios de seus passos para escapar do inimigo que o persegue, não é mais hábil nem mais minucioso em suas precauções." Alfred Nettement, *Etudes sur le feuilleton-roman,* I (Paris, 1845), p. 419.

Vigny (segundo Miss Corkran, *Celebrities and I,* Londres, 1902), cit. L. Séché, A. *de Vigny,* II, Paris, 1913, p. 295, ao ver as *cheminées* de Paris: "Eu adoro essas chaminés... Sim, a fumaça de Paris é para mim mais bela que a solidão das matas e das montanhas".

Deve-se considerar a novela policial em conexão com o gênio metódico de Poe, como o faz Valéry (ed. de *Les fleurs du mal,* Paris, 1928, introdução de Paul Valéry, p. XX): "Chegar a um ponto do qual se domine todo o campo duma atividade é perceber, necessariamente, uma quantidade de possibilidades... Assim, não é de espantar que Poe, de posse de um método tão poderoso... se tenha feito o inventor de gêneros diversos, que tenha dado os primeiros... exemplos do conto científico, do poema cosmogônico moderno, do romance de instrução criminal, da introdução na literatura dos estados psicológicos mórbidos".

Sobre *O Homem da Multidão,* essa passagem de um artigo de *La Semaine,* de 4 de outubro de 1846, atribuído a Balzac ou mesmo a Hippolyte Castille (cit. Messac, *Le "Detective Novel" et l'influence de la pensée scientifique,* Paris, 1929, p. 424): "O olho segue os passos desse homem que caminha na sociedade atravessando as leis, as ciladas, as traições de seus cúmplices, como um selvagem do novo mundo entre os répteis, os animais ferozes e as tribos inimigas".

Sobre *O Homem da Multidão*: Bulwer instrumenta sua descrição da multidão das cidades grandes em *Eugen Aram,* IV, 5, referindo-se a uma observação goetheana de que todo ser humano, o melhor e o mais miserável, leva consigo um segredo que, se conhecido, o tornaria odioso a todos os outros. Mais além, encontra-se já em Bulwer o confronto entre cidade e campo, com vantagem para a cidade.

Sobre o conto policial: "Na imaginação épica americana, o caráter índio desempenha um papel principal... Só as iniciações indígenas podem rivalizar com a indelicadeza e crueldade de um rigoroso treinamento americano... Em tudo aquilo que o americano realmente pretende, o índio se manifesta; na extraordinária concentração sobre determinada meta, na tenacidade da perseguição, na indesviante resistência às maiores dificuldades, todas as legendárias virtudes dos índios se fazem sentir plenamente". C. G. Jung, *Seelenprobleme der Gegenwart* (Problemas psíquicos da atualidade), Zurique-LeipzigStuttgart, 1932, p. 207, *Seele und Erde (Alma e Terra).*

Capítulo II, *Physionomie de la rue des "Arguments du livre sur la Belgique"*: "Lavagem das fachadas e calçadas, mesmo quando chove torrencialmente. Mania nacional, universal... Nenhuma vitrine nas lojas. A *flânerie,* tão cara aos povos dotados de fantasia, impossível em Bruxelas; nada a ver, e caminhos impossíveis". Baudelaire, *Oeuvres,* II (Paris, 1932), ed. Y.-G. Le Dantec, pp. 709-10.

Le Breton censura Balzac porque, em sua obra, há "um excesso de Moicanos de spencer e de Huronianos de sobrecasaca". Cit. Régis Messac, *Le "Detective Novel" et l'influence de la pensée scientifique,* p. 425.

Das primeiras páginas de *Les mystères de Paris*: "Todo o mundo leu aquelas páginas admiráveis, nas quais Cooper, o Walter Scou americano, delineou os costumes ferozes dos selvagens, sua língua pitoresca e poética, as mil astúcias com a ajuda das quais fogem ou perseguem os seus inimigos... Vamos tentar pôr ante os olhos do leitor alguns episódios da vida de outros bárbaros tão afastados da civilização quanto as tribos selvagens tão bem descritas por Cooper". Cit. Régis Messac, *Le "Detective Novel",* Paris, 1929, p. 425.

Notável associação entre a *flânerie* e o romance de detetive no começo de *Les Mohicans de Paris*: "Desde o princípio, Salvator diz ao poeta Jean Robert:

– Você quer escrever um romance? Tome Lesage, Walter Scott e Cooper...

– Em seguida, tais como personagens de *As Mil e Uma Noites*, eles lançam ao vento um pedaço de papel e o seguem, persuadidos de que vai conduzi-los a um tema de romance, o que de fato ocorre". Régis Messac, *Le "Detective Novel" et l'influence de la pensée scientifique*, Paris, 1929, p. 429.

Sobre os epígonos de Sue e Balzac "que vão pulular no romance de folhetim. Neles a influência de Cooper se faz sentir ora diretamente, ora por intermédio de Balzac ou de outros imitadores. Paul Féval, desde 1856, em *Les Couteaux d'Or (As Facas de Ouro)*, audaciosamente transporta os hábitos, e mesmo os habitantes da pradaria, para o cenário parisiense: nesse livro se vê um cão maravilhosamente dotado, que se chama Moicano, um duelo de caçadores à americana nos subúrbios de Paris e uma pele-vermelha de nome Tovah, que mata e escalpa quatro de seus inimigos em plena Paris, num fiacre, tão habilmente que o cocheiro nem mesmo o percebe. Um pouco mais tarde, em *Les habits noirs (As Casacas Pretas)* (1863), ele multiplica as comparações ao gosto de Balzac: '... os selvagens de Cooper em plena Paris! A cidade grande não é por acaso tão misteriosa quanto as florestas do Novo Mundo?...'". Numa anotação subsequente: "Cf. também II, XIX, em que põe em cena dois vagabundos, Echalot e Similor, 'Huronianos de nossos lagos de lama, Iroqueses da sarjeta'". Régis Messac, *Le "Detective Novel " et l'influence de la pensée scientifique*, Biblioteca da revista de literatura comparada, tomo 59, pp. 425-6.

"A poesia do terror que os estratagemas das tribos inimigas em guerra difundem no seio das florestas da América, e da qual Cooper tanto se serviu, se ligava aos mínimos detalhes da vida parisiense. Os transeuntes, as lojas, os coches de aluguel, um homem que se apoia a uma janela, tudo isso interessava ao pessoal da escolta do velho Peyrade tão intensamente quanto um tronco, uma toca de castor, um rochedo, uma pele de búfalo, uma canoa imóvel, uma folha flutuante interessam ao leitor de um romance de Cooper". Balzac, *A combien l'amour revient aux vieillards (Quanto o Amor Custa aos Velhos)*.

Na figura do *flâneur* prefigurou-se a do detetive. Para o *flâneur*, essa transformação deve assentar-se em uma legitimação social de sua aparência. Convinha-lhe perfeitamente aparentar uma indolência, atrás da qual, na realidade, se oculta a intensa vigilância de um observador que não perde de vista o malfeitor incauto.

No ensaio baudelairiano sobre Marceline Desbordes-Valmore, aparece ao final o *promeneur* (caminhante) que na paisagem de jardim de sua poesia anda; as perspectivas do passado e do futuro se abrem diante dele. "Mas estes céus são demasiadamente vastos para serem completamente puros, e a temperatura do clima é quente demais... O *promeneur,* contemplando essas extensões veladas pelo luto, sente subir aos seus olhos os choros da histeria, *hysterical tears.*" Charles Baudelaire, *L'art romantique,* Paris, p. 343 (Marceline Desbordes-Valmore). O *promeneur* já não é capaz de passear por prazer; foge para as sombras das cidades; torna-se *flâneur.*

Do velho Victor Hugo, no tempo em que morava na *rue Pigalle,* conta-nos Jules Claretie que ele gostava de viajar em Paris nas imperiais dos ônibus. Deleitava-se assim em olhar a azáfama da rua embaixo (Cf. Raymond Escholier, *Victor Hugo raconté par ceux qui l'ont vu (Victor Hugo Contado por Aqueles que o Viram),* Paris, 1931, p. 350 – Jules Claretie, Victor Hugo).

"Lembram-se de um painel... escrito pela pena mais potente daquela época e que tem por título *L'Homme des foules (O Homem das Multidões)*? Atrás dos vidros de um café, um convalescente, contemplando a multidão com prazer, mistura-se através do pensamento a todos os pensamentos que se agitam ao seu redor. Tendo regressado recentemente das sombras da morte, aspira com prazer todos os gérmens e todos os eflúvios da vida; como esteve a ponto de esquecer tudo, se lembra e, com ardor, quer se lembrar de tudo. Por fim, precipita-se no meio daquela multidão em busca de um desconhecido, cuja fisionomia entrevista o havia fascinado, num piscar de olhos. A curiosidade se transformou numa paixão fatal, irresistível!" Baudelaire, *L'art romantique,* Paris, p. 61 (*Le peintre de la vie moderne*) (O *Pintor da Vida Moderna*).

Já André Le Breton, Balzac, *l'homme et l'oeuvre,* Paris, 1905, compara as personagens balzaquianas – "os usurários, os procuradores, os banqueiros – com Moicanos, aos quais se assemelham mais que aos parisienses". (Cf. Rémy de Gourmont, *Promenades littéraires,* 27 série, Paris, 1906, pp. 117-8 – *Les maitres de Balzac*).

De *Les Fusées (Os Foguetes),* de Baudelaire: "O homem... está sempre... em estado selvagem! O que são os perigos da floresta e da pradaria comparados aos choques e conflitos diários do mundo civilizado? Enlace sua vítima no bulevar ou trespasse sua presa em florestas desconhecidas, não é ele... o mais prefeito predador?".

Raffet representou *écossaises* e *tricycles* (em litografias)?

"Quando Balzac abre os tetos ou fura os muros para abrir caminho à observação..., ficamos à escuta atrás das portas...; numa palavra, nos comportamos... no interesse de nossas invenções romanescas, segundo dizem os nossos vizinhos ingleses em sua dissimulação, como *police detective!*" Hippolyte Babou, *La vérité sur le cas de M. Champfleury*, Paris, 1857, p. 30.

Para a fisiognomonia do habitante da cidade, seria vantajoso encontrar feições precisas e particulares. Por exemplo: a calçada, que é reservada ao pedestre, corre ao longo do leito da rua. Assim, quando está a pé, o cidadão a caminho de seus negócios cotidianos tem, ininterruptamente, diante dos olhos a imagem do concorrente que o ultrapassa no veículo. – As calçadas foram construídas certamente no interesse daqueles que estavam em veículo ou a cavalo. Quando?

"Para o perfeito *flâneur*... é um prazer imenso decidir morar na massa, no ondulante... Estar fora de casa; e, no entanto, se sentir em casa em toda parte; ver o mundo, estar no centro do mundo e ficar escondido no mundo, tais são alguns dos menores prazeres desses espíritos independentes, apaixonados, imparciais (!) que a língua só pode definir inabilmente. O observador é um príncipe que, por toda parte, usufrui de seu incógnito... O amoroso da vida universal entra na multidão como se em um imenso reservatório de eletricidade. Também podemos compará-lo a um espelho tão imenso como essa multidão, a um caleidoscópio dotado de consciência que, a cada movimento, representa a vida múltipla e a graça comovente de todos os elementos da vida." Baudelaire, *L'art romantique*, Paris, pp. 64-5 (*Le peintre de la vie moderne*).

A Paris de 1908: "Um parisiense habituado à multidão, aos veículos e a escolher as ruas conseguia fazer longos percursos com passo regular e frequentemente distraído. De modo geral, a abundância dos meios de circulação ainda não tinha dado a mais de três milhões de habitantes a ideia... de que eles podiam se deslocar com qualquer propósito e de que a distância é o que menos conta". Jules Romains, *Les hommes de bonne volonté*, I, Le 6 octobre, Paris (1932), p. 204.

Em *Le 6 octobre*, Romains descreve no capítulo XVII, *Le grand voyage du petit garçon*, pp. 176-84, como Louis Bastide arrasta (sic) sua viagem através de Montmartre, desde o cruzamento Ordener até a rua Custine. "Ele tem uma missão a cumprir. Encarregaram-no de algum recado, de alguma coisa para levar, ou talvez para anunciar." (p. 179) Nesse jogo de viagens (sic) Romains desenvolve algumas perspectivas – sobretudo a paisagem alpina de Montmartre com as tabernas montanhesas (p. 180) – que se parecem com aquelas nas quais a fantasia do *flâneur* se pode perder.

Máxima do *flâneur*: "Em nosso mundo uniformizado, é ao lugar em que estamos, e em profundidade, que precisamos ir; o mudar de país e a surpresa, o exotismo mais cativante, estão bem perto". Daniel Halévy, *Pays parisiens*, Paris (1932), p. 153.

Em *Le crime de Quinette* (*Les hommes de bonne volonté, II)*, de Jules Romains, acha-se algo como o negativo da solidão que, o mais das vezes, é a companheira do *flâneur*. Que a amizade talvez seja forte bastante para romper essa solidão é o convincente na tese de Romains. "Em minha ideia, é sempre um pouco assim que nos tornamos amigos. Estamos presentes, juntos, a um momento do mundo, talvez a um segredo fugidio do mundo; a uma aparição que ninguém ainda viu e que talvez ninguém mais verá. Mesmo se for coisa pouca. Vejamos: dois homens, por exemplo, passeiam como nós. E, de repente, graças a uma fenda nas nuvens, uma luz atinge o alto de um muro; e o alto do muro se torna por um instante algo de extraordinário. Um dos homens toca o ombro do outro, que ergue a cabeça e vê aquilo também, compreende aquilo também. Depois, lá no alto, a coisa desvanece. Mas eles saberão *in aeternum* que ela existiu." Jules Romains, *Les hommes de bonne volonté,* II, *Crime de Quinette* (Paris, 1932), pp. 175-6.

Mallarmé: "Ele atravessara a *place* e a ponte de l'Europe, quase todos os dias tomado – confiava ele a Georges Moore – pela tentação de se jogar da ponte sobre as vias férreas, sob os trens, a fim de escapar enfim daquela mediocridade da qual era prisioneiro". Daniel Halévy, *Pays parisiens*, Paris (1932), p. 105.

Michelet escreve: "Como uma pálida erva entre dois paralelepípedos, irrompi". (Cit. Halévy, *Pays parisiens*, p. 14).

Aurdidura da floresta como arquétipo da existência da massa em Victor Hugo. "Um capítulo surpreendente de *Les Misérables* contém as seguintes linhas: 'o que havia ocorrido nessa rua não teria surpreendido uma floresta; os altos fustes e a vegetação rasteira, as ervas, os galhos inextricavelmente enredados uns nos outros e o capim alto levam uma vida sombria; através do imenso formigar desliza sorrateiramente o invisível; o que está abaixo do homem distingue, através da névoa, o que está acima do homem." Gabriel Bounoure, *Abimes de Victor Hugo*, p. 49 (Mesures, 15 de julho de 1936).

"Estudo da grande doença do horror ao domicílio. Razões da doença. Agravamento progressivo da doença." Charles Baudelaire, *Oeuvres*, ed. Le Dantec, II (Paris, 1932), p. 653 *(Mon coeur mis à nu) (Meu Coração Desnudado)*.

Carta de acompanhamento aos dois *Crepúsculos*; a Fernand Desnoyers que a recolheu em seu *Fontainebleau*, Paris, 1855: "Envio-lhe dois fragmentos poéticos que representam, mais ou menos, a soma dos devaneios que me acometem nas horas crepusculares. No fundo das florestas, enterrado sob aquelas abóbadas semelhantes às das sacristias e catedrais, penso em nossas surpreendentes cidades, e a música prodigiosa que rola sobre seus tetos me parece a tradução das lamentações humanas". Cit. A. Séché, *La vie des fleurs du mal*, Paris, 1928, p. 110.

A clássica primeira descrição da multidão de Poe: "A maioria dos que passavam parecia gente satisfeita consigo mesma, e com os dois pés no chão. Pareciam apenas pensar em abrir caminho através da multidão. Franziam o cenho e lançavam olhares para todos os lados. Se recebiam um encontrão de outros transeuntes, não se mostravam mais irritados; ajeitavam a roupa e seguiam apressados. Outros – também esse grupo era numeroso – tinham movimentos desordenados, rostos rubicundos, falavam consigo mesmos e gesticulavam, como se se sentissem sozinhos exatamente por causa da incontável multidão ao seu redor. Se tivessem de parar no meio do caminho, repentinamente paravam de murmurar, mas sua gesticulação ficava mais veemente, e esperavam – um sorriso forçado – até que as pessoas em seu caminho se desviassem. Se eram empurrados, cumprimentavam graves aqueles que os tinham empurrado e pareciam muito embaraçados". Poe, *Nouvelles histoires extraordinaires*, trad. Ch. B., Paris, 1886, p. 89.

"O que são os perigos da floresta e da pradaria comparados aos choques e conflitos diários do mundo civilizado? Enlace sua vítima no bulevar ou trespasse sua presa em florestas desconhecidas, não é ele... o mais perfeito predador?" Charles Baudelaire, *Oeuvres*, ed. Le Dantec, II (Paris, 1932), p. 637 (Fusées).

A superposição da França com a imagem do antigo e a imagem muito moderna da América se encontram, por vezes imediatamente uma ao lado da outra. Balzac sobre o caixeiro viajante: "Vejam! Que atleta! que arena! E que armas! Ele, o mundo e sua lábia. Intrépido marujo, embarca munido de algumas frases para ir pescar de cinco a seis mil francos em mares glaciais, no país dos Iroqueses, na França". H. de Balzac, *L'illustre Gaudissart*, ed. Calmann-Lévy, Paris, p. 5.

Descrição da multidão em Baudelaire, a se comparar com a de Poe:

> "A sarjeta, leito fúnebre, por onde se vão as repugnâncias,
> Carrega em efervescência os segredos dos esgotos;
> Fustiga cada casa com seu fluxo deletério,
> Corre a amarelar o Sena que adultera,
> E apresenta sua onda aos joelhos do passante.
> Cada um, nos acotovelando sobre a calçada escorregadia,
> Egoísta e brutal, passa e nos enlameia,
> Ou, para correr mais rápido, distanciando-se nos empurra.
> Em toda parte, lama, dilúvio, escuridão do céu:
> Negro quadro com que teria sonhado o negro Ezequiel!"

Ch. B., *Oeuvres,* I (Paris, 1931), p. 211 *(Poèmes diverses: Un jour de pluie).*

> "Sobre o romance policial:
> Quem não assinou, quem não deixou retrato
> Quem não esteve presente, quem nada falou
> Como poderão apanhá-lo?
> Apague as pegadas."[10]

Brecht: *Versuche* (Ensaios), 4-7 (Caderno 2), Berlim, 1930, p. 116, *Lesebuch fur Stadtebewohner* (Manual para Habitantes da Cidade), I.

A massa em Baudelaire. Ela jaz como um véu à frente do *flâneur*: é a última droga do ser isolado. – Em segundo lugar, ela apaga todos os vestígios do indivíduo: ela é o mais novo asilo do proscrito. – Por fim, é, no labirinto da cidade, o mais novo e mais inexplorável dos labirintos. Através dela se imprimem na imagem da cidade traços ctônicos até então desconhecidos.

A base social da *flânerie* é o jornalismo. É como *flâneur* que o literato se dirige ao mercado para se vender. No entanto, não se esgota com isso, de forma alguma, o aspecto social da *flânerie*. "Sabemos – diz

Marx – que o valor de cada mercadoria é definido através do quantum de trabalho materializado no seu valor de uso através do tempo de trabalho socialmente necessário para sua produção". (Marx, *Das Kapital,* ed. Korsch, Berlim, 1932, p. 188). O jornalista se comporta como *flâneur*, como se também soubesse disso. O tempo de trabalho socialmente necessário para a produção de sua força específica de trabalho é, de fato, relativamente elevado. No que ele se empenha em fazer com que suas horas de ociosidade no bulevar apareçam como uma sua parcela, ele o multiplica, multiplicando assim o valor do próprio trabalho. Aos seus olhos e também, muitas vezes, aos de seus patrões, esse valor adquire algo de fantástico. Contudo, isso não aconteceria se ele não estivesse na situação privilegiada de tornar o tempo de trabalho necessário à produção de seu valor de uso acessível à avaliação pública e geral, na medida em que o despende e, por assim dizer, o exibe no bulevar.

A imprensa gera uma torrente de informações, cujo efeito estimulante é tanto mais forte quanto mais desprovidas estejam de qualquer aproveitamento. (Apenas a ubiquidade do leitor tornaria possível aproveitá-las; e assim se produz também a sua ilusão). A relação real dessas informações com a existência social está determinada pela dependência dessa atividade informativa face aos interesses da Bolsa e por sua repercussão sobre eles. – Com o desdobramento da atividade informativa, o trabalho espiritual se assenta parasitariamente sobre todo trabalho material, assim como o capital cada vez mais submete todo *trabalho* material.

A justa observação de Simmel sobre a inquietude do habitante da cidade grande diante de seus concidadãos – que ele, na maioria dos casos, vê sem ouvir –, mostra que na origem das fisiognomonias (leia-se: fisiologias) existia, entre outros, o desejo de dissipar e banalizar essa inquietude. De outro modo, até mesmo a fantástica pretensão desses livretes dificilmente teria vingado.

Procura-se levar a cabo as novas experiências da cidade dentro da moldura das velhas, transmitidas pela natureza. Daí os esquemas da selva e do mar (Meryon e Ponson du Terrail).

Vestígio e aura. O vestígio é aparecimento de uma proximidade, por mais distante que esteja aquilo que o deixou. A aura é o aparecimento de uma distância, por mais próximo que esteja aquilo que a suscita. No vestígio, apossamo-nos da coisa; na aura, ela se apodera de nós.

"Sobretudo eu, que fiel ao meu velho hábito,
Faço amiúde a rua de gabinete de estudo,
Quantas vezes, levado ao acaso por meus passos sonhadores,
Me vejo de repente no meio dos pavimentadores!" Barthélemy,
Paris, Revista satírica de M. G. Delessert, Paris, 1838, p. 8.

"O senhor Le Breton diz que os usurários, procuradores, banqueiros, de Balzac parecem, por vezes, moicanos implacáveis, mais que parisienses, e acha que a familiaridade com Fenimore Cooper não foi muito favorável ao autor de *Gobseck.* E possível, mas difícil de provar." Rémy de Gourmont, *Promenades littéraires,* 27 série, Paris, 1906, pp. 117-8 (*Les maitres de Balzac*).

"Viver apertado na multidão e na desordem variegada do tráfego da cidade grande seria... insuportável sem... distanciamento psicológico. Mover-se com um imenso número de homens tão perto do corpo, como na atual civilização urbana, faria os homens desesperarem completamente, se cada objetivação das relações não implicasse um limite interno e uma reserva. A influência do dinheiro nas relações, ostensiva ou sob mil disfarces, ativa entre os homens um... distanciamento funcional, que vem a ser... uma proteção interna... contra a proximidade excessiva." Georg Simmel, *Philosophie des Geldes (Filosofia do Dinheiro),* Lpz, 1900, p. 514.

Prólogo de *Le Flâneur,* jornal popular, escritório dos pregoeiros, rua de la Harpe, 45 (primeiro, talvez único, número, de 3 de maio de 1848): "Nos tempos em que estamos, flanar despejando baforadas de fumo... sonhando com os prazeres da noite. – isso nos parece estar com um século de atraso. Não somos pessoas incapazes de compreender os *habitués* de outra época, mas dizemos que, ao flanar, pode-se e deve-se pensar nos seus direitos e deveres de cidadão. Os dias são de penúria e requerem todos os nossos pensamentos, todas as nossas horas; flanemos, mas flanemos como patriotas". (J. Montaigu) Um primeiro espécime do deslocamento da palavra e do sentido, parte dos artifícios do jornalismo.

Uma anedota sobre Balzac: "Certo dia em que olhava, com um amigo, um maltrapilho que passava no bulevar, o amigo viu com estupor Balzac tocar com a mão a própria manga: ele acabava de sentir o rasgo que pendia do cotovelo do mendigo". Anatole Cerfberr e Jules Christophe, *Répertoire de la Comédie humaine de H. de Balzac,* Paris, 1887, p. VIII (Introdução de Paul Bourget).

Sobre o dito de Flaubert "a observação se processa, sobretudo, através da imaginação", o poder visionário de Balzac: "Antes de tudo, importa notar que esse poder de visionário mal pôde se exercer diretamente. Balzac não teve o tempo de viver... ele jamais se entreteve... a estudar os seres humanos, assim como o faziam Molière e Saint-Simon, através de um contato íntimo e cotidiano. Ele dividia a sua vida em duas, escrevendo à noite, dormindo de dia". Balzac fala de uma "penetração retrospectiva". Verossimilmente, ele se apropriava dos dados da experiência e os jogava como que dentro de um "crisol de sonhos". A. Cerfberr e J. Christophe, *Répertoire de la Comédie humaine de H. de Balzac,* Paris, 1887, p. XI (Introdução de Paul Bourget).

Basicamente, a empatia pela mercadoria é a empatia pelo próprio valor de troca. O *flâneur* é o virtuoso dessa empatia. Leva a passeio o próprio conceito da venalidade. Assim como o grande magazine é seu derradeiro refúgio, assim sua última encarnação é o homem-sanduíche.

Numa *brasserie* (cervejaria) nas proximidades da *gare* Saint-Lazare, Des Esseintes já se sente na Inglaterra.

Sobre a embriaguez da empatia no *flâneur,* podemos utilizar uma passagem magnífica de Flaubert. Ela se origina, quiçá, no período de trabalho em *Madame Bovary.* "Hoje, por exemplo, homem e mulher ao mesmo tempo, amada e amante, passeei a cavalo numa floresta, numa tarde de outono, sob folhas amarelas, e eu era os cavalos, as folhas, o vento, as palavras que se diziam e o sol vermelho que fazia se entrefecharem as pálpebras inundadas de amor..." Cit. Henri Grappin, *Le mysticisme poétique (et l'imagination) de Gustave Flaubert, Revue de Paris,* 15 de dezembro de 1912, p. 856.

Sobre a embriaguez da empatia no *flâneur,* que também aparece em Baudelaire, essa passagem de Flaubert: "Vejo-me em diferentes épocas da história nitidamente... Fui barqueiro no Nilo, cáften em Roma no tempo das guerras Púnicas, depois retórico grego em Subura, onde fui devorado por percevejos. Morri durante a cruzada por ter comido uva em demasia nas praias da Síria. Fui pirata e monge, saltimbanco e cocheiro, talvez imperador do Oriente, também...". Grappin, loc. cit., p. 624.

I
"O inferno é uma cidade muito semelhante a Londres –
Uma cidade, populosa e fumacenta;

Com todos tipos de pessoas arruinadas
E pouca ou nenhuma diversão
Pouca justiça e ainda menos compaixão.

II
Lá existe um palácio e uma canalização
Um tal de Cobbett e um tal de Castlereagh
Toda sorte de corporações desonestas
Com toda sorte de artifícios contra
Corporações menos corruptas que elas.

III
Lá há um..., que perdeu o juízo
Ou o vendeu, não se sabe a quem
Ele circula devagar como um fantasma curvado
E embora quase tão sutil quanto a fraude
Torna-se sempre mais rico e mais horrível.

IV
Lá existe uma chancelaria; um rei;
Uma malta industrial; uma corja
De ladrões, eleitos por si próprios
Para representar ladrões parecidos;
Um exército; e uma dívida pública.

V
Um esquema de papel-moeda
Que simplesmente quer dizer:
'Abelhas, guardai vossa cera – dai-nos o mel
E no verão plantaremos flores
Para o inverno'.

VI
Lá há grandes rumores de revolução
E grandes perspectivas para o despotismo
Soldados alemães – acampamentos – confusão
Tumulto – loterias – fúria – fantasmagoria
Gin – suicídio e metodismo.

VII

Impostos também sobre vinho e pão
E carne e cerveja e queijo e chá
Com os quais são mantidos nossos patriotas,
Que antes de cair na cama
Engolem dez vezes mais que todos os outros.

VIII

Lá estão advogados, juízes, velhos beberrões
Meirinhos, chanceleres
Bispos, grandes e pequenos vigaristas
Versejadores, panfletistas, especuladores da Bolsa
Homens com glórias guerreiras.

IX

Figuras cujo ofício é encostar-se às damas
E flertar com elas, transfigurá-las e sorrir para elas
Até que tudo o que é divino numa mulher
Se torne atroz, fútil, insinuante e desumano
Crucificado entre um sorriso e um choro."

Shelley, *Peter Bell the third*, 37 parte, *Hell (Inferno)*, do manuscrito de Brecht.

Para a compreensão da multidão é esclarecedor o seguinte: no conto *A Janela de Esquina do Primo*, o visitante sugere que o primo contemple o movimento da feira, só para se deleitar com o jogo cambiante das cores. E pensa que, a longo prazo, isso deve fatigar. De modo semelhante e quase ao mesmo tempo, Gogol escreve em *Documentos Desaparecidos* a respeito da feira anual de Konotopa: "Era tanta gente a caminho que tudo dançava à minha frente". *Russische Gespenter Geschichten (Contos Russos Sobrenaturais)*, Munique (1921), p. 69.

Tissot, para fundamentar sua proposta de taxação dos coches de luxo: "O barulho insuportável que, dia e noite, fazem vinte mil viaturas particulares nas ruas de Paris, o dissabor e a insônia que daí resultam para a maior parte dos habitantes de Paris, merecem uma compensação". Amedée de Tissot. *Paris et Londres comparés*. Paris, 1830 pp. 172-73.

O *flâneur* e as *devantures* (vitrines): "De início, há os *flâneurs* do bulevar, cuja existência inteira se passa entre a igreja de la Madeleine e o *théathe du Gymnase*. Todos os dias os vemos voltar a esse espaço estreito que jamais ultrapassam, examinando as vitrines, contando os fregueses instalados à porta dos cafés... Poder-vos-ão nos dizer se Goupil ou Deforge estão exibindo uma nova gravura, um novo quadro; se Barbadienne mudou de lugar um vaso ou um conjunto; conhecem de cor todos os quadros dos fotógrafos e receitariam sem erro a sequência das tabuletas". *Grand dictionnaire universel*, de Pierre Larousse, Paris (1872), VIII, p. 436.

Sobre o caráter provincial de *A Janela de Esquina do Primo:* "Desde aquele período de infelicidade, quando um inimigo insolente e atrevido inundou o país", os costumes dos berlinenses se elevaram. "Veja, querido primo, como agora, em compensação, a feira oferece a imagem amena do bem-estar e da paz moral." E. T. A. Hoffmann, *Ausgewählte Schriften (Páginas Escolhidas)*, XIV, Stuttgart, 1839, pp. 238-40.

O homem-sanduíche é a última encarnação do *flâneur*.

Sobre o caráter provincial de *A Janela de Esquina do Primo:* o primo quer ensinar ao visitante "princípios da arte de olhar".

Em 7 de julho de 1838 escreve G. E. Guhrauer a Varnhagen a respeito de Heine: "Na primavera, sofreu muito dos olhos. Da última vez, acompanhei-o num trecho do bulevar. O esplendor, a vida daquela rua, única em sua espécie, movia-me a uma admiração incansável, enquanto, desta vez, Heine salientou significativamente o que de terrível se mistura a esse ponto central do mundo". Cf. Engels a respeito da multidão. Heinrich Heine, *Gespräche* (Diálogos), ed. Hugo Bieber, Berlim, 1926, p. 163.

"Essa cidade, onde reina uma vida, uma circulação, uma atividade sem par, é também, por singular contraste, aquela onde mais se acham ociosos, preguiçosos e badauds." *Grand dictionnaire universel*, de Pierre Larousse, Paris (1872), VIII, p. 436, verbete *flâneur*.

Em 3 de setembro, Hegel escreve a sua mulher, de Paris: "Quando ando pelas ruas, as pessoas se parecem com as de Berlim – todas vestidas igual, os rostos mais ou menos os mesmos – a mesma cena, porém numa massa populosa". *Briefe von und an Hegel (Cartas de e para Hegel)*, ed. Karl Hegel, Lpz, 1887, 2ª parte, p. 257, Obras, XIX, 2.

Londres

É um espaço imenso e de um tal comprimento
Que é preciso para transpô-la um dia à andorinha,

E não passa, bem ao longe, de amontoados
De casas, de palácios, de altos monumentos,
Aqui plantados pelo tempo sem muita simetria;
Tubos longos e negros, campanários da indústria,
Abrindo sempre a goela, e de seus ventres quentes
Exalando nos ares a fumaça em longas vagas,
Vastos damos brancos e flechas góticas
Flutuando no vapor sobre montes de tijolos;
Um rio inabordável, um rio todo agitado
Rolando seu lodo negro em desvios sinuosos,
E lembrando o terror das ondas infernais;
Pontes gigantescas com pilares colossais
Como o Colosso de Rodes, pelos seus arcos
Podendo deixar passar milhares de navios;
Uma maré infecta e sempre com a onda
Trazendo e levando as riquezas do mundo;
Canteiros de obra, lojas abertas,
Capazes de sustentar em seus flancos o universo;
Depois um céu atormentado, nuvem sobre nuvem;
O sol como um morto, mortalha sobre o rosto,
Ou, por vezes, nas vagas de um ar envenenado
Mostrando, como um mineiro, sua fronte toda encarvoada,
Enfim, um amontoado de coisas, sombrio, imenso,
Um povo negro, vivendo e morrendo em silêncio,
Seres aos milhares seguindo o instinto fatal,
E correndo atrás do ouro, para o bem e para o mal.

Consultar a recensão de Barbier feita por Baudelaire, sua descrição de Meryon, poemas dos *Quadros Parisienses*. Na poesia de Barbier, cumpre distinguir precisamente dois elementos – a "narração" da cidade grande e a "*revendication sociale*". Destes só se encontram vestígios em Baudelaire; nele, eles se uniram a um terceiro totalmente heterogêneo. – O poema é do ciclo Lazare, datado de 1837. Auguste Barbier, *Jambes et Poèmes (Pernas e Poemas)*, Paris, 1841, pp. 193-4.

Quando comparamos o texto de Baudelaire sobre Meryon com *Londres*, de Barbier, perguntamos a nós mesmos se a lúgubre imagem da "*plus inquiétante des capitales*", justo a imagem de Paris, não foi fortemente determinada pelos textos de Barbier e Poe. Quanto ao desenvolvimento industrial, Londres estava à frente de Paris.

Começo da *Seconde Promenade,* de Rousseau: "Tendo, pois, formado o projeto de descrever o estado habitual de minh'alma na mais estranha posição em que jamais se possa achar um mortal, não vi nenhuma maneira mais simples e segura de executar tal empresa, senão a de manter um registro fiel de meus passeios solitários e dos devaneios que os preenchem, quando deixo minha mente inteiramente livre e minhas ideias seguirem seu curso sem resistência nem perturbação. Essas horas de solidão e meditação são as únicas do dia em que sou plenamente eu e em que estou em mim, sem distração, sem obstáculo, e em que posso verdadeiramente dizer que sou aquilo que a natureza quis". Jean-Jacques Rousseau, *Les rêveries du promeneur solitaire* (Os devaneios do caminhante solitário), *Précédé de dix jours à Ermenonville par Jacques de Lacretelle,* Paris, 1926, p. 15. Esse trecho mostra o elo de união entre contemplação e ociosidade. Decisivo é que Rousseau, em seu vagar, já desfruta de si mesmo, não tendo ainda, porém, completado a mudança para fora.

"*London-Bridge*. Há algum tempo, eu passava pela ponte de Londres e parei para olhar aquilo que amo: o espetáculo de uma água rica e pesada e complexa, ornada por uma camada de nácar, manchada de nuvens de lodo, confusamente sobrecarregada de navios... Apoiava-me nos cotovelos... A volúpia de ver me retinha, com toda a força da avidez, fixado à luz deliciosamente composta, cujas riquezas eu era incapaz de esgotar. Mas, atrás de mim, sentia o trotar e o escorrer sem fim de todo um povo invisível de cegos, eternamente presos ao objeto imediato de sua vida. Parecia-me que aquela não fosse uma multidão de seres individuais, tendo cada qual sua história, seu deus único, seus tesouros, suas taras, um monólogo e um destino; mas, sem saber, à sombra do meu corpo, fora do alcance dos meus olhos, eu a transformava num *fluxo de grãos,* todos idênticos, identicamente sugados por não sei que vazio, e cuja corrente surda e precipitada eu ouvia passar monotonamente pela ponte. Jamais senti tanto a solidão, e misturada ao orgulho e à angústia." Paul Valéry, *Choses tues* (Coisas mortas), Paris, 1930, pp. 122-4.

Na base da *flânerie* encontra-se, entre outras coisas, a pressuposição de que o produto da ociosidade é mais valioso (?) que o do trabalho. Sabe-se que o *flâneur* realiza "estudos". Sobre essa questão, o Larousse do século XIX se pronuncia assim: "Seu olho aberto, seu ouvido atento, procuram coisa diferente daquilo que a multidão vem ver. Uma palavra lançada ao acaso lhe revela um daqueles traços de caráter que não podem ser inventados e que é preciso apreender ao vivo; essas fisionomias tão ingenuamente atentas vão fornecer ao pintor uma expressão com que ele sonhava; um ruído, insignificante para qualquer outro ouvido, vai atingir o do músico e lhe dar a ideia de uma combinação harmônica; mesmo ao pensador, ao filósofo perdido em seu devaneio, essa agitação exterior é proveitosa; ela mistura e agita as suas ideias, tal como a tempestade mistura as ondas do mar. A maior parte dos homens de gênio foram grandes *flâneurs*, mas *flâneurs* laboriosos e fecundos. Muitas vezes, na hora em que o artista e o poeta parecem menos ocupados com sua obra é que eles estão mais profundamente imersos. Nos primeiros anos desse século via-se um homem dar uma volta junto às muralhas de Viena, não importava o tempo que fazia, sob a neve ou sob o sol: era Beethoven que, flanando, repetia mensalmente suas admiráveis sinfonias antes de pô-las no papel; para ele, o mundo já não existia; era vão as pessoas tirarem o chapéu, respeitosamente, à sua passagem, ele nada via; seu espírito estava em outra parte". *Grand dictionnaire universel,* de Pierre Larousse, Paris (1872), VIII, p. 436, verbete *flâneur*.

Sob os telhados de Paris: "Essas savanas de Paris eram formadas por telhados nivelados como uma planície, mas a cobrir abismos povoados". Balzac, *La peau de chagrin,* ed. Flammarion, p. 95. O final de uma longa descrição da paisagem dos telhados de Paris.

Descrição da multidão em Proust: "Todos esses indivíduos que andavam ao longo do dique, oscilando tanto como se ele fosse a coberta de um navio (pois eles não sabiam erguer uma perna sem, ao mesmo tempo, mexer com o braço, virar os olhos, reaprumar os ombros, sem compensar, com um movimento balanceado do lado oposto, o movimento que acabavam de fazer do outro lado, e sem congestionar o rosto), e que, fingindo não ver para fazer crer que não ligavam para elas, mas olhando às escondidas para não correr o risco de se chocarem com as pessoas, que andavam ao seu lado ou que vinham em sentido inverso, tropeçavam, ao contrário, sobre elas, se enganchavam nelas, porque haviam sido, por seu turno, reciprocamente, o objeto da mesma atenção secreta, oculta sob o mesmo desdém aparente; o amor – por consequência o temor – da multidão sendo um dos mais potentes móveis em todos os homens, seja porque procurem agradar os outros ou surpreendê-los, seja para lhes mostrar que os desprezam". Marcel Proust, *A l'ombre de jeune filles en fleurs*, Paris, III, p. 36.

A crítica de *Novas Histórias Extraordinárias*, de Poe, que Armand de Pontmartin publica em *Le Spectateur*, de 19 de setembro de 1857, contém uma frase que, dirigida ao caráter geral do livro, teria, contudo, o seu lugar apropriado numa análise de *O Homem das Multidões*: "Eis justamente, sob uma forma impressionante, essa implacável dureza democrática e americana, contando os homens apenas como cifras e chegando a dar às cifras algo da vida, da alma e da potência do homem". Mas será que essa frase não se refere, antes, às *Histórias Extraordinárias*, publicadas anteriormente (e onde se encontra *O Homem das Multidões*)? Baudelaire: *Oeuvres complètes*, traduções, *Nouvelles histoires extraordinaires*, ed. Crépet, Paris, 1933, p. 315. – No fundo, a crítica é malevolente.

O espírito do noctambulismo encontra em Proust (não sob esse nome) o seu espaço, "esse espírito de fantasia que leva damas que se dizem 'como será divertido' a terminarem a noite de um modo em verdade monótono, juntando força para irem acordar alguém a quem não se sabe afinal o que dizer, ao lado de cuja cama se fica um momento, ainda com o casaco de *soirée*, após o que, se tendo constatado que é muito tarde, se acaba indo dormir". Marcel Proust, *Le temps retrouvé*, Paris, II, p. 185.

Os trabalhos arquitetônicos mais característicos do século XIX: estações ferroviárias, pavilhões de exposição, grandes lojas (segundo Giedion), têm todos por objeto o interesse coletivo. O *flâneur* se sente atraído por essas construções "mal vistas, ordinárias", como diz Giedion. Nelas já se antevê a entrada de grandes massas no cenário da história. Elas constroem a moldura excêntrica onde os últimos rentistas se exibiam com tanto prazer. (Cf. K 1a, 5)

Notas da tradução

1. Gênio protetor de um lugar.
2. Refere-se ao veículo de transporte urbano, movido a tração animal, introduzido em Paris a partir do século XVII.
3. No sentido de *origem das coisas*.
4. Que desperta a memória.
5. Cf. *Haxixe em Marselha, Imagens do Pensamento*, do mesmo autor.
6. Nome dado aos primeiros veículos de duas rodas que precederam a bicicleta atual.
7. Bairro do leste de Paris.
8. Tradução de Paulo César Souza (*Brecht, Poemas*, São Paulo, Brasiliense, 1986).
9. Inclusão numa categoria ou princípio.

10. Tradução de Paulo César Souza (*Brecht, Poemas,* São Paulo, Brasiliense, 1986).

JOGO E PROSTITUIÇÃO

"O amor é uma ave de arribação."

Novos Quadros de Paris ou Observações
Sobre os Usos e Costumes dos Parisienses nos
Começos do Século XIX, Paris. 1928, I, p. 37.

"... em uma galeria,
As mulheres se portam como em seus *boudoirs*."

Brazier, Gabriel e Dumersan, *As Passagens e as*
ruas ou A Guerra Declarada, Paris, 1827, p. 30.

Não estaria ele, devido às suas constantes divagações, acostumado a reinterpretar, por toda parte, a imagem da cidade? Não transforma a galeria num cassino, num salão de jogo, onde aposta as fichas vermelhas, azuis e amarelas dos sentimentos em mulheres, num rosto que surge – revidará seu olhar? Numa boca silente – falará? A fortuna que, de cada número sobre o pano verde, observa o jogador – flerta com ele de todos os corpos femininos como a quimera da sexualidade, como o seu tipo. Que não é outro senão o número, a cifra em que a fortuna, neste exato momento, pretende ser chamada pelo nome, para saltar, logo em seguida, para outro. O tipo... é a casa da aposta – trinta e seis casas –, na qual os olhos do libertino caem sem querer, como a esfera de marfim na casa preta ou vermelha. Ele sai do Palais-Royal com os bolsos repletos, chama uma prostituta e celebra uma vez mais em seus braços o ato com o número, no qual a riqueza, livre de toda gravidade terrena, lhe surgiu do destino como a resposta a um abraço plenamente feliz. Pois no bordel e no salão de jogos está a mesma delícia, a mais pecaminosa: pôr o destino no prazer. Idealistas ingênuos podem até imaginar que a sensualidade, qualquer que seja sua natureza, possa definir o conceito teológico do pecado. Subjacente à verdadeira luxúria não há nada senão esse desvio do prazer ao curso da vida com Deus, cuja ligação com ele reside no nome. O nome é, em si mesmo, o grito do puro prazer. Esse elemento sóbrio, imprevisível em si – o nome –, não conhece outro adversário senão o destino, que aparece em seu lugar no meretrício e cria seu arsenal na superstição. Por isso, no jogador como na meretriz, a superstição, que dispõe as figuras do destino, realiza toda conversação lasciva com a indiscrição e a concupiscência do destino e degrada o próprio prazer ao nível do seu trono.

"Evocando minhas lembranças do *Salon des Étrangers* (como ele era na segunda década do nosso século), vejo diante de mim os traços aristocraticamente talhados e a figura galante do conde húngaro Hunyady, o maior jogador daquela época e que agitava então toda a sociedade... A boa sorte de Hunyady foi prodigiosa por um longo período; nenhuma banca pôde resistir ao seu ataque, e seu lucro deve ter-se elevado a dois milhões de francos, aproximadamente. Seu comportamento era visivelmente calmo e extremamente distinto; ficava sentado, completamente impassível na aparência, a mão direita no peito da casaca, enquanto milhares de francos dependiam do acaso de uma carta ou do rolar de um dado. Seu camareiro, no entanto, confidenciou a um amigo indiscreto que os nervos de seu senhor não eram assim tão resistentes quanto ele pretendia fazer crer às pessoas; bem ao contrário, pela manhã o conde trazia no peito as marcas de sangue impressas por suas unhas durante a agitação de uma ou outra mudança perigosa do jogo." Captain Gronow, *Do Grande Mundo,* Stuttgart, 1908, p. 59.

Sobre a forma como o marechal Blücher jogava em Paris, ver o livro de Gronow, *Do Grande Mundo,* pp. 54-56. Quando perdeu no jogo, obrigou o Banco da França a adiantar-lhe um capital de jogo de 100.000 francos e teve que abandonar Paris quando esse escândalo veio à tona. Blücher não abandonava o antro de jogo do nº 113 no Palais-Royal, e gastou seis milhões durante sua estada; na época em que abandonou Paris, todas as suas terras estavam caucionadas. Paris ganhou mais com a ocupação do que pagou como indenização de guerra.

Em comparação com o *ancien régime,* só no século XIX é que o burguês joga.

A seguinte história mostra, porém, de maneira bastante conveniente, como justamente a imoralidade pública, bem ao contrário da privada, é que traz em si mesma, num cinismo liberador, o seu corretivo. A narrativa se encontra em Carl Benedict Hase, que esteve na França como simples mestre-escola. Foram cartas escritas durante a migração e de Paris, e enviadas a casa: "Quando passava pela *pont neuf,* saltou em minha direção uma prostituta exageradamente maquilada, um vestido de musselina leve, suspenso até os joelhos, deixando ver claramente a calça, que cobria o ventre e as coxas. – Tome, meu amigo, pegue, você é jovem, é estrangeiro, vai precisar disto – disse, apertou minha mão, enfiou um papel nela e se perdeu na multidão. Pensei ter recebido algum endereço, olho o papel e que vejo? – o anúncio de um médico, que pretende curar em pouco tempo todas as doenças possíveis. É estranho que as mulheres, culpadas por toda a desgraça, aqui entreguem em mãos os meios de livrar-se dela". Carl Benedict Hase: *Cartas da Migração e de Paris,* Leipzig, 1894, pp. 48-49.

"Quanto à virtude das mulheres, não tenho senão uma resposta a dar àqueles que me pedem notícia dela: é que ela se parece bastante com as cortinas dos teatros, pois suas saias se levantam toda noite não apenas uma vez, mas três." Conde Horace de Viel-Castel, *Relato sobre o Reinado de Napoleão III,* Paris, 1883, II, p. 188.

"Mulheres-andorinhas à Janela." Levic-Torca: *Paris-Galante,* Paris, 1910, p. 142. As janelas do andar superior das galerias são tribunas, onde se aninham anjos, chamados "andorinhas".

Do "bafio" (Veuillot, *Paris Cheira ao Bafio)* da moda: o "clarão Glauco" sob as saias, do qual Aragon fala. Como se o espartilho fosse a passagem do busto. O imenso contraste com o mundo naturista de hoje. O que atualmente é conduta entre as prostitutas baratas – não se despir – pode ter sido outrora a coisa mais distinta. Saboreava-se o arregaçar nas mulheres. Hessel suspeita nisso a origem do erotismo de Wedekind; nele o *pathos* naturista seria, portanto, um blefe. E daí?

Sobre a função dialética do dinheiro na prostituição. Ele compra o prazer e, ao mesmo tempo, se torna a expressão da vergonha. "Eu sabia – diz Casanova de uma alcoviteira –, que não teria a coragem de sair sem lhe dar alguma coisa." Essa frase estranha revela seu conhecimento do mecanismo mais oculto da prostituição. Moça alguma se decidiria por se tornar prostituta, contando apenas com a remuneração tarifária dos seus parceiros. Nem mesmo o reconhecimento destes, que talvez lhe acrescentasse algum extra, lhe pareceria razão suficiente. Como funciona, portanto, o seu conhecimento inconsciente do homem? Não se pode compreendê-lo, enquanto se considerar o dinheiro somente como um meio de pagamento ou como um presente. O amor da prostituta é, sem dúvida, venal. Mas não a vergonha de seu cliente. Essa vergonha procura um esconderijo para esse quarto de hora, e acha o mais genial de todos: o dinheiro. São tantas as nuances do pagamento como as nuances do jogo amoroso – lento ou rápido, furtivo ou violento. O que quer dizer isto? A ferida rubra de vergonha no corpo da sociedade segrega dinheiro e se cura. Ela se cobre de escaras metálicas. Deixemos ao *roué* [sabido] o prazer barato de se acreditar impudente. Casanova bem o sabia: o atrevimento lança na mesa a primeira moeda; a vergonha cobre cem vezes a aposta, para não vê-la.

"A dança, na qual a... vulgaridade é exibida com um atrevimento sem precedentes, é a tradicional quadrilha francesa. Se os bailarinos, por meio de gestos, já ferem profundamente toda noção de delicadeza, não chegando, porém, ao ponto de precisar temer que os agentes de polícia presentes os expulsem do salão, então esta forma de dança se chama *Quincan*. Se, ao contrário, a forma da dança pisoteia todo sentimento moral, se, depois de muita hesitação, os *sergeants de ville* [agentes de polícia] se sentem constrangidos a pedir ao tal bailarino que atente para o decoro, com as costumeiras palavras: 'Dansez plus décemment ou l'on vous mettra à la porte!' [Dance mais decentemente ou o pomos porta afora!], então esta exaltação, ou, melhor dizendo, 'esta profunda queda' é chamada de *Chahue*. A bestial brutalidade... deu origem a um regulamento policial... Os homens podem comparecer a esses bailes fantasiados, mas sem máscaras. Em parte para que não sejam atraídos ainda mais à vulgaridade, graças ao disfarce; em parte, porém, e principalmente, para serem reconhecidos e impedidos de aparecerem novamente no salão, caso tenham mostrado, dançando, o *non plus ultra* da abjeção parisiense e tenham sido, portanto, levados porta afora pelos *sergeants de ville*. As mulheres, ao contrário, não poderiam comparecer senão mascaradas." Ferdinand von Gall, *Paris e seus Salões,* Oldenburg, 1844/45, vol. I, pp. 209, 213-214.

Confronto entre as esferas de atividade erótica hoje e em meados do século passado: o jogo social do erotismo gira hoje em torno da questão: até onde pode ir uma mulher digna sem se perder. Representar os prazeres do adultério sem provas é um dos temas populares preferidos entre os dramaturgos. O terreno onde se decide o duelo entre o amor e a sociedade é, pois, o âmbito do amor "livre", em sentido muito amplo. Nos anos 40, 50 e 60 do século passado, porém, as coisas eram bem diferentes. Nada é mais típico, a esse propósito, do que um relato sobre as "pensões", feito por Ferdinand von Gall em seu livro *Paris e seus Salões* (Oldenburg, 1844/45, vol. I, pp. 225-231). Nele se fica sabendo que, em inúmeras destas pensões, era do regulamento que, à hora do jantar, do qual podiam participar pessoas estranhas desde que previamente anunciadas, estivessem presentes algumas mundanas, cuja tarefa era parecerem moças de boa família, e que, de fato, não estavam dispostas a deixar cair a máscara de imediato; antes, envolviam-se num invólucro de decoro e cordialidade, que parecia não querer acabar nunca, e que, para ser retirado, dependia de um farto jogo de intrigas, que, afinal de contas, aumentava seu preço. Em tais relações é evidente que se manifesta menos a hipocrisia do que o fanatismo da época pelas máscaras.

Ainda sobre o fanatismo pelas máscaras: "Das estatísticas sobre a prostituição sabe-se que a mulher perdida tem orgulho em poder ser ainda honrada pela natureza com a maternidade, um desejo que não entra em conflito com o fato de que o incômodo e as deformações de tal honra não lhe sejam bem-vindas. Eis por que, de bom grado, se aproveita desse meio para simular, representar *pour deux mois, pour trois mois* [por dois meses, por três meses], porém não mais que isso, evidentemente". F. Th. Vischer, *Moda e Cinismo*, Stuttgart, 1879, p. 7.

Na prostituição se manifesta o aspecto revolucionário da técnica (seu lado criativo e, sem dúvida, também o seu lado revelador simbólico). "Como se as leis da Natureza, às quais o amor se submete, não fossem mais tirânicas e mais odiosas do que as da Sociedade! O sentido metafísico do sadismo é a esperança de que a revolta do homem alcançará tal intensidade, que intimará a natureza a mudar suas leis – quando as mulheres não quiserem mais tolerar as provações da gravidez, os riscos e as dores do parto, e o aborto, a natureza ver-se-á constrangida a inventar outra coisa, para que o homem se perpetue sobre a terra." Emmanuel Berl, *Primeiro Panfleto* ("Europa", nº 75, pp. 405-406). De fato, a revolta sexual contra o amor não tem origem apenas em uma vontade fanática, obsessiva de prazer, mas pretende ainda submeter a natureza e conformá-la a esta vontade. Ainda mais nítidos se tornam os traços em questão, quando se considera a prostituição não tanto como um elemento antagônico ao amor, mas sim como a sua decadência (sobretudo na forma cínica praticada nas galerias parisienses, no final do século). O aspecto revolucionário desta decadência se insere, então, espontaneamente, na decadência das galerias.

A fauna feminina das galerias: prostitutas, *grisettes*,[1] velhas vendedoras com aspecto de bruxas, bufarinheiras, vendedoras de luvas, *demoiselles* – este era o nome dado aos incendiários travestidos de mulheres, por volta de 1830.

Por volta de 1830: "O Palais-Royal ainda está bastante na moda, pois que a locação de cadeiras rende a Louis-Philippe 32 mil francos, e as concessões de jogo cinco milhões e meio ao Tesouro... As casas de jogo do Palais-Royal rivalizam com o *Cercle des Étrangers*, na rua Grange-Batelière, e com Frascati, na rua de Richelieu". Dubech D'Espezel, *História de Paris*, Paris, 1926, p. 365.

Rites de passage [Ritos de passagem] – assim são chamadas no folclore as cerimônias que se ligam à morte, ao nascimento, ao casamento, à puberdade etc. Na vida moderna, estas transições tornaram-se cada vez mais irreconhecíveis e ausentes. Tornamo-nos muito pobres em experiências iniciatórias. Adormecer é, talvez, a única que nos restou. (Com ela, no entanto, também o acordar). E, finalmente, também flutuam sobre os umbrais os altos e baixos do divertimento e das mudanças sexuais do amor, como a mudança das imagens oníricas. "Como agrada ao homem – diz Aragon – manter-se nas portas da imaginação!" *O Camponês de Paris*, Paris, 1926, p. 74. Não são apenas os umbrais desses portões fantásticos, mas os umbrais em geral, dos quais amantes, amigos se comprazem em sugar forças. As prostitutas, porém, amam os umbrais destes portões do sonho. O umbral deve ser diferenciado claramente do limite. O umbral (*Schwelle*) é um espaço. Mudança, passagens, marés, são conteúdos da palavra *schwellen* (crescer, intumescer) e a etimologia deve tê-los presentes. Por outro lado, é necessário fixar o contexto tectônico e cerimonial, que a palavra acrescentou ao seu significado.

Sob o peristilo norte-oeste do Palais-Royal encontrava-se o *Café des Aveugles*. "Uma meia dúzia de cegos do asilo dos *Quinze-Vingts* executava ali, incessantemente, um tipo de música mais ou menos ensurdecedora, de seis horas da tarde à uma hora da manhã; pois esses estabelecimentos subterrâneos não estavam abertos ao público senão do crepúsculo à alvorada. Era o ponto de encontro predileto das Laíses e Frinéias reconhecidas, sereias impuras, que tinham pelo menos o mérito de emprestar movimento, vida a esse imenso bazar de prazeres, hoje triste, sombrio, silencioso, como os lupanares de Herculano." *História dos Cafés de Paris, Extraída das Memórias de um Galante*, Paris, 1857, p. 7.

"No dia 31 de dezembro de 1836, à meia-noite, foram fechadas pelas autoridades policiais todas as casas de jogo. Na Frascati houve um pequeno tumulto. Foi o golpe mortal para o Palais-Royal, já destronado desde 1839 pelo bulevar." DubechD'Espezel, *História de Paris*, Paris, 1926, p. 389.

"Talma, Talleyrand, Rossini, Balzac", mencionados como jogadores em Edouard Gourdon, *Os Ceifeiros Noturnos*, Paris, 1860, p. 14.

"Afirmo que a paixão pelo jogo é a mais nobre das paixões, porque reúne em si todas as outras. Uma sequência de cartadas de sorte me proporciona mais prazer do que um homem que não joga pode ter em vários anos. Eu me deleito pelo espírito, isto é, da forma mais bem sentida, e a mais delicada. Vocês acreditam que eu veja no ouro que tenho direito apenas ao lucro? Enganam-se. Vejo nele os prazeres que me proporciona e me delicio. Esses prazeres, vivos e ardentes como relâmpagos, são rápidos demais para me proporcionar desgosto, e por demais diferentes para me entediar. Vivo cem vidas em uma única. Quando viajo, é da forma como viaja a centelha elétrica... Se avarento e guardo meu dinheiro para jogar, é que conheço bem demais o valor do tempo, para gastá-lo como os outros homens. Um prazer que eu me concedesse me custaria mil outros prazeres... Tenho os prazeres no espírito, e não pretendo outros." Edouard Gourdon, *Os Ceifeiros Noturnos*, Paris, 1860, pp. 14-15. Fazer referência à citação de La Bruyère! Cf. "Mesmo que fosse possível, eu já não mais poderia, do modo como pretendia". Wallenstein.

"As concessões de jogo compreendiam: a casa do Cercle des Étrangers, na rua Grange-Batelière, nº 6; a casa de *Livry*, chamada Frascati, na rua Richelieu, nº 103; a casa *Dunans*, na rua de Mont Blanc, 40; a casa *Marivaux*, na rua Marivaux, nº 13; a casa *Paphos*, na rua do Temple, nº 110; a casa *Dauphine*, na rua Dauphine, nº 36; no Palais-Royal, o nº 9 (até o nº 24), o nº 129 (até o nº 137), o nº 119 (a partir do nº 102), o nº 154 (a partir do nº 145). Esses estabelecimentos, apesar de seu grande número, não eram suficientes para os jogadores. A especulação abre outros, que a polícia nem sempre consegue fiscalizar com muita eficácia. Aí se joga o *écarté*, a *bouillotte* e o *baccarat*. Mulheres velhas, escória grotesca e vergonhosa de todos os vícios... estão à direção dessas casas. São as chamadas viúvas de generais protegidas pelos chamados coronéis, que dividem o produto das *cagnottes* (bancas). Esse estado de coisas se prolonga até 1837, época da supressão das concessões de jogo." Edouard Gourdon, *Os Ceifeiros Noturnos,* Paris, 1860, p. 34.

Gourdon conta que, em certas rodas, são as mulheres que jogam, quase exclusivamente. Op. cit., pp. 55 e ss.

"A aventura do soldado da guarda municipal a cavalo, colocado como amuleto à porta de um jogador maltratado pela sorte, permaneceu nos anais de nossos círculos. O bravo soldado, que se acreditava ali para render homenagem a convidados de alguma grande reunião social, já se espantava bastante com o silêncio da rua e da casa, quando, repentinamente, por volta de uma hora da manhã, surgiu a triste vítima do pano verde. Como nas outras noites, e apesar do poder do amuleto, o jogador havia perdido muito. Ele toca a campainha; ninguém abre. Ele toca de novo; nada se move ao cubículo do cérbero adormecido, e a porta é inexorável. Impaciente, exasperado, irritado sobretudo pelos prejuízos que acaba de sofrer, o locatário quebra um vidro com sua bengala para acordar o porteiro. Aí o soldado da guarda municipal, até então um simples espectador da cena noturna, acredita ser de seu dever intervir. Ele se abaixa, toma o perturbador pela gola, põe-no sobre o cavalo e abala a toda pressa para o seu quartel, encantado com o pretexto válido para abandonar o posto que o entediava... Apesar da explicação, o jogador acabou a noite em uma cama de campanha." Edouard Gourdon, *Os Ceifeiros Noturnos,* Paris, 1860, pp. 181-182.

A propósito do Palais-Royal: "O antigo secretário de polícia Medin propôs transformar em casernas este palácio do luxo e de todos os prazeres lascivos e, assim, vedar àquela raça infame de homens o seu local de reunião". F. J. L. Meyer, *Fragmentos de Paris no Ano IVda República Francesa,* Hamburgo, 1797, I, p. 24.

Delvau sobre as *lorettes*[2] de Montmartre: "Não são mulheres – são trevas". Alfred Delvau, *Os Subterrâneos de Paris,* Paris, 1860, p. 142.

Não haverá uma determinada estrutura do dinheiro, que somente no destino se faça reconhecer, e uma determinada estrutura do destino, que se faça reconhecer apenas no dinheiro?

Professores de calão. "Não possuindo nada além de uma prefeita experiência das combinações vencedoras, das séries, das intermitências eles tomavam assento nos antros de jogo da abertura até o fechamento, e terminavam a noite nos antros de *bouillotte,* cognominados de casas Baural. À espreita de noviços, de debutantes,... esses professores bizarros davam conselhos, discutiam jogadas passadas, prediziam os lances vindouros e jogavam pelos outros. Em caso de perda, eles não faziam senão maldizer a sorte, responsabilizando um erro nas cartas, o azar, a data do mês (se era um 13), o dia da semana (se era uma sexta-feira). Em caso de lucro, recebiam seu prêmio, independentemente do que surrupiavam durante o manuseio da banca – operação que se chamava: Dar de comer à pega. Esses industriais se dividiam em várias classes: os aristocratas, todos coronéis ou marqueses do *ancien régime,* os plebeus saídos da revolução e, finalmente, aqueles que ofereciam seus conselhos por cinquenta cêntimos." Alfred Marquiset, *Jogos e Jogadores de Outrora* (1789-1837), Paris, 1917, p. 209. O livro contém indicações preciosas sobre o papel da aristocracia e dos militares na exploração do jogo.

Palais-Royal. "No segundo pavimento moram, em sua maior parte, mulheres perdidas da classe nobre... No terceiro pavimento, e *au paradis* nas pequenas águas-furtadas, moram as da classe mais baixa; o trabalho as obriga a morar no centro da cidade, no *Palais-Royal,* nas ruas transversais e nas cercanias... No Palais-Royal moram talvez 600 a 800; porém, à noite, uma quantidade incomparavelmente maior aí vai passear e a maioria dos ociosos pode ser encontrada. À noite, na rua St. Honoré e em algumas das ruas contíguas, elas posam em fila no Palais, exatamente como os cabriolés de aluguel durante o dia. Seu número, no entanto, diminui na mesma proporção, quando nos distanciamos do *Palais-Royal.*" J. F. Benzenberg, *Cartas Escritas Durante uma Viagem a Paris,* Dortmund, 1805, I, pp. 261 e 263. O autor indica o número de *femmes perdues* [mulheres perdidas] em "cerca de 10 mil"; "antes da Revolução, encontravam-se 28 mil em um censo da polícia". Op. cit., p. 261.

"Tanto para ela como para as outras, o vício cumpriu sua tarefa habitual. Refinou e tornou desejável a feiura insolente de seu rosto. Sem nada perder da graça de sua origem suburbana, a mulher se transformou com seus adereços enfáticos e seus encantos audaciosamente trabalhados pela maquilagem, se tornou apetitosa e tentadora para os apetites enfastiados, para os sentidos amortecidos, que somente se estimulam com as veemências da maquilagem e os ruidosos vestidos espetaculares." J. K. Huysmans, *Esboços Parisienses,* Paris, 1886, p. 57 ("A *ambulante*").

"É impossível esperar que um burguês consiga um dia compreender o fenômeno da distribuição de riquezas. Pois, na medida em que a produção mecânica se desenvolve, a propriedade se torna despersonalizada e revestida com a forma coletiva, impessoal das sociedades anônimas, cujas cotas sociais terminam por girar no turbilhão da Bolsa... Alguns perdem essas cotas e outros as adquirem, e de uma forma tão semelhante à do jogo que as operações da Bolsa são chamadas de jogo. Todo o desenvolvimento econômico moderno tem a tendência a transformar a sociedade capitalista cada vez mais numa gigantesca casa de jogo internacional, onde os burgueses ganham e perdem capitais em consequência de acontecimentos que lhes permanecem desconhecidos. O 'inescrutável' exerce o seu domínio na sociedade burguesa como num antro de jogo... Sucessos e fracassos oriundos de causas inesperadas, geralmente desconhecidas, e aparentemente dependentes do acaso, predispõem o burguês ao estado de ânimo do jogador... O capitalista, cuja fortuna está investida em valores da Bolsa, e que ignora as causas das oscilações dos preços e dividendos desses títulos, é um jogador profissional. O jogador, porém, é um ser altamente supersticioso. Os *habitués* dos antros de jogo têm sempre fórmulas mágicas para exorcizar o destino; um deles murmura uma prece a Santo Antônio de Pádua ou a qualquer outro espírito celestial; um segundo só aposta quando uma cor determinada vence; um terceiro segura um pé de coelho com a mão esquerda etc. O inescrutável de natureza social envolve o burguês, como o inescrutável da natureza envolve o selvagem." Paul Lafargue, *As Origens da Crença em Deus,* in *Die Neue Zeit,* XXIV, I, Stuttgart, 1905, p. 512.

Adolf Stahr se refere a um certo Chicard como primeiro bailarino do cancã do Bal Mabille e afirma que ele dança sob a guarda de dois soldados de polícia, que não têm outro dever senão fiscalizar a dança desse único homem. A esse respeito a afirmação "de que, realmente, só a superioridade do poder policial consegue manter a população parisiense bestializada nos limites precários da bestialidade" – citado sem indicação precisa em Woldemar Seyffarth, *Observações em Paris* – 1853 e 1854, Gotha, 1855, p. 136.

O tipo original – uma espécie de homem primitivo com barba enorme –, que podia ser visto no Palais-Royal, chamava-se Chódruc Duclos.

"Tentar a sorte não é uma volúpia medíocre. Experimentar num segundo meses, anos, toda uma vida de medos e esperança não é um prazer sem embriaguez. Eu não tinha ainda dez anos, quando o senhor Grépinet, meu professor da nona classe, nos leu em classe a fábula do Homem e do Gênio. No entanto, eu me lembro dela melhor do que se a houvesse escutado ontem. Um gênio entrega a um menino um novelo de linha e lhe diz: 'este é o fio dos teus dias. Pega-o. Quando quiseres que teu tempo passe, puxa o fio: teus dias passarão rápidos ou lentos segundo tenhas desenrolado o novelo rápida ou lentamente. Enquanto não tocares o fio, permanecerás na hora mesma de tua existência'. O menino tomou o fio; no começo ele o puxou para se tornar homem, depois para desposar a noiva que amava, depois para ver crescerem seus filhos, para conseguir os empregos, os salários, as honras, para vencer as preocupações, evitar as tristezas, as doenças que vêm com a idade, enfim, para terminar, ai de mim!, numa velhice incômoda. Havia vivido quatro meses e seis dias desde a visita do gênio. Ora, e o que é o jogo, senão a forma de provocar, num segundo, as modificações que o destino, de ordinário, só produz em muitas horas e mesmo muitos anos, a forma de reunir apenas num só instante as emoções esparsas na lenta existência de outros homens, o segredo de viver toda uma vida em alguns minutos, enfim, o novelo de linha do gênio? O jogo é um corpo-a-corpo com o destino... Joga-se a dinheiro – a dinheiro, o que significa a possibilidade imediata, infinita. Talvez a carta que se vai revirar, a esfera que rola, dê ao jogador parques e jardins, campos e florestas imensas, castelos com pequenas torres pontiagudas erguidas para o céu. Sim, esta pequena esfera que rola contém em si hectares de boa terra e telhados de ardósia, cujas chaminés esculpidas se refletem no Loire; ela encerra tesouros de arte, as maravilhas do bom gosto, joias prodigiosas, os corpos mais belos do mundo, e mesmo almas que não se acreditava venais, todas as condecorações, todas as honrarias, todos os obséquios e todo o poder da Terra... E vocês gostariam que não jogássemos? Ainda se o jogo desse apenas infinitas esperanças, se não mostrasse mais que o sorriso de seus olhos verdes, talvez não o amássemos tão ardorosamente. Mas ele tem unhas de diamante, é terrível; concede, quando lhe apraz, a miséria e a vergonha; é por isso que o adoramos. A atração do perigo é subjacente a todas as grandes paixões. Não há volúpia sem vertigem. O prazer mesclado ao medo embriaga. E que há de mais terrível que o jogo? Ele dá e tira, suas razões não são absolutamente as nossas razões. Ele é mudo, cego e surdo. Pode tudo. É um deus. Tem seus devotos e seus santos, que o amam por ele, não pelo que promete, e que o adoram quando os atinge. Se os despoja cruelmente, imputam a culpa a si mesmos, não a ele: – Joguei mal – é o que dizem. Eles se acusam e não blasfemam." Anatole France, *O Jardim de Epicuro,* Paris, pp. 15-18.

Béraud tenta defender em extensas considerações os méritos do proceder administrativo, em oposição ao jurídico, contra as prostitutas: "Assim, o santuário da justiça não foi maculado publicamente por uma causa suja, e o crime é punido, mas arbitrariamente, em virtude de uma disposição particular de um chefe de polícia". F. F. A. Béraud, *As Mulheres Públicas de Paris e a Polícia que as Controla,* Paris e Leipzig, 1839, II, p. 50.

"Um rufião... é um jovem de boa aparência, forte, resistente, que sabe bordejar, falando bastante bem, dançando o *chahue* e o cancã com elegância, amável para com as mulheres devotadas ao culto de Vênus, apoiando-as nos perigos iminentes, sabendo fazer respeitá-las e forçando-as a se conduzirem com decência... Eis, portanto, uma classe de indivíduos que, desde tempos imemoriais, se havia feito notar por uma bela postura, por uma conduta exemplar, pelos serviços que prestava à sociedade, reduzida a grande miséria." *Cinquenta mil Ladrões a mais em Paris ou Petição dos Antigos Cafetões da Capital contra a Disposição do Senhor Chefe de Polícia, concernente às Mulheres Públicas. Feita pelo garrido Théodore Cancan,* citado em F. F. A. Béraud, *As Mulheres Públicas de Paris e a Polícia que as Conntrola,* Paris e Leipzig, 1839, II, pp. 109-110 e 113-114 (o libelo surgiu pouco tempo antes da publicação do livro que o cita).

Do édito policial para regulamentar a prostituição de 14 de abril de 1830: "Art. 1) ... Igualmente fica-lhes proibido aparecer a qualquer hora e por qualquer pretexto nas galerias, nos jardins públicos e nos bulevares. Art. 2) As mulheres públicas só poderão se dedicar à prostituição nas casas de tolerância. Art. 3) As mulheres autônomas, isto é, aquelas que não habitam as casas de tolerância, só poderão ir a estas casas após acesos os lampiões de rua. Elas deverão se dirigir diretamente a essas casas vestidas com simplicidade e decência... Art. 4) Elas não poderão, em uma mesma noite, deixar uma casa de tolerância para ir a outra. Art. 5) As mulheres autônomas deverão ter deixado as casas de tolerância e voltado às suas próprias casas às onze horas da noite... Art. 7) As casas de tolerância poderão ser indicadas por um lampião, e, nos primeiros tempos, por uma mulher idosa, que se manterá à porta... Assinado: Mangin". F. F. A. Béraud, *As Mulheres Públicas de Paris e a Polícia que as Controla,* Paris e Leipzig, 1839, II, pp. 133-135.

Prêmios instituídos para a brigada da ordem: 3 francos – identificação de uma prostituta menor de 21 anos; 15 francos – identificação de um bordel clandestino; 25 francos – identificação de um bordel de menores. Béraud, *As Mulheres Públicas*, II, pp. 138-139.

Dos esclarecimentos feitos por Béraud sobre suas propostas para um novo regulamento. 1) No que concerne à mulher à porta: "O segundo parágrafo proíbe a esta mulher de ultrapassar a soleira da porta, porquanto acontece com frequência de ela levar a audácia até o ponto de ir ao encontro dos transeuntes: Vi com meus próprios olhos estas mercadoras segurarem homens pelo braço, pelas roupas, e os forçar, por assim dizer, a entrar em suas casas". 2) Concernente à proibição de comércio para prostitutas: "Proíbo também a abertura de lojas e butiques, nas quais as mulheres públicas se instalam como modistas, costureiras de roupas brancas, vendedoras de perfumaria etc. As mulheres que ocupam essas lojas e butiques mantêm as portas ou as janelas abertas, para fazer sinais aos transeuntes... Há outras, mais astutas, que fecham suas portas e janelas; mas fazem sinais através das vidraças desprovidas de cortinas, ou essas cortinas deixam entre si um intervalo, permitindo uma comunicação fácil entre o interior e o lado de fora. Algumas batem nas vitrinas da butique toda vez que um homem passa, o que o faz se voltar na direção de onde parte o ruído, e então os sinais se sucedem de uma forma tão escandalosa, que ninguém pode deixar de percebê-los; todas estas butiques se encontram nas galerias". F. F. A. Béraud, *As Mulheres Públicas de Paris e a Polícia que as Controla*, Paris e Leipzig, 1839, II, pp. 149-150 e 152-153.

Béraud declara-se a favor de um número ilimitado de casas de tolerância. "Art. 13) Toda mulher ou moça maior, que tenha um domicílio ocupando um local conveniente, no mínimo dois aposentos, autorizada por seu marido, se for casada, assim como pelo proprietário e pelo locatário principal da casa que habita... estará habilitada a abrir casa de tolerância e a obter uma licença de tolerância." Béraud, *As Mulheres Públicas de Paris*, II, p. 156.

Segundo a proposta de Béraud, toda moça deve ser registrada, se assim o desejar – mesmo as de menor idade. O esclarecimento: "A noção de vosso dever vos dita uma fiscalização contínua em favor dessas jovens crianças... repeli-las será assumir sobre suas cabeças todas as consequências de um abandono bárbaro... É necessário, portanto, registrá-las e cercá-las de toda a proteção e de toda a vigilância da autoridade. Em lugar de lançá-las numa atmosfera de corrupção, submetei essas moças apenas núbeis a uma vida regular numa casa especialmente destinada a recebê-las... Preveni seus pais. Desde que eles saibam que a vida desregrada de suas filhas permanecerá ignorada e que é um segredo religiosamente guardado pela administração, eles consentirão em recebê-las de volta". Béraud, op. cit., pp. 170-171.

"Por que não permitiria... a polícia... a algumas das proprietárias de casas de tolerância, particularmente conhecidas, promover saraus, bailes e concertos, e acrescentar mesas de *écarté*? Aqui, pelo menos, os trapaceiros seriam controlados de perto, enquanto nos outros círculos [alusão às casas de jogo] isto é impossível, visto que neles a ação da polícia... é quase nula." F. F. A. Béraud, *As Mulheres Públicas de Paris e a Polícia que as Controla,* Paris e Leipzig, 1839, II, p. 202.

"Há... épocas do ano, periódicas mesmo, que se tornam fatais para a virtude de um grande número de jovens parisienses. Nas casas de tolerância, ou em outros lugares, as investigações da polícia registram, então, muito mais moças se lançando à prostituição clandestina do que em todo o resto do ano. Perguntei, com frequência, pelas causas dessas transições crescentes de devassidão, e ninguém, mesmo na administração, pôde resolver esta questão. Fui obrigado a me reportar às minhas próprias observações e nelas apliquei tanta perseverança, que, finalmente, cheguei a remontar ao princípio verdadeiro desta prostituição progressiva... e... circunstancial... Ao se aproximar o Ano Novo, as festas de Reis, as festividades da Virgem... as moças querem dar lembranças, presentes, oferecer belos ramalhetes; também desejam, para elas mesmas, um vestido novo, o chapéu da moda e, privadas dos meios pecuniários indispensáveis... elas o encontram se entregando por alguns dias à prostituição... Eis os motivos para a prostituição recrudescente em certas épocas e certas festividades." F. F. A. Béraud, *As Mulheres Públicas de Paris e a Polícia que as Controla,* Paris e Leipzig, 1839, I, pp. 252-254.

Contra o exame médico na polícia: "Toda mulher encontrada na rua de Jerusalém, indo à chefatura de polícia ou saindo de lá, é estigmatizada com o nome de mulher pública... É um escândalo periódico. Durante todos os dias de visita, vemos as imediações da chefatura invadidas por um grande número de homens esperando a saída dessas infelizes, informados sobre o fato de que aquelas que saem livres do dispensário são reputadas sãs". F. F. A. Béraud, *As Mulheres Públicas de Paris,* I, pp. 189-190.

As *lorettes* preferiam o bairro em volta de Notre Dame de Lorette por ser novo e porque, nas casas recém-erguidas, pagavam, na condição de primeiras inquilinas, aluguéis reduzidos.

"Está procurando outro tipo de sedução? Vá às Tulherias, ao *Palais--Royal* ou ao *Boulevard des Italiens*; ali você poderá ver sereias diversas, sentadas em uma cadeira, os pés sobre outra, e uma terceira, vaga, ao seu lado, como pedra de espera para o homem de sorte... As lojas de moda... representam, igualmente, meios auxiliares aos amadores. Nelas você negocia o chapéu rosa, verde, amarelo, lilás ou escocês; contrata o preço, dá seu endereço e, no dia seguinte, à hora aprazada, verá chegar em sua casa aquela que, colocada atrás do chapéu, arrumava com dedos delicados o véu, a fita ou um outro pompom que tanto agrada a estas senhoras." F. F. A. Béraud, *As Mulheres Públicas de Paris*, precedido de uma nota histórica sobre a prostituição em diversas nações do mundo, por M. A. M., I, p. CII-CIV (Prefácio).

"Inicialmente somos levados a crer em uma enorme quantidade de mulheres públicas, por uma espécie de fantasmagoria produzida pelas idas e vindas dessas mulheres, sempre nos mesmos lugares, o que parece multiplicá-las ao infinito. Há uma outra circunstância que contribui para essa ilusão: em uma mesma noite, as mulheres públicas se travestem, se enfeitam inúmeras vezes. Com o olho apenas um pouquinho exercitado, é fácil constatar que uma mulher, às oito horas em um costume elegante, fino, é a mesma que aparece às nove horas como costureirinha, e que se mostra às dez como camponesa, e vice-versa. É assim em todos os pontos da capital, onde as prostitutas afluem habitualmente. Por exemplo, siga uma dessas mulheres no bulevar, entre as Portas Saint-Martin e Saint-Denis; no momento está com chapéu de plumas e vestido de seda, coberto com um xale; entra na rua Saint-Martin, segue através dela, à direita, chega às pequenas ruas transversais à rua Saint-Denis, entra em uma das numerosas casas de prostituição que aí se encontram e, pouco depois, sai vestida de costureirinha ou aldeã." F. F. A. Béraud, *As Mulheres Públicas de Paris,* Paris e Leipzig, 1839, I, pp. 51-52.

As Mulheres de Mármore. Drama em cinco atos, intercalado por canções, de Théodore Barrière e Lambert Thiboust. Representado pela primeira vez em Paris em 17 de maio de 1853 no teatro do Vaudeville. O primeiro ato desse drama faz entrar em cena os protagonistas, representando gregos, e o herói Raphael (sem dúvida representando Fídias) que, posteriormente, por amor a uma das mulheres de mármore (Marco) criadas por ele, perde a vida. O efeito final desse ato é um sorriso das estátuas, que se voltam sorridentes para Górgias, que lhes promete dinheiro, depois de permanecerem imóveis ante Fídias, que lhes havia prometido glória.

"Veja..., há em Paris dois tipos de mulheres, como há dois tipos de casas... a casa burguesa, onde não se entra senão com um contrato de aluguel, e o hotel mobiliado, onde se mora por mês... Que é que os distingue? ... a insígnia... Ora, a toalete é a insígnia da mulher... e há toaletes tão eloquentes que é, absolutamente, como se você lesse no primeiro nível dos folhos dos vestidos: aluga-se apartamento mobiliado!" Dumanoir e Th. Barrière, *As Toaletes Ruidosas,* comédia em um ato, Paris, 1856, p. 28.

Alcunhas dos tambours [tambores] da Escola Politécnica, por volta de 1830: *Gavotte, Vaudeville, Mélodrame, Zéphir*; por volta de 1860: *Brin d'amour, Cuisse de nymphe.*[3] Pinet, *História da Escola Politécnica,* Paris, 1887, p. 212.

Segundo uma proposta de Bourlier, os jogos deveriam receber, novamente, concessões, e a receita resultante das concessões seria aplicada na construção de uma ópera – *"aussi magnifique que la Bourse"* [tão magnífica como a Bolsa] – e um hospital. Louis Bourlier, *Epístola aos Detratores do Jogo,* Paris, 1831, p. VII.

Contra o *fermier des jeux* [arrendatário de jogo] Bénazet, que entre outras coisas fazia negócios ilegais, aproveitando-se, para as próprias transações, da cotação do ouro mais elevada nas casas de jogo, apareceu o seguinte escrito: Louis Bourlier, *Petição aos Senhores Deputados,* Paris [Galerias de Orleans], 30 de junho de 1839. Bourlier fora, outrora, empregado da concessão de jogo.

> "No átrio da Bolsa, como em nossas rodas,
> Se joga, e com a sorte se faz frente aos golpes:
> Preto e rubro no trinta-e-um, alta e baixa na Bolsa,
> São de lucros e perdas igualmente a fonte.
> ...
> E se o jogo da Bolsa é tão parecido ao nosso,
> Por que permitir um e ao outro condenar?"

Louis Bourlier, *Estâncias por Ocasião da Lei que Suprime a Concessão de Jogos.* Endereçadas à Câmara. Paris, 1837, p. 5.

Uma gravura (litografia) de 1852, *Maison deJeu* [Casa de Jogo], mostra ao centro a figura emblemática de uma pantera ou tigre, cuja pele, como se fosse uma toalha, traz a representação, pela metade, de uma roleta. C(abinet) d(es) E(stampes) [Gabinete de gravuras].

"As *lorettes* eram cotadas diferentemente, segundo os bairros onde moravam." Na ordem das mais baratas até as mais caras: rua de Grammont, rua do Helder, ruas Saint-Lazare e Chausséed'Antin, Faubourg du Roule. Paul D'Ariste, *A Vida e o Mundo do Bulevar (1830-1870)*, Paris, 1930, pp. 255-256.

"As mulheres não são admitidas na Bolsa, mas são vistas em grupos do lado de fora, espreitando a grande sentença diária do destino." *Oito dias em Paris*, Paris, julho de 1855, p. 20.

"Na 13ª região administrativa há mulheres que morrem, quando vão começar a amar; elas concedem ao amor o último suspiro da galanteria." Louis Lurine, *O 13º "arrondissement" de Paris*, Paris, 1830, pp. 219-220. Uma fórmula bonita para a Dama das Camélias, que apareceu dois anos mais tarde.

Época da restauração: "Não era nenhuma vergonha jogar... As guerras napoleônicas difundiram o prazer pelo jogo por meio das campanhas alternadas dos soldados, quase todos dedicados aos jogos de azar". Egon Caesar Conte Corti, *O Mago de Homburg e Monte Carlo*, Leipzig, 1932, p. 30.

1º de janeiro de 1838: "Em consequência da proibição, Beenazet e Chabert, dentre os banqueiros franceses do *Palais-Royal*, se transferiram para Baden-Baden e Wiesbaden, e muitos funcionários para Pyrmont, Aachen, Spa etc.". Egon Caesar Conte Corti. *O Mago de Homburg e Monte Carlo*, Leipzig, 1932, pp. 30-31.

De M. J. Ducos (de Gondrin): *Como se Arruinar na Bolsa*, Paris, 1858: "Não querendo de forma alguma atacar direitos legítimos, nada tenho a dizer contra as operações sérias da Bolsa, para as quais os agentes de câmbio foram especialmente criados. Minha crítica é dirigida particularmente àquelas corretagens de mercado fictícios... e aos reportes usurários". (p. 17) "Não há sorte no jogo da Bolsa, por melhor que seja, que possa resistir à corretagem exorbitante dos agentes de câmbio... Existem no Reno dois estabelecimentos de jogos de azar (Homburg e Wiessbaden), onde se pode jogar o *trinta e quarenta* adiantando uma pequena... corretagem de 52,5 cêntimos por 100 francos. É a trigésima segunda parte da corretagem dos agentes de câmbio e das sobretaxas cambiais reunidas. O *trinta e quarenta* se joga com preto e vermelho, como se joga na Bolsa nas altas e baixas, com a diferença que as duas opções são sempre perfeitamente iguais entre si e que não é possível qualquer espécie de fraude, os fracos não se encontrando de maneira alguma à mercê dos poderosos." (p. 16)

Nas províncias, o jogo da Bolsa dependia de obter... de Paris "as informações sobre o movimento dos títulos mais importantes... Para tanto eram utilizados correios especiais, pombos-correios, e um dos meios preferidos àquela época, numa França semeada de moinhos de vento, era a transmissão de sinais de um moinho a outro; se a janela de um estivesse aberta, isto significava Bolsa em alta, e o sinal era captado pelo moinho mais próximo e transmitido adiante; se a janela permanecia fechada, significava baixa, e a notícia seguia da mesma maneira, de moinho a moinho, partindo da capital para a província". No entanto, os irmãos Blanc preferiram se utilizar do telégrafo óptico – reservado legalmente ao governo. "Um belo dia do ano de 1834, a pedido de um agente dos Blanc, um telegrafista de Paris transmitiu a Bordeaux em um telegrama do governo um 'H', que deveria indicar a *hausse* [alta] dos títulos. Para assinalar a letra e, além disso, se precaver contra qualquer descoberta, o telegrafista acrescentou ainda um sinal de engano após o 'H'. Isto resultou em dificuldades, e os Blanc combinaram, então, este método com um outro." Quando, por exemplo, os títulos franceses a três por cento apresentassem uma alta de pelo menos 25 cêntimos, o encarregado dos Blancem Paris, um certo Gosmand, mandaria, então, um pequeno pacote contendo luvas ao funcionário do telégrafo em Tours, chamado Guibout, que prudentemente era designado no endereço como fabricante de luvas e meias. Se, porém, houvesse uma baixa de pelo menos o mesmo valor, Gosmand enviaria, então, meias ou gravatas. No endereço desse pacotinho era escrita uma letra ou uma cifra, que Guibout acrescentava imediatamente a um telegrama do governo para Bordeaux, com um sinal de engano. Esse procedimento funcionou quase dois anos. Relato segundo a Gazeta dos Tribunais de 1837. Egon Caesar Conte Corti, *O Mago de Homburg e Monte Carlo*, Leipzig, 1932, pp. 17-19.

Conversa Galante entre Moças do Século XIX ao Pé do Fogo, Roma e Paris, editora de Grangazzo, Vache & Cia. Alguns excertos notáveis: "Ah, o cu e a cona, como são simples e, no entanto, tão importantes; olhe-me um pouco, Elisinha; e então? Agrada-lhe o meu cu e a minha cona?" (p. 12). "No templo, o sacerdote; no cu, o dedo indicador como sacristão; no clitóris, dois dedos como diáconos; é assim que eu aguardava as coisas por vir. 'Quando meu cu está na posição correta, aí eu peço, comece, meu amigo'!" Os nomes das duas moças: Elisa e Lindamina.

Lecomte sobre a cronista de moda Constance Aubert, que ocupava uma posição importante em "Temps", e cujas reportagens eram pagas com entregas das empresas sobre as quais escrevia: "A pena está se tornando um verdadeiro capital, que pode estipular, a cada dia, os rendimentos que lhe convém obter. Paris inteira está se tornando um bazar, onde nada se furta à mão que quer tomar, pois de há muito que esta mão não mais se estende". Jules Lecomte, *As Cartas de Van Engelgom e Renri dAlmeras*, Paris, 1925, p. 190. As cartas de Lecomte foram publicadas em Bruxelas no *Indépendant* em 1837.

"É pela faculdade de seu espírito, chamada reminiscência, que os desejos do homem condenado ao brilhante cativeiro das cidades se voltam... para a estadia no campo, sua moradia primeva, ou, no mínimo, para a posse de um jardim simples e tranquilo. Cansados da fadiga dos escritórios ou da intensa claridade dos salões, seus olhos aspiram a se repousar sobre o verdor. Ferido incessantemente pelas emanações de uma lama empestada, seu olfato procura o perfume que exala das flores. Uma orla de violetas modestas e suaves o arrebatariam em êxtase... Esta felicidade... lhe é recusada, ele gostaria de avançar ainda a ilusão até transformar o parapeito de suas janelas em jardim suspenso, e a lareira de sua modesta habitação em um terraço esmaltado de verdores e de flores. É assim o homem da cidade, tal a origem de sua paixão pelas flores e pelos campos... Tais as reflexões que me conduziram ao estabelecimento de numerosos teares, nos quais mandei executar desenhos imitando as flores da natureza... A venda desse tipo de xale foi prodigiosa. Os xales eram vendidos antes de serem fabricados. Os pedidos de fornecimento se sucediam sem interrupção... Este brilhante período dos xales, este período áureo da fábrica... durou pouco tempo; no entanto, fez correr pela França rios de riquezas, cujas torrentes eram tanto mais ricas quanto mais longínquas eram suas fontes principais. Após ter falado destas vendas notáveis, seria interessante... saber em que ordem elas se propagaram. Como já esperava, Paris consumiu pouco os xales com flores naturais. As províncias faziam seus pedidos na proporção de seu distanciamento da capital, e o estrangeiro na proporção de sua distância da França. Seu reinado não acabou ainda, absolutamente. Continuo abastecendo países distantes entre si, espalhados por toda a Europa, e onde não seria preciso enviar um único xale estampado imitando a caxemira... A partir do fato de que Paris não fez caso dos xales estampados com flores naturais... não se poderia afirmar que, reconhecendo Paris como centro do bom gosto, quanto mais nos distanciamos desta cidade, tanto mais nos aproximamos dos gostos e sentimentos naturais? Ou, em outras palavras, que o gosto e o natural não têm, neste contexto, nada em comum, e até se excitem reciprocamente?" J. Rey, fabricante de caxemiras, *Estudo Para Servir à História dos Xales,* Paris, 1823, pp. 201-202,204-206. O exemplar da B(iblioteca) N(acional) contém no verso do frontispício uma nota de autoria antiga: "Este tratado sobre um tema aparentemente fútil... é notável pela pureza e elegância do estilo, assim como pela erudição comparável àquela da viagem D'Anarcharsis".

Haveria uma relação entre a moda floral da época *Biedermeier* e da Restauração e o mal-estar inconsciente produzido pelo desenvolvimento das grandes cidades?

"No início do reinado de Louis-Philippe, a opinião pública se pronunciou também" [como a de hoje, no que diz respeito à Bolsa] "... contra os jogos de azar... A câmara dos deputados... votou sua supressão, se bem que o Estado deles retirasse rendimentos anuais de vinte milhões... No momento atual, em Paris, o jogo da Bolsa não rende ao governo sequer vinte milhões por ano; mas, em contrapartida, rende pelo menos cem milhões aos agentes de câmbio, aos corretores por trás dos bastidores e aos usurários... que fazem reportes... aumentando os lucros por vezes em mais de 20%. Estes cem milhões são calculados sobre quatro ou cinco mil jogadores pouco esclarecidos, que, na tentativa de se explorarem mutuamente sem se conhecer, se deixam despojar completamente." (Pelos agentes de câmbio, para ser preciso.) M. J. Ducos (de Gondrin), *Como se Arruinar na Bolsa,* Paris, 1858, pp. V-VI.

A Bolsa foi transformada em hospital e fábrica de munições durante a revolução de julho. Na fabricação de cartuchos foram empregados prisioneiros. Cf. Tricotel, *Esboços de Algumas Cenas no Interior da Bolsa,* Paris, 1830. Também foi utilizada como tesouraria. A prata apreendida era trazida para as Tulherias.

Havia xales nos quais se trabalhava de 25 a 30 dias.

Rey argumenta em favor das caxemiras francesas. Elas têm, entre outras, a vantagem de serem novas. As indianas não o são. "Que direi de todas as festas galantes, das quais foram testemunhas, de todas as cenas voluptuosas, para não dizer mais nada, às quais serviam de cortina? Nossas sensatas e modestas francesas ficariam consideravelmente confusas, se viessem a conhecer os *antecedentes* do xale que lhes traz felicidade." O autor, contudo, não pretende apropriar-se da ideia de que todos os xales já teriam sido usados na índia – o que seria uma afirmação tão falsa como a "que pretende que o chá já tenha servido para infusão antes de sair da China". J. Rey, *Estudos Para Servir à História dos Xales*, Paris, 1823, pp. 226-227.

Os primeiros xales aparecem na França em consequência da campanha do Egito.

> "Vamos, minhas irmãs, marchar à noite como de dia;
> A qualquer hora, a qualquer preço, é preciso fazer amor,
> É necessário, o destino nos fez a todas, na terra,
> Para guardar o matrimônio e as mulheres honestas."

A. Barbier, *Sátiras e Poemas*, Lazare, Paris, 1837, p. 271 (citado em Liefde, *O Sansimonismo na Poesia* Francesa, Haarlem, 1927, p. 125).

No poema XVI do *Spleen de Paris, O Relógio*, encontra-se o conceito de tempo, que deve ser confrontado com o do jogador.

A propósito do efeito da moda sobre o erotismo, uma boa observação de Eduard Fuchs (*A Caricatura dos Povos Europeus*, II, Munique, 1921, p. 152): "Uma dama do Segundo Império não diz: eu o amo, mas sim: *j'ai un capricepour lui [tenho um capricho por ele]*".

J. Pellcoq descreve a perna erguida no cancã com a legenda: apresentar armas! Eduard Fuchs, *A Caricatura dos Povos Europeus*, II, Munique, 1921, p. 171.

"Numerosas litografias galantes, publicadas nos anos trinta do século passado, foram alteradas em obscenas ao mesmo tempo para os amantes de gravuras manifestamente eróticas... no final dos anos trinta esses gracejos saíram pouco a pouco de moda." Eduard Fuchs, *História Ilustrada dos Costumes da Idade Média até Hoje. A Época Burguesa*, tomo complementar, Munique, p. 309.

Eduard Fuchs dá especificações "do início de um catálogo de prostitutas eroticamente ilustrado, que seria possivelmente dos anos 1835 a 1840. O catálogo em questão consiste em vinte litografias eróticas em cores, e sob cada uma delas está impresso o endereço de uma prostituta". E entre os primeiros sete endereços sucessivos do catálogo, cinco indicam galerias, todas elas diferentes. Eduard Fuchs, *História Ilustrada dos Costumes da Idade Média até Hoje*. A Época Burguesa, tomo complementar, Munique, p. 157.

Quando Engels, em consequência das declarações dos aprendizes de ofícios alemães (entre os quais sua agitação teve pouco êxito, à exceção do enfraquecimento da posição de Grün), foi perseguido por informantes da polícia, escreveu a Marx: "Se os indivíduos suspeitos que me seguem há quatorze dias são realmente *mouchards* [denunciantes],... então a chefatura distribuiu nos últimos tempos muitas entradas para os bailes Montesquieu, Valentino, Prado etc. Devo ao Sr. Delessert o conhecimento de *grisettes* graciosíssimas e muito *plaisir* [prazer]". Citado em Gustav Mayer, *Friedrich Engels*, vol. I (F. *Engels em sua Juventude*), 2ª edição, Berlim, 1933, p. 252.

Em 1848, em viagem pelas regiões vinícolas francesas, Engels descobre "que cada um desses vinhos provoca uma embriaguez diferente, que com poucas garrafas se pode... atravessar todos os estádios intermediários da quadrilha de folguedo até a Marselhesa, do prazer frenético do cancã até o ardor selvagem da febre revolucionária!". Citado em Gustav Mayer, *Friedrich Engels*, vol. I (*Friedrich Engels em sua Juventude*), Berlim, p. 319.

"Após o fechamento do *Café de Paris*, ocorrido em 1856, o *Café Anglais* atingiu, à época do Segundo Império, a mesma... importância atribuída àquele restaurante sob o governo de Louis Philippe. Um edifício alto, branco, com um labirinto de corredores e numerosos salões sociais e quartos *separées* [privativos], distribuídos pelos diversos pavimentos." S. Kracauer, *Jacques Offenbach e a Paris de seu Tempo*, Amsterdã, 1937, p. 332.

"Na França, os operários de fábrica chamam a prostituição de suas mulheres e filhas de a enésima hora de trabalho, o que é literalmente verdadeiro." Karl Marx, O *Materialismo Histórico*, editado por Landshut e Mayer, Leipzig, 1932, p. 318.

"O fabricante... dará o endereço do modelo que pousou para suas fotografias obscenas, caso seja solicitado." Gabriel Pélin, *As Deformidades da Bela Paris*, Paris, 1861, p. 153. Nas lojas desses fabricantes, as fotos obscenas individuais eram encontradas penduradas nas vitrines, as fotografias em grupo se encontravam no interior.

Salões de baile segundo *Le Caricaturiste*, 26 de agosto de 1849: *Salon du Savage, Salon d'Apollon, Château des Brouillards. Paris sob a República de 1848* – exposição da cidade de Paris, Paris, 1909, p. 40.

"A regulamentação da jornada de trabalho... o primeiro freio racional para os humores da moda – volúveis, homicidas, fúteis e, em si mesmos, incompatíveis com o sistema da grande indústria." Nota pertinente: "Já em 1699, John Bellers censurava estes efeitos da 'Instabilidade da moda'. *Ensaio sobre a Pobreza, a Indústria, o Dinheiro, as Colônias e a Imoralidade*, p. 9". Karl Marx, O Capital, Editora Korsch, Berlim, 1932, p. 454.

Da "*Petição das mulheres públicas de Paris ao Senhor Chefe de Polícia etc., redigida pela senhorita Pauline, com apostila dos senhores merceeiros, hoteleiros, vendedores de limonada e comerciantes de víveres da capital...* O ofício infelizmente já é em si miserável, mas devido à concorrência de outras mulheres e senhoras distintas que não pagam imposto, deixou totalmente de ser lucrativo. Ou somos piores porque recebemos em espécie, enquanto elas recebem xales de caxemira? A Carta garante liberdade pessoal a cada um; se nossa advertência junto ao Sr. Chefe de Polícia não se mostrar de utilidade, solicitaremos... às Câmaras. Melhor seria, aliás, o reino de Golconda,[4] onde as moças de nossa espécie formavam uma das 44 divisões do povo e tinham por única obrigação dançar para o rei, serviço que nós, se nos for solicitado, estamos dispostas a prestar ao Sr. Chefe de Polícia". Friederich von Raumer, *Cartas de Paris e da França no Ano de 1830*, I, Leipzig, 1831, I, pp. 206-207.

O prefaciador das *Poesias* de Journet fala de "ateliês relativos aos diversos tipos de trabalho de agulha, onde... mediante 40 cêntimos por dia, as mulheres e moças sem trabalho vão... gastar... sua... saúde. Quase todas essas infelizes... são forçadas a aceitar o seu quinto quarto da jornada de trabalho". Jean Journet, *Poesias e Cantos Harmônicos*, Paris, À Livraria Universal de Joubert, Galeria do Saumon, 2 e em casa do autor, junho de 1857, p. LXXI (Prefácio do Editor).

A Calçada da Rua dos Martyrs contém como citações muitas legendas de Gavarni, mas em nenhuma parte uma indicação sobre Guys, que, portanto, poderia ter sido decididamente o inspirador da seguinte descrição: "E um prazer vê-las andarem sobre estas calçadas, o vestido repuxado sem constrangimento de um lado, até o joelho, deixando brilhar ao sol uma perna esbelta e vigorosa como a de um cavalo árabe, plena de frêmitos e impaciências adoráveis, e terminada por uma pequena bota de uma elegância irrepreensível! Ninguém se ocupa da moralidade daquelas pernas!... O que se quer é ir onde elas vão". Alfred Delvau, *Os Subterrâneos de Paris,* Paris, 1860, 143-144 *(As Calçadas Parisienses).*

Proposta de Ganihl para utilizar parte do capital da loteria estatal em aposentadoria para os jogadores que atingiram uma certa idade.

Recebedores de loteria: "Suas lojas têm sempre duas ou três saídas e diversos compartimentos para facilitar o entrosamento do jogo com a agiotagem e para conforto dos clientes tímidos. Não é raro marido e mulher sentarem rentes um ao outro nestes compartimentos misteriosos, sem suspeitarem que cada um imagina usá-lo sozinho e astutamente". Carl Gustav Jochmann, *Relíquias,* editado por Heinrich Zschokke, vol. II, Hechingen, 1837, p. 44 *(Os Jogos de Azar).*

"Se é a fé no mistério que faz o crente, então há provavelmente mais jogadores crentes no mundo do que homens de fé." Carl Gustav Jochmann, *Relíquias,* editado por Heinrich Zschhokke, vol. II, Hechingen, 1837, p. 46 *(Os Jogos de Azar).*

Segundo Poissow – *Relato sobre as oportunidades que os jogos de azar, admitidos nas casas de jogo de Paris, apresentam ao banco –,* lido em 1820 perante a Academia de Ciências, o volume anual de negócios no trinta-e-um é de 230 milhões de francos (lucro do banco: 2.760.000), na roleta, 100 milhões de francos (lucro do banco: 5 milhões). Cf. Carl Gustav Jochhmann, *Relíquias,* editado por Heinrich Zschokke, vol. II. Hechinngen, 1837, p. 51 *(Os Jogos de Azar).*

O jogo é o equivalente infernal para a música dos exércitos celestiais.

Sobre *Froufrou,* de Halévy: "Se a comédia *As Mulheres de Mármore* inaugurou o período do domínio das cortesãs, *Froufrou* indicou seu final. Froufrou é esmagada sob o peso da consciência de que sua vida foi desperdiçada e, no final, se refugia, moribunda, junto a sua gente". S. Kracauer, *Jacques Offenbach e a Paris de seu Tempo,* Amsterdã, 1937, pp. 385-386. As "Mulheres de Mármore" foram a resposta à "Dama das Camélias" do ano precedente.

"O jogador persegue essencialmente desejos narcíseos e agressivos de onipotência. Estes têm, na medida que não estejam imediatamente ligados àqueles claramente eróticos, a propriedade do maior raio de extensão temporal. Um desejo de coito manifesto é sensivelmente mais rápido de satisfazer através do orgasmo do que um desejo de onipotência narcíseo-agressivo. O fato de que a sexualidade genital sempre deixa resíduos de insatisfação, até mesmo nos casos mais satisfatórios, se deve a três fatores: nem todos os desejos pré-genitais, que se tornarão posteriormente tributários da genitalidade, são ajustáveis ao coito; o objeto é sempre um sucedâneo, do ponto de vista do complexo de Édipo. Além destes dois fatores, acrescenta-se a circunstância de que a impossibilidade de gozar a imensa agressão inconsciente contribui para a insatisfação. A agressão a que se pode dar vazão no coito está bem domesticada... Acontece, então, que a ficção narcísea e agressiva da onipotência se torna indigente. Por isso, quem experimentou o mecanismo do prazer, que é possível liberar no jogo de azar, e que tem, por assim dizer, um valor de eternidade, sujeita-se a ele tão mais facilmente quanto mais esteja comprometido com a 'neurose do prazer contínuo' (Pfeifer), e quanto menos a acomodar na sexualidade normal, em consequência de uma fixação pré-genital... Deve-se considerar também que, segundo Freud, a sexualidade do ser humano dá a impressão de uma função em atrofia, não se podendo afirmar absolutamente o mesmo das tendências agressivas e narcíceas." Edmund Bergler, *Sobre a Psicologia do Jogador,* Imago, XXII, 4, 1936, pp. 438-440.

"O jogo de azar oferece a única oportunidade, na qual não é necessário renunciar ao princípio do prazer com sua onipotência de pensamentos e de desejos, ou melhor, em que o princípio da realidade não oferece nenhuma vantagem em relação ao princípio do prazer. Nesta persistência da ficção infantil de onipotência existe uma agressão póstuma contra a... autoridade, que 'inculcou' na criança o princípio da realidade. Esta agressão inconsciente forma, unida à ação da onipotência dos pensamentos e à experiência da exibição reprimida, socialmente permitida, uma tríade do prazer no jogo. Esta tríade do prazer se defronta com uma tríade punitiva, que se constitui do desejo inconsciente de perda, do desejo inconsciente de dominação homossexual e da difamação social... Todo jogo de azar é, em sua essência, um desejo de reprimir o amor com uma dissimulada intenção masoquista inconsciente. Por esta razão o jogador perde sempre, a longo prazo." Edmund Bergler, *Sobre a Psicologia do Jogador,* Imago, XXII, 4, 1936, p. 440.

Análise de pensamentos de Ernst Simmel sobre a psicologia do jogador: "A cupidez insaciável, que só repousa no infinito *circulus vitiosus* quando a perda se torna lucro e o lucro novamente perda, derivaria da compulsão narcísea contida na fantasia anal inata de se fecundar e se gerar a si mesmo, substituindo e sobrepujando pai e mãe em gradação desmedida. Em última análise, a paixão pelo jogo satisfaz, portanto, a tendência para o ideal bissexual, que o narcisista encontra em si mesmo; trata-se do estabelecimento de um compromisso entre homem e mulher, entre os elementos ativo e passivo, sadismo e masoquismo e, finalmente, da definição irresolvida entre libido genital e anal, em que o jogador se debate com as conhecidas cores simbólicas preto e vermelho. A paixão pelo jogo é a excitação, ganhar é o orgasmo, perder é a ejaculação, a defecação e a castração". Edmund Bergler, *Sobre a Psicologia do Jogador*, Imago, XXII, 4, pp. 409-410, segundo Ernst Simmel, *Sobre a Psicanálise do Jogador* (Revista Internacional de Psicanálise, VI, 1920, p. 397).

A partir da descoberta de Otaheitis, Fourier é de opinião que, se houvesse um padrão de ordem social, na qual a *grande industrie* fosse compatível com uma liberdade erótica, a *esclavage conjugal* [escravidão conjugal] tornar-se-ia insuportável.

A propósito da conjectura freudiana sobre a sexualidade como uma função em atrofia "no" ser humano, Brecht observou o quanto a burguesia decadente se diferencia da classe feudal, à época de sua queda, a primeira sentindo-se, em tudo, a quintessência do homem em geral, equiparando sua decadência à extinção da humanidade. (De resto, essa equiparação pode ter sua participação na crise indubitável da sexualidade na burguesia.) A classe feudal se sentia como classe distinta, isolada através de seus privilégios, de uma forma que correspondia à realidade. Isto lhe propiciou demonstrar em sua queda certa elegância e desenvoltura.

O amor pela prostituta é a apoteose da identificação de si mesmo com a mercadoria.

> "Magistrado de Paris! Segue dentro do sistema,
> Continua a boa obra de Mangin e Belleyme;
> Às Frineias indecentes determina por morada
> Bairros negros, solitários, pestilentos."
> Barthélemy, *Paris – Revista Satírica* de G. Delessert, Paris, 1838, p. 22.

Uma descrição do modo como o baixo meretrício se estabeleceu nos pulmões (?) das barreiras da cidade. É de autoria de Du Camp, e representaria uma excelente legenda para muitas aquarelas de Guys: "Se empurramos a barreira e as portas que fecham a entrada, encontramo-nos num botequim guarnecido de mesas de mármore ou madeira, iluminada a gás; através da névoa de fumaça difundida pelos cachimbos distinguimos carreteiros de obras, operários de terraplenagem, charreteiros, em sua maioria embriagados, sentados em frente a uma garrafa de absinto, conversando com criaturas de aspecto tão grotesco quanto lamentável. Todas elas, e quase uniformemente, estão vestidas com o algodão vermelho tão apreciado pelas negras da África, e do qual se fazem cortinas nos albergues de província. O que as cobre não é, absolutamente, um vestido; é uma blusa, sem cintura, e que se afofa sobre a crinolina. Descobrindo os ombros ultrajosamente decotados e alcançando apenas a altura dos joelhos, esta roupa lhes dá uma aparência de crianças grandes, velhas, inchadas, luzidias de gordura, enrugadas, embrutecidas, cujo crânio pontudo prenuncia imbecilidade. Elas têm a graça de um cão inteligente, quando os inspetores, verificando o livro de inscrições, as chamam, e elas se levantam para responder". Maxime du Camp, *Paris – Seus Órgãos, suas Funções e sua Vida na Segunda Metade do Século* XX, III, Paris, 1872, p. 447 (A Prostituição).

"A noção... do jogo... consiste em... que a partida seguinte não depende da precedente... O jogo ignora totalmente qualquer posição conquistada, qualquer antecedente... que recorde serviços passados. E nisto é que se distingue do trabalho. O jogo repele... este lastro do passado, que é o apoio do trabalho, e que constitui a seriedade, a preocupação, a precaução, o direito, o poder... Esta ideia de recomeçar,... de fazer melhor... acompanha frequentemente o trabalho infeliz, mas ela é... vã... e é preciso tropeçar nas obras mal-acabadas." Alain, *As Ideias e as Épocas,* Paris, 1927, I, pp. 183-184 *(O Jogo).*

A descontinuidade, que constitui o caráter da experiência vivida, encontrou no jogo uma expressão drástica. O jogo foi, na época feudal, essencialmente um privilégio da classe feudal, que não participava diretamente do processo da produção. Novidade é que o burguês do século XIX jogue. Principalmente os exércitos napoleônicos tornaram-se agentes dos jogos de azar junto à burguesia, durante suas campanhas.

A importância do fator tempo para o êxtase do jogador já foi avaliada por Gourdon de forma semelhante àquela de Anatole France. Porém ambos veem apenas o significado do tempo para o prazer do jogador em seu lucro rapidamente obtido e rapidamente perdido – lucro que se centuplica na imaginação através das inúmeras possibilidades de aplicação que se oferecem e, principalmente, pela possibilidade real como *mise en jeu* [aposta]. Que importância tem o fator tempo para o próprio processo do jogo, nem Gourdon nem France colocaram em evidência. O passatempo do jogo é, efetivamente, uma coisa à parte. Um jogo é tanto mais divertido quanto mais bruscamente nele se apresentar o acaso, quanto menor for o número ou quanto mais curta a sequência de combinações que devem ser formadas no curso dos *coups* [partidas]. Em outras palavras: quanto maior é o componente acaso em um jogo, tanto mais rapidamente ele transcorre. Esta circunstância se torna então decisiva, quando se trata da determinação do que constitui o verdadeiro "êxtase" do jogador. Este repousa na peculiaridade do jogo de azar de desafiar a presença de espírito, ao apresentar, em rápidas sequências, constelações que apelam – completamente independentes umas das outras – para reações inteiramente novas e originais do jogador. Esta circunstância se traduz no hábito do jogador de, quando possível, só fazer as apostas no último momento. Este é, simultaneamente, o instante em que somente sobra espaço para um comportamento puramente reflexo. Esse comportamento reflexo do jogador exclui a "interpretação" do acaso. O jogador reage, antes, ao acaso, assim como o joelho ao martelinho, no reflexo patelar.

O supersticioso dará atenção a sinais, o jogador irá reagir a eles antes mesmo de poder percebê-las. Ter previsto uma cartada de sorte sem tê-la aproveitado, nisso alguém pouco versado entenderá que está "em forma" e que, da próxima vez, só precisará proceder mais resoluta e rapidamente. Na realidade, o processo é, antes, um sinal de que o reflexo motor, que o acaso dispara no jogador afortunado, não se realizou. Só quando ele não se realiza é que entra nitidamente no consciente "o que está por vir".

O jogador só apara aquele futuro que não penetrou como tal em seu consciente.

A proscrição do jogo teria sua razão mais profunda em que um dom natural do homem, que o eleva acima de si mesmo, se voltado para objetivos superiores, o arrasta para baixo, quando voltado para um dos objetivos inferiores – o dinheiro. O dom em questão é a presença de espírito. Sua manifestação suprema é a leitura, que, em todo caso, é divinatória.

A sensação de ventura típica do vencedor é caracterizada por lhe virem o dinheiro e os bens, de resto as coisas mais concretas e árduas do mundo, como a retribuição do destino a um abraço completamente bem-sucedido. Dinheiro e bens são comparáveis ao testemunho de amor de uma mulher inteiramente satisfeita pelo homem. Os jogadores são tipos a quem não foi dado satisfazer a mulher. Não seria Dom Juan um jogador, talvez?

"À época do otimismo fácil que resplandecia no espírito de um Alfred Capus, era costume, nos bulevares, atribuir tudo à sorte." Gaston Rageot, *O que é um Evento? (Le Temps,* 16 de abril de 1939). A aposta é uma forma de emprestar aos acontecimentos um caráter de choque, de destacá-los do contexto da experiência. Não é por acaso que se aposta nos resultados de eleições, na deflagração de guerras etc. Especialmente para a burguesia, os eventos políticos assumem ligeiramente a forma de casos à mesa de jogo. Para o proletário as coisas não funcionam assim. Ele está mais predisposto a reconhecer as constantes nos acontecimentos políticos.

O *cimetière des innocents* [cemitério dos inocentes] como ponto de encontro. "Para os parisienses do século XV este lugar... era como que um melancólico *Palais-Royal* de 1789. Em meio aos constantes sepultamentos e exumações, havia ali um passeio onde as pessoas se encontravam. Próximo aos ossários encontravam-se pequenos negócios, e mulheres levianas sob as arcadas." Huizinga, *Declínio da Idade Média,* Munique, 1928, p. 210.

As cartas divinatórias seriam anteriores àquelas de jogar? Representaria o jogo de cartas uma deterioração da técnica de adivinhação? Afinal, saber de antemão o futuro é decisivo também no jogo de cartas.

O dinheiro é o que anima o número, é o que anima a *fille de marbre* [mulher de mármore]. Cf. [O 7, 1]

Ninguém compreenderá melhor e com maior gratidão a máxima de Graciano – "saber ter o tempo a seu lado em todas as coisas" – do que aquele a quem foi satisfeito um desejo nutrido há longo tempo. Compare-se a definição magnífica deste tempo dada por Joubert. Ela determina *per contrarium* o tempo do jogador: "Mesmo na eternidade há tempo; mas não é o tempo terrestre, secular... Ele nada destrói, aperfeiçoa, apenas". J. Joubert, *Pensamentos,* Paris, 1883, II, p. 162.

Sobre o elemento heroico no jogo, como um corolário para O Jogo, de Baudelaire: "Observação que costumo fazer às mesas de jogo...: 'Se reuníssemos toda força e paixão..., dissipadas a cada ano nas mesas de jogo da Europa... – seria isto suficiente para formar um povo romano e uma história romana? Mas é exatamente isto! Pois que cada homem nasce como um romano, a sociedade burguesa procura 'desromanizá-lo', e por esta razão foram introduzidos os jogos de azar e de salão, os romances, a ópera italiana, os periódicos elegantes, os cassinos, as rodas de chá e as loterias, os anos de aprendizagem, de peregrinação, as cerimônias de rendição e troca da guarda, solenidades e visitas de cortesia, e as quinze a vinte bem ajustadas peças de vestuário que se tem de vestir e despir diariamente, com salutar perda de tempo – isto tudo instituído de forma que a força desnecessária se esvaneça imperceptivelmente!". Ludwig Börne, *Obras Reunidas*, Hamburgo e FrankfUrt-do-Meno, 1862, III, pp. 38-39. (*O Banquete do Jogador*)

"Mas você compreende tudo que haverá de delírio e vigor na alma do homem que espera com impaciência a abertura de um antro de jogo? Entre o jogador da manhã e o jogador da noite existe a diferença que distingue o marido negligente do amante arrebatado sob as janelas de sua bela. Só pela manhã é que chegam a paixão palpitante e a necessidade em seu puro horror. Neste momento você pode admirar um verdadeiro jogador, um jogador que não comeu, não dormiu, nem viveu ou pensou, tão duramente flagelado estava pelo açoite de sua combinação vencedora. Nesta hora maldita vocês encontrarão olhos cuja calma assusta, rostos que fascinam, olhares que erguem as cartas e as devoram. E as casas de jogo – não são elas, também, sublimes, senão no momento em que se abrem?" Balzac, *A Pele da Tristeza*, Paris, Flamarion, p. 7.

A propósito do jogo: quanto menos um homem estiver preso nos laços do destino, tanto menos será condicionado pelo seu próximo momento.

A forma ideal da vivência traumática é a catástrofe. No jogo isto se torna bem nítido: através de apostas cada vez maiores, que deverão salvar o perdido, o jogador se dirige à ruína absoluta.

Notas da tradução

1. *Grisette*: moça de baixa condição, trabalhando em ateliês de costura, de vida fácil.
2. *Lorette*: jovem elegante e fácil.
3. *Gavotte*: dança de compasso binário.
   Audeville: canção popular com tema satírico; peça de teatro, canções e danças; comédia ligeira.
   Mélodrame: obra dramática acompanhada de música.
   Zéphir: zéfiro (vento suave e fresco; aragem; brisa).
   Brin d'Amour: tico de amor.
   Cuisse de nymphe: coxa de ninfa.

4. *Golconda:* antiga cidade da índia, hoje em ruínas, no estado de Andhra Pradesh, 8 km a oeste de Haidarabad, fundada em 1518 por Quli Qutb Shab e tomada por Aurangzeb em 1688, famosa por seus diamantes e sua escola de pintura. O Reino de Golconda teve no Ocidente uma reputação de riqueza legendária, a partir do século XVII.

WALTER BENJAMIN

OBRAS ESCOLHIDAS
VOLUME III

Reimpresso em São Paulo pela
Colorsystem no papel pólen soft 80 g/m
para Editora Brasiliense